高等职业教育农业部"十二五"规划教材
江苏省"青蓝工程"资助

食品标准与法规

第2版

蔡　健　徐秀银　主编

中国农业大学出版社
·北京·

内容简介

本教材按照高等职业教育食品类专业规定的职业培养目标要求，结合当前人们所关注的食品质量安全问题及社会发展的要求，从标准、法规的基本概念，技术性贸易措施与《TBT 协定》和《SPS 协定》等出发，系统介绍了安全食品生产和质量管理中所涉及我国及国际相关的食品标准与法规。本教材主要内容包括认识食品标准与法规、食品标准基础知识、中国食品标准体系、食品法律法规基础知识、中国食品法律法规体系、国际食品标准与法规、食品标准与法规检索、食品质量管理体系、食品产品认证、食品卫生许可证和食品市场准入制度等。

本书内容新颖，实用性较强，可作为高职高专食品加工技术专业、食品营养与检测专业、食品贮运与营销专业等专业的教学用书，也可供相关领域科研、管理、生产等工作人员参考使用。

图书在版编目(CIP)数据

食品标准与法规/蔡健，徐秀银主编. —2 版. —北京：中国农业大学出版社，2015.2(2017.6 重印)

ISBN 978-7-5655-1185-1

Ⅰ.①食… Ⅱ.①蔡… ②徐… Ⅲ.①食品标准-中国-教材 ②食品卫生法-中国-教材 Ⅳ.①TS207.2 ②D922.16

中国版本图书馆 CIP 数据核字(2015)第 038687 号

书　名 食品标准与法规　第 2 版
作　者 蔡　健　徐秀银　主编

策划编辑 姚慧敏　伍　斌　　**责任编辑** 韩元凤
封面设计 郑　川
出版发行 中国农业大学出版社
社　址 北京市海淀区圆明园西路 2 号　　**邮政编码** 100193
电　话 发行部 010-62818525，8625　　读者服务部 010-62732336
编辑部 010-62732617，2618　　出　版　部 010-62733440
网　址 http://www.cau.edu.cn/caup　　**e-mail** cbsszs@cau.edu.cn
经　销 新华书店
印　刷 北京时代化都印刷有限公司
版　次 2015 年 2 月第 2 版　2017 年 6 月第 2 次印刷
规　格 787×1 092　16 开本　18.25 印张　450 千字
定　价 39.00 元

编审人员

主　编　蔡　健　苏州农业职业技术学院

　　　　　徐秀银　南通科技职业学院

副主编　张云良　黑龙江农业经济职业学院

　　　　　张广燕　辽宁农业职业技术学院

　　　　　李冬霞　苏州农业职业技术学院

参　编　（按姓氏笔画排序）

　　　　　刘　敏　内蒙古农业大学职业技术学院

　　　　　陈　露　泰州市粮油质量监测所

　　　　　欧阳虹　南通科技职业学院

　　　　　郭　淼　河南质量工程职业学院

　　　　　高秀敏　河南质量工程职业学院

　　　　　曹巧巧　嘉兴职业技术学院

　　　　　程　犇　南充职业技术学院

主　审　翟玮玮　江苏食品职业技术学院

　　　　　刘　靖　江苏农牧科技职业学院

前　言

“食品标准与法规”是高职高专食品类专业的一门专业核心课。食品是人类赖以生存和发展的基本物质条件，也是国家安定、社会发展的根本要素。由于食品行业的不断增多，跨越的时空范围不断扩大，各类食品安全问题也随之出现。近年来我国食品安全形势不容乐观：山西朔州毒酒案、安徽阜阳假奶粉事件、苏丹红事件、光明回炉奶事件、孔雀石绿事件、染色馒头事件、宜昌毒生姜事件、毒豆芽事件、毒胶囊事件等，让人触目惊心。国际贸易方面，出口食品因农药、兽药残留超标，食品污染等问题而屡次受阻。提高食品质量卫生安全，已成为当前我们刻不容缓的一项重大工作。保障食品安全，当务之急是加强源头污染控制，进一步加强市场监管力度。为真正把食品安全监管工作落到实处，我们必须建立健全食品标准与安全法律法规体系，为各项监管工作顺利、有效地进行提供统一的行为规范和制度保障。在这种形势下，对人才的需求越来越多，对高技能人才需求更是迫切，为适应 21 世纪高职人才培养目标的需求，在中国农业大学出版社组织下，编写了这本高等职业教育特色教材。本教材在参阅了国内外大量最新资料的基础上，结合我国高职高专教学的实际要求编写，编写中收集食品标准与法规的最新资料，特别注重理论联系实际，既介绍了必要的理论，又便于工作中实际应用。

教材内容完整，浅显易懂，并着力突出实用技能教育的特色，兼具科学性、先进性、系统性和实用性。教材注重历史、现实与超前的结合，所涉及的标准与法规都是现行有效的，同时对重要的内容注重应用例证，达到学以致用。为了便于学生自学和练习，每个项目前有“学习目标”及“导入实例”，明确了学习重点；每个项目后都有“导入案例评析”、“本项目小结”及“同步练习”，方便学生复习和掌握本书内容。

本教材由苏州农业职业技术学院蔡健、南通科技职业学院徐秀银担任主编，黑龙江农业经济职业学院张云良、辽宁农业职业技术学院张广燕、苏州农业职业技术学院李冬霞担任副主编，江苏食品职业技术学院翟玮玮、江苏农牧科技职业学院刘靖担任主审。蔡健编写项目一，李冬霞编写项目二，张广燕编写项目三，曹巧巧编写项目四，张云良编写项目五，刘敏编写项目六，程犇编写项目七，郭淼编写项目八中的任务一、任务二，高秀敏编写项目八中的任务三、任务四及任务五，徐秀银编写项目九，欧阳虹编写项目十，陈露编写实训项目。全书由蔡健统稿。本书的编写还得到了江南大学陈卫教授、南京财经大学胡秋辉教授、扬州大学顾林教授、宁波大学王鸿飞教授、北京工商大学廖永红教授、兰州理工大学赵萍教授、宁夏大学刘敦华教授、贵州大学秦礼康教授、温州大学张胜帮教授、无锡市疾病预防控制中心凌霞高级工程师、江苏省苏州质量技术监督局高新区分局徐礼华局长的支持和帮助，在此一并表示感谢。由于编者水平有限，书中难免有错误和不足之处，殷请各位专家和广大读者批评指正。

编　者

2014 年 7 月

目录

项目一

认识食品标准与法规

【学习目标】

知识目标

1. 了解标准、法规及标准化的基本概念与特点；
2. 了解市场经济的法规体系；
3. 掌握食品法律法规的渊源及分类；
4. 掌握《TBT 协定》和《SPS 协定》的基本规则。

技能目标

1. 理解食品标准与法规的相关内容，并在实际中加以应用；
2. 理解标准法规与市场经济的关系，能综合地进行分析。

【导入实例】

2009 年 2 月 28 日，中华人民共和国第十一届全国人民代表大会常务委员会第七次会议四审表决通过了《中华人民共和国食品安全法》，自 2009 年 6 月 1 日起施行。国务院法制办从 2004 年 7 月开始着手食品安全法的立法起草工作，2007 年 12 月，食品安全法草案由国务院总理温家宝签署提交第十届全国人民代表大会常务委员会第三十一次会议初审，然后在 2008 年 8 月进行二审和 10 月进行三审。期间，经历了多次修改和完善。全国人民代表大会法律委员会先后召开了 7 次会议，对食品安全法草案进行逐条审议；全国人民代表大会教科文卫委员会召开了 2 次会议，对食品安全法草案进行审议。全国人民代表大会常务委员会组织了 13 次立法调研，立法过程中征求了 31 个省市区的意见。所以这部法律应该说是五年磨一剑，磨了很久，因为它太重大，它涉及的问题关系到每一个公民，也体现了党和国家对食品安全工作的高度重视。食品安全法的诞生，将对事关公众身体健康、企业诚信与行业发展，以及社会和谐发展的食品安全问题进行法律保障，是我国食品安全法制建设史上又一个里程碑。

《中华人民共和国食品安全法》共十章一百零四条。对食品安全监管体制、食品安全风险监测与评估、食品安全标准、食品生产经营、食品检验，食品进出口、食品安全事故处置、监督管理、法律责任等各项制度进行了补充和完善。适用于食品生产和加工，食品流通和餐饮服务；食品添加剂的生产经营；用于食品的包装材料、容器、洗涤剂、消毒剂和用于食品生产经营的工具、设备(以下称食品相关产品)的生产经营；食品生产经营者使用食品添加剂、食品相关产品；

对食品、食品添加剂和食品相关产品的安全管理。

任务一　认识标准与法规

[任务目标]

掌握标准与法规的概念。

[技能训练]

训练标准与法规知识的掌握程度。

[知识链接]

一、认识标准

(一)标准的概念

1983 年我国颁布的国家标准(GB 3935.1—1983)中对“标准”的定义是:“标准是对重复性事物和概念所做的统一规定。它以科学、技术和实践经验的综合成果为基础,经有关方面协商一致,由主管机构批准,以特定形式发布,作为共同遵守的准则和依据。”1983 年国际标准化组织发布的 ISO 第二号指南(第四版)对“标准”的重新定义是:“由有关各方根据科学技术成就与先进经验,共同合作起草,一致或基本上同意的技术规范或其他公开文件,其目的在于促进最佳的公众利益,并由标准化团体批准。”

在 2000 年发布的 GB/T 1.1—2000 中将标准定义为:“为在一定的范围内获得最佳秩序,对活动或结果规定共同的和重复使用的规则、导则或特性文件。该文件经协商一致制定并经一个公认机构的批准。标准应以科学、技术和经验的综合成果为基础,以促进最佳社会效益为目的。”

世界贸易组织(WTO)《技术性贸易壁垒协定》(TBT 协定)规定:标准是经公认机构批准的、非强制性的、为了通用或反复使用的目的,为产品或其加工或生产方法提供规则、指南或特性的文件。该文件还可包括或专门关于适用于产品、工艺或生产方法的专业术语、符号、包装、标志或标签要求。

根据 WTO 的有关规定和国际惯例,标准是自愿性的,而法规或合同是强制性的,标准的内容只有通过法规或合同的引用才能强制执行。

(二)标准的特点

1. 非强制性

《TBT 协定》明确规定了标准的非强制性的特征,非强制性也是标准区别于技术法规的一个重要特点。尽管标准是一种规范,但它本身不具有强制力,即使所谓的强制性标准,其强制性质也是法律授予的,如果没有法律支持,它是无法强制执行的。因为标准中不规定行为主体的权利和义务,也不规定不行使义务应承担的法律责任,它与其他规范立法程序完全不同。

大多数国家的标准是由国家授权的民间机构制定的，即使是政府机构颁发的标准，它也不是像法律、法规那样象征国家的权力机构审议批准，而是由各方利益的代表审议，政府行政主管部门批准。所以标准是通过利益相关方之间的平等协商达到的，是协调的产物，不存在一方强加于另一方的问题，更不具有代表国家意志的属性，它更多的是以科学合理的规定，为人们提供一种适当的选择。

2.标准的制定出于合理目标

一般情况下，标准的制定是出于保证产品质量、保护人类(或动物、植物)的生命或健康、保护环境、防止欺诈行为等合理目标。

3.应用广泛性和通用性

标准应用非常广泛，影响面大，涉及行业和领域的方方面面。食品标准中除了大量的产品标准以外，还有术语标准、生产方法标准、试验方法标准、包装标准、标志或标签标准、卫生安全标准以及合格评定标准、质量管理标准、制定标准的标准等，广泛涉及人类生产、生活及消费的各个方面。

4.标准对贸易的双向作用

对市场贸易而言标准是把双刃剑，良好的标准可以提高生产效率、确保产品质量、促进国际贸易、规范市场秩序，但同时人们也可以利用标准技术水平的差异设置国际贸易壁垒、保护本国市场和利益。

标准对产品本身及生产过程的技术要求是明确的、具体的，一般都是量化的。因此，其对进入国际贸易产品的影响也是显而易见的，即显形的贸易壁垒。与之比较，技术法规的技术要求虽然明确，但通常是非量化的，有很大的演绎和延伸的余地。所以其对进入国际贸易的产品的壁垒作用是隐性的。

5.标准对贸易的壁垒作用可以跨越

标准对国际贸易的壁垒作用主要是由于各国经济技术发展水平的差异造成的，甚至可以认为是一种“客观”的壁垒。这种壁垒由于其制定初衷的合理性不能“打破”，而只能通过提高产品生产的技术水平、增加产品的技术含量、改善产品的质量以达到标准的要求等方式予以“跨越”。

(三)标准的功能

1.获得最佳秩序

标准的基础是科学性和先进性，标准的制定过程，就是将科学技术成果与实践积累的先进经验结合起来，经过分析、比较、选择并加以综合，这是一个归纳和提炼的优化过程。由于其代表着最佳秩序，才使人们无须任何强制力而自愿遵守。

2.实现规模生产

制定标准时减少了产品种类，使得产品品种呈系列化，促进了专业化生产，实现了产品生产的规模经济，从而降低了生产成本，提高了生产效率。

3.保证产品质量安全

产品的技术标准不仅对产品性能做出具体要求，而且还对产品的规格、卫生安全、检验方法、包装和储运条件等做出明确规定，严格按照标准组织生产，并进行检验，产品的质量安全就能得到可靠的保障。

标准也是生产需求的正确反映，只有将消费者的功能诉求转化为标准中的质量安全特性，再通过执行标准将质量安全特性转化为产品的固有特性，才能保证产品的质量符合消费者的需求。

4.促进技术创新

一项科研成果，如新技术、新材料、新工艺和新产品，开始只能在较小的范围内应用，但一旦纳入标准，就能迅速得以推广和应用。目前，国际上很重视通过标准来大力推进先进技术。

5.确保产品的兼容性

许多产品如果单独使用没有任何价值。如一台电脑仅有主机，没有显示器、软件、键盘或鼠标等与之匹配的产品将毫无用处。而这些相关产品一般又是由不同的生产商生产的，标准确保了产品与部件的兼容与匹配，使消费者能享用更多的可用产品。

6.减少市场中的信息不对称，为消费者提供必要的信息

对于产品的属性和质量，消费者所掌握的信息远远少于生产者，因此产生了信息不对称，这使消费者在交易前了解和判断产品的质量变得十分困难。但是借助于标准，可以显示出产品所满足的最低要求，帮助消费者正确认识产品的质量，提高消费者对产品的信任度。

7.降低生产对环境的污染

现代工业的发展对环境的污染越来越严重，尽管人们已经认识到良好环境对提高生存质量和保证可持续发展极其重要，各国政府也采取多种措施加强对环境相关问题的监管力度，经过实践证明标准是降低生产对环境污染的有效手段之一。

二、认识法规

(一)法与法规

法是指由国家制定或认可，并由国家强制力保障其实施的行为规范，反映由特定物质生活条件所决定的统治阶级意志，以权利和义务为内容，以确认、保护和发展有利于统治阶级，实现阶级统治的社会关系和社会秩序为目的的行为规范体系。当代中国法的渊源分为宪法、法律、行政法规、地方性法规、民族自治法、国际条约、规章。

广义的法律是指一切规范性文件。狭义的法律仅指由全国人民代表大会及其常务委员会制定的规范性文件，地位和效力仅次于宪法。

行政法规是指国家最高行政机关国务院，依据宪法和法律制定的规范性文件的总称，它包括由国务院制定和发市的以及由国务院各主管部门制定，经国务院批准发布的规范性文件。地方性法规是指最高国家权力机关，即全国人民代表大会及其常务委员会，通过法律授权或特别权的形式赋予的地方国家权力机关，根据本行政区域的具体情况和实际需要，依法制定的在本行政区域内具有法律效力的规范性文件。民族自治法规是民族自治地方的自治机关根据宪法和法律的规定，依照当地的政治、经济和文化特点制定的自治条例和单行条例。国际条约是我国作为国际法主体同外国缔结的双边、多边协议和其他条约、协定性质的文件。

规章是指国务院各主管部门和省、自治区、直辖市人民政府以及省、自治区人民政府所在地的市或经国务院批准的较大城市的人民政府依据宪法、法律和行政法则制定的规范性文性的总称。

法规是泛指由国家制定和发布的规范性文件如法律、法令、条例、规则、章程等的总称。食品法律法规体系是以法律或政令形式颁布的，对全社会有约束力的权威性规定，既包括法律规范，也包含以技术规范为基础所形成的各种食品法规。如食品安全法、标准化法、产品质量法、各类食品生产加工技术规范等。

(二)技术法规

技术法规是《TBT 协定》中使用的概念，用以界定对国际货物贸易产生壁垒作用的一类技术性贸易措施。《TBT 协定》中对技术法规给出了明确的定义。规定强制执行的产品特性或其相关工艺和生产方法，包括适用的管理规定在内的文件。该文件还可包括或专门关于适用于产品、工艺或生产方法的专门术语、符号、包装、标志和标签要求。技术法规必须符合三条标准才能确定为属于《TBT 协定》中技术法规的范畴。即文件必须适用于某个可确认的产品或某类可确认的产品；文件必须制定产品的一个或多个特性；文件必须是强制性的。

(三)技术法规的特点

1.强制性

技术法规是由政府部门或政府部门授权的其他部门制定的、强制执行的法规，世贸组织各成员国投放市场及自由流通的任何产品都必须遵守相应的技术法规。

2.约束范围广

技术法规规定了产品的具体特性，诸如产品的大小、形状、功效和性能甚至是其在出售之前加注标签、标志的样式和包装的方式等多方面的内容。而且，由于产品的生产方式在很大程度上影响到上述几个方面的特性，因此，技术法规的文件中还可以对适用于产品的工艺或生产方法、包括适用的管理规定进行约束。

3.表现形式多样

根据技术法规的定义，技术法规具有多种表现形式，包括国家法律、部门规章条例、政府法令以及强制性标准等。

4.对贸易的影响最大

由于技术法规的强制性属性、广泛适用性以及在一定时期内的延续性，统计数据表明，技术法规对国际货物贸易的影响最大。

5.壁垒作用隐蔽性强

有时，技术法规对贸易的壁垒作用不像标准那样明确和直截了当，但其壁垒作用更为深远。受其影响的往往不只是一种产品，甚至是一个行业或多个行业。

(四)技术法规的类型

1.规定性技术法规

规定性技术法规是指确定了达到特定结果的方法的一类技术法规。规定性技术法规确定了要达到特定结果的方法，其焦点集中在达到目标的唯一途径上。因此，规定性技术法规的最大特点是其具有确定性。

由于规定性技术法规为被约束者和约束者提供了确定性，所以，很容易将执行者拘泥在单一解决方案上而没有机会采取其他既可以达到目标又具有经济性的方案，从而成为抑制创新和采纳新技术的障碍，对贸易和经济发展产生不利影响。

但是，在实现目标的途径非常有限，或要处理的问题处于静止的情况下，采用规定性技术法规又会具有很多优点，像具有相同的法规评价标准等。在这种情况下，确定性要优于灵活性。

2.功能导向型技术法规

功能导向型技术法规以精确的术语规定了要达到的目标，但允许通过对实体本身进行调控来确定其达到结果的方法，这一类技术法规被称为功能导向型技术法规。

功能导向型技术法规允许为被调控的实体设计最有效率和效果最佳的达标方法。只要最终结果相同，可以采用多种技术途径。因此，功能导向型技术法规的最大特点是其具有灵活性。

三、市场经济的法规体系

市场经济就是法治经济，它是商品经济发展到一定程度的必然产物。市场经济的法规体系是由宪法、市场主体法、市场主体行为规则法、市场管理规则法、市场体系法、市场宏观调控法、社会保障法、民法等构成。

1.宪法

是规定国家根本制度和根本任务，集中表现各种政治力量对比关系、保障公民权利的国家根本法。宪法是建设市场经济法规体系的依据和基础。

2.市场主体法

是市场主体组织形式和地位的法律规范。市场主体就是以企业为主的法人，以及事业性质的法人。主要法律包括公司法、合伙企业法、个人独资企业法、中外合资经营企业法、中外合作经营企业法、外资企业法、国有企业法、集体企业法、破产法等。

3.市场主体行为规则法

是关于市场主体交易行为的法律规范，包括物权法、债权法、票据法、证券交易法、保险法、海商法、专利法、著作权法、商标法、广告法等。

4.市场管理规则法

是规定市场平等竞争条件，维护公平竞争秩序的具有普遍性的法律规范。包括反不正当竞争法、反垄断法、消费者权益保护法、产品质量法、食品安全法、计量法、标准化法、进出口商品检验法、经济合同法、技术合同法、仲裁法、国家赔偿法、行政诉讼法、行政处罚法等。

5.市场体系法

是确认不同市场、规定个别市场法则的法律规范。主要包括期货交易法、信贷法、国际技术贸易法、信息法、招投标法等。

6.市场宏观调控法

是政府对市场实施宏观调控的法律规范，无论是社会主义国家，还是资本主义国家，政府都不同程度地采用宏观调控措施来确保本国的利益。主要包括预算法、银行法、产业政策法、计划法等。

7.社会保障法

是在市场经济条件下对劳动者提供社会保障的法律规范。包括劳动法、社会保险法、未成年人保护法、妇女权益保护法、社会救济法等。

8.民法

是调整平等主体的自然人之间、法人之间、自然人与法人之间的财产关系和人身关系。在市场经济的法规体系中属于基本法的地位。民法主要担负着维系社会公平正义、协调各种利益冲突和保障人身权、人格权的重要作用。

在这个法规体系中除了国内的法律法规外，还会涉及许多国家和国际上的法律法规、条约、协定等。如 WTO 的一系列规则和我国与其他国家签订的双边或多边协议。

任务二　认识标准化

[任务目标]

掌握标准化的概念及标准化活动的基本原则。

[技能训练]

训练标准化活动的基本原则的掌握程度。

[知识链接]

一、标准化的含义

(一) 标准化的定义

我国《标准化工作指南第 1 部分：标准化和相关活动的通用词汇》(GB/T 20000.1—2002)，等同采用了 ISO/IEC 第 2 号指南《标准化和相关活动的通用词汇》对标准化的定义：为在一定范围内获得最佳秩序，对现实问题或潜在问题制定共同使用和重复使用的条款的活动。该活动主要包括编制、发布和实施标准的过程。标准化的主要作用是为了其预期目的改进产品、过程或服务的适用性，防止贸易壁垒，并促进技术合作。

1.标准化是一个活动过程

标准化是一个活动，该活动主要是制定标准、发布标准和实施标准的过程。这个活动过程不是一次就完结了，而是一个不断循环、螺旋式上升的运动过程。每完成一个循环，标准的水平就提高一步。

2.标准化是建立规范的活动

标准化是“制定共同使用和重复使用条款的活动”。其中“条款(Provision)”是指规范性文件内容的表达方式，一般采取陈述、指示、推荐或要求的形式。

3.标准化是一项有目的的活动

标准化的总目的是“在一定范围内获得最佳秩序”。除了这个总目的以外，标准化还有一个或多个特定目的，包括品种控制、适用性、兼容性、互换性、环境保护、产品防护、相互理解、经济效能、贸易、健康、安全等。

(二)标准化的对象

标准化的对象是指需要标准化的主题。一般来说,标准化对象包括两方面的内容:一是标准化学科的研究对象,也称为总体对象,主要是确定各种具体对象的共同属性、本质和普遍规律;二是标准化工作的对象,也称具体对象,是需要制定标准的对象或各专业标准化工作的对象。

二、标准化的形式

标准化的形式是指实施标准化的方式,也是标准化内容的存在形式。标准化有多种形式,每种形式都表现不同的标准化内容,针对不同的标准化任务,达到不同的目标。

标准化的主要形式有简化、统一化、系列化、通用化、组合化和模块化,这些形式各自形成独立的概念,有其一定的包容范围。

1.简化

"简化"就是在一定范围内缩减标准化对象(或事物)的类型和数目,使之在一定时间内满足一般需要的标准化形式。

简化一般是事后进行的,也就是在事物的多样化已经发展到一定规模以后,才对事物的类型数目加以缩减。但简化不是消极的"治乱"措施,实际上,它不仅能简化目前的复杂性,而且在一定时期和一定空间范围内能够预防和控制不必要复杂性的发生。

2.统一化

统一化是把同类事物两种或以上的表现形态归并为一种或限定在一个范围内的标准化形式。

统一化的目的在于使人们对同一类标准化对象具有共同的认识,从而能采取一致的行动,来消除或避免因同一类标准化对象的多样化泛滥而造成的混乱,借以促进标准化对象向前发展,为人类的正常活动建立良好的秩序。统一化有两类:一类是绝对的统一,全部"统死",不允许有任何灵活性;另一类是相对的统一,总的出发点或总趋势是统一,但在统一之中还有灵活性,根据情况区别对待。

统一化应遵守适时原则、适度原则、等效原则和先进原则。

3.系列化

系列化是根据同一类产品的发展规律和使用需求,将其特性参数按一定数列作合理安排和规划,并且对其形式和结构进行规定或统一,从而有目的地指导同类产品发展的一种标准化形式。

系列化通过对同一类产品发展规律的分析研究,对国内外产品发展趋势的预测,结合我国的生产技术条件,经过全面的技术经济比较,将产品的主要参数、形式、尺寸、基本结构等做出合理的规划,确定先进、适用的产品系列,以协调同类产品和配套产品之间的关系,提高设计、生产和使用的经济效果。

4.通用化

通用化是指在互相独立的系统中,最大限度地扩大具有功能互换的功能单元使用范围的一种标准化形式。换言之,通用化是选定或研制具有互换性特征的通用单元,并将其用于新研制的某些系统，以满足这些系统需求的一种标准化方法。通用化的作用表现在可以简化设计、制造过程中的重复劳动，为专业化生产创造条件，缩短生产周期，以及提高经济效益等方面。

5.组合化

组合化是按照标准化的原则，设计并创造出一系列通用性较强的单元，根据需要拼合成不同用途的物品的标准化形式。

组合化是建立在系统的分解与组合的理论基础上的。组合化的过程，既包括分解也包括组合，是分解与组合的统一。组合化又是建立在统一化成果多次重复利用的基础上的，组合化就是多次重复使用统一化单元或零部件来构成物品的一种标准化形式。通过改变这些单元的连接方法和空间组合，使之适用于各种变化了的条件和要求，创造出具有新功能的物品。

6.模块化

模块化是在对一定范围内的不同产品进行功能分析和分解的基础上，划分并设计生产出一系列通用模块或标准模块，然后从这些模块中选取相应的模块并补充新设计的专用模块和零部件一起进行相应的组合，以构成满足各种不同需要的产品的一种标准化形式。模块化以标准化的其他形式为基础，但又有别于标准化的其他形式，是对标准化其他形式的继承和发展。

三、标准化的作用

标准化是一项综合性的基础工作，是国家重要的技术经济政策，涉及国民经济的各个领域和人民生活的各个方面。它不仅是技术监督工作的科学技术基础，也是国民经济和社会发展的技术基础。

标准化的具体作用主要体现在以下几个方面：①保证工业生产各个环节的技术衔接和协调；②改进、保证和提高产品质量；③合理发展产品品种；④合理利用资源，节约原材料；⑤促进科研成果和新技术的推广作用；⑥便于产品的使用和维修；⑦提高劳动生产率；⑧缩短试制和生产准备周期；⑨保证安全、健康；⑩保护用户和消费者的利益；⑪消除贸易障碍，促进国际贸易的发展。

四、标准化活动的基本原则

1.超前预防原则

标准化的对象不仅要在依存主体的实际问题中选取，而且更应从潜在问题中选取，以避免该对象非标准化造成的损失。

2.协商一致原则

标准化活动要得到社会的接受和执行，就要坚持标准化民主性，经过标准使用各方进行充分的协商讨论，最终形成一致的标准，这样的标准才能在实际生产和工作中得到顺利的贯彻实施。

3.统一有度原则

这一原则是标准化的本质与核心。技术指标反映标准水平，要根据科学技术的发展水平和产品、管理等方面的实际情况来确定技术指标，必须坚持统一有度的原则。

4. 动变有序原则

一个标准制定完成之后，绝不是一成不变的，随着科学技术的不断进步和人们生活水平的提高，要适时地对标准进行修订，如国家标准一般每5年修订一次，企业标准每3年修订一次。标准的制定是一个严肃的工作，在制定的过程中必须谨慎从事，充分论证，不允许朝令夕改。

5. 互相兼容原则

标准应尽可能使不同的产品、过程或服务实现互换和兼容，以扩大标准化经济效益和社会效益，达到资源共享的目的。

6. 系列优化原则

在标准制定中尤其是系列标准的制定中，一定要坚持系列优化的原则，减少重复，避免人力、物力、财力和资源的浪费，提高经济效益和社会效益。

7. 阶梯发展原则

标准的发展是一个阶梯状的上升发展过程。科学技术的发展和进步以及人们认识水平的提高，对标准化的发展有明显的促进作用。要使得制定的标准不断满足社会生活的要求，标准水平就必须不断提高。

8. 滞阻即废原则

当标准制约或阻碍其依存主体的发展时，应及时进行更正、修订或废止，重新制定新标准，以适应社会经济发展的需要。

[练一练]

假如您是某个饮料企业的品管部经理，请试着收集企业涉及的水平标准，并填入表1-1。

表1-1　饮料企业水平标准表

序号	分类	标准	实施日期
1	原辅料、包装标准		
2	添加剂、营养强化剂标准		
3	产品标准及产品卫生标准		
4	包装标签标准		
5	检验方法标准		
6	体系标准		
7	生产过程标准		
……	……		

任务三　认识法律法规

[任务目标]

掌握食品法律法规的渊源及分类。

[技能训练]

训练标准与法规知识的掌握程度。

[知识链接]

一、认识法

(一)法的概念

对于法的概念,人们争论了几千年。对于法的概念的认识,实际上就是人类对于支配自身所处的具体社会关系规律的认识。在不同的历史时期、不同的社会条件下,法的观念因为社会关系的差异而有所不同。

我国现在一般从广义和狭义两个方面理解法。广义的法指法的整体,即国家制定或认可的并以国家强制力保证实施的行为规范的总和。它包括作为根本法的宪法、全国人民代表大会及其常务委员会制定的法律、国务院制定的行政法规、地方国家机关制定的地方性法规等。狭义的法是拥有立法权的国家机关依照立法程序制定和颁布的规范性文件,仅指全国人民代表大会及其常务委员会制定的法律。

(二)法的本质

对于法的本质问题,不同时代的思想家或法学家曾经做过不同的论述。他们或者把法的本质归结为某种精神力量;或者把法视为单纯的规则体系。这些论述均不能科学地揭示法的本质。

和以往的一些法学家和思想家不同,马克思主义以辩证唯物主义和历史唯物主义为指导,科学地揭示了法的真正本质。以马克思主义关于法的本质的论断为指导,可以把法的本质概括为以下3个方面。

1.法是统治阶级意志的体现

法是体现国家政权意志的社会规范,国家政权有统治阶级掌握,因此,法首先要体现统治阶级意志。

2.法是以国家意志的形式表现出来的统治阶级意志

法是统治阶级意志的体现,但并不是统治阶级的意志都表现为法,只有把统治阶级的意志上升为国家意志,才能成为法律。这种以国家意志表现出来的统治阶级的意志,全社会成员都必须遵守,否则,将遭受国家强制力的制裁。

3.法的内容是由统治阶级所处的社会物质生活条件决定的

法所表现的统治阶级意志并非凭空产生的,而是由统治阶级所处的社会物质生活条件决定的。物质生活条件是指与人类生存有关的物质资料的生产方式、地理环境、人口等因素。其中,物质资料的生产方式是决定因素。这是因为:一方面,人们通过生产力和生产关系使自然界的一部分转化为物质生活条件,同时使生物的人上升为社会的人;另一方面,在生产过程中发生的人与人之间的关系又是根本的社会关系,其他一切关系都是由它派生出来的,即使是地理环境、人口等因素,也只有通过生产方式才能对法的本质内容产生作用。

当然,法的内容是由特定的社会物质生活条件所决定的,这是从最终意义上讲的,但我们也不应该忽略社会生活条件以外的政治、科技、文化等因素对法产生的影响。

(三)法的分类

从不同的角度,按照不同的标准可以对法律进行不同的分类。就现代各国的法律分类而言,有属于各国比较普遍共有的分类,如国内法与国际法、成文法与不成文法、实体法与程序法、一般法与特别法等;有仅适用于部分国家的法律分类,如实行成文宪法制的国家有根本法和普通法之分,普通法系的国家由普通法和衡平法、判例法与制定法之分。

1. 成文法与不成文法

这是按照法的创造方式和表达方式不同,对法进行的分类。成文法是指国家机关制定和公布的、以比较系统的法律条文形式出现的法,又称作制定法。不成文法是指由国家认可的、不具有规范的条文形式的法。它大体分为习惯法、判例法和法理 3 种。

2. 实体法与程序法

这是根据法的内容对法进行的分类。实体法是直接规定人们权利和义务的实际关系,即确定权利和义务的产生、变更和消灭的法。程序法是规定保证权利和义务得以实现的程序的法律。

3. 根本法与普通法

这是根据法的地位、内容和制定程序的不同,对法进行的分类。这种分类仅适用于成文宪法制国家。根本法即宪法,在有的国家又称基本法,是规定国家各项基本制度、基本原则和公民的基本权利等国家根本问题的法。在成文宪法制国家,它通常具有最高的法律地位和法律效力。这里所说的普通法是指宪法以外的、确认和规定社会关系各个领域问题的法。其法律地位和效力低于基本法。

4. 一般法与特别法

这是按照法律效力的不同对法进行的分类。一般法是指针对一般人或一般事项,在全国适用的法;特别法是针对特定的人群或特别事项,在特定区域有效的法。一般法与特别法的划分是相对的。有时,一部法律相对某一法律是特别法,而相对于另一部法律,则是一般法。但是这种划分并不是没有意义,因为,特别法的效力优于一般法,即特别法颁布以后,一般法的相应规定在特殊地区、特定时间、对特定人群将终止或暂时终止失效。

二、食品法律法规的渊源

(一)食品法律法规渊源的概念

食品法的渊源又称食品法的法源,是指食品法的各种具体表现形式。其中,主要由不同国家机关制定或认可的、因而具有不同法律效力或法律地位的各种类别的规范性食品法律文件的总称。

(二)食品法律法规的渊源

1. 宪法

宪法是我国的根本大法,是国家最高权力机关通过法定程序制定的具有最高法律效力的规范性法律文件。它规定和调整国家的社会制度和国家制度、公民的基本权利和义务等最根本的全局性的问题。它不仅是食品法的重要渊源,也是其他法律的重要渊源,是制定食品法律、法规的来源和基本依据。

2.食品法律

食品法律是指由全国人大及其常委会经过特定的立法程序制定的规范性法律文件。它的地位和效力仅次于宪法。它又分为两种:一是由全国人大制定的食品法律,称为基本法;二是由全国人大常委会制定的食品基本法律以外的食品法律。

3.食品行政法规

食品行政法规是由国务院根据宪法和法律,在其职权范围内制定的有关国家食品行政管理活动的规范性法律文件,其地位和效力仅次于宪法和法律。党中央和国务院联合发布的决议或指示,既是党中央的决议和指示,又是国务院的行政法规或其他规范性文件,具有法的效力。国务院各部委所发布的具有规范性的命令、指示和规章,也具有法的效力,但其法律地位低于行政法规。

4.地方性食品法规

地方性食品法规是指省、自治区、直辖市以及省级人民政府所在地的市和经国务院批准的较大的市的人民代表大会及其常委会,制定的适用于本地方的规范性文件。除地方性法规外,地方各级权力机关及其常设机关、执行机关制定的决定、命令、决议,凡属规范性者,在其辖区范围内,也都属于法的渊源。地方性法规和其他规范性文件不得与宪法、食品法律和食品行政法规相抵触,否则无效。

5.食品自治条例与单行条例

食品自治条例和单行条例是由民族自治地方的人民代表大会依照当地民族政治、经济和文化的特点制定的食品规范性文件。自治区的自治条例和单行条例,报全国人大常委会批准后生效;州、县的自治条例和单行条例报上一级人大常委会批准后生效。

6.食品规章

食品规章分为两种类型:一是指由国务院行政部门依法在其职权范围内制定的食品行政规章,在全国范围内有法律效力;二是指由省、自治区、直辖市以及省、自治区人民政府所在地和经国务院批准的较大城市的人民政府,根据食品法律在其职权范围内制定和发布的有关地区食品管理方面的规范性文件。

7.食品标准

由于食品法的内容具有技术控制和法律控制的双重性质,因此食品标准、规范和规程可分为国家和地方两级。值得注意的是,这些标准、规范和规程的法律效力虽然不及法律、法规,但在具体的执法过程中,他们的地位又是相当重要的。因为食品法律、法规只对一些问题做了原则性规定,而对某种行为的具体控制,则需要依靠标准、规范和规程。所以从一定意义上说,只要食品法律、法规对某种行为做出了规范,那么食品标准、规范和规程对这种行为的控制就有了极高的法律效力。

8.国际条约

国际条约是指我国与外国缔结的或者我国加入并生效的国际法规性文件。它可由国务院按职权范围同外国缔结相应的条约和协定。这种与食品有关的国际条约虽然不属于我国国内法的范畴,但其一旦生效,除我国声明保留的条款外,也与我国国内法一样对我国国家机关和公民具有约束力。

三、食品法律法规的分类

我国食品法律法规根据其调整的范围可分为以下几类。

1. 综合性法律法规

如《中华人民共和国食品安全法》是我国食品安全的最高法规，规定了我国食品安全法的目的，使用范围，监管部门分工和职责，行业、公众的义务。

2. 各种单项法律法规

针对食品的某一方面指定的法规，如《进出口食品卫生管理暂行办法》等。

3. 食品标准和管理办法

我国已经制定了很多食品卫生标准，如《粮食卫生标准》、《食用油卫生标准》以及各种调味制品、肉乳、蛋、水产品、豆制品等卫生标准。为了保证食品卫生标准的执行，我国还对各类食品和包装容器、食品添加剂等制订了卫生管理办法。

四、我国的立法体制

我国是统一的、单一制的国家，各地方经济、社会发展又很不平衡。与这一国情相适应，在最高国家权力机关集中行使立法权的前提下，为了使我们的法律既能通行全国，又能适应各地方不同情况的需要，在实践中能行得通，宪法和立法根据宪法确定的“在中央的统一领导下，充分发挥地方的主动性、积极性”的原则，确立了我国的统一而又分层次的立法体制：

1. 全国人大及其常委会

全国人大制定和修改刑事、民事、国家机构的和其他的基本法律。全国人大常委会制定和修改除应当由全国人大制定的法律以外的其他法律；在全国人大闭会期间，对全国人大制定的法律进行部分补充和修改，但不得同该法律的基本原则相抵触。

2. 国务院

即中央人民政府根据宪法和法律，制定行政法规。

3. 省、自治区、直辖市的人大及其常委会

根据本行政区域的具体情况和实际需要，在不同宪法、法律、行政法规相抵触的前提下，可以制定地方性法规；较大的市(包括省、自治区人民政府所在地的市、经济特区所在地的市和经国务院批准的较大的市)的人大及其常委会根据本市的具体情况和实际需要，在不同宪法，法律、行政法规和本省、自治区的地方性法规相抵触的前提下，可以制定地方性法规，报省、自治区的人大常委会批准后施行。

4. 经济特区所在地的省、市的人大及其常委会

根据全国人大的授权决定，还可以制定法规，在经济特区范围内实施。

5. 自治区、自治州、自治县的人大

自治区、自治州、自治县的人大还有权依照当地民族的政治、经济和文化特点，制定自治条例和单行条例，对法律、行政法规的规定做出变通规定。自治区的自治条例和单行条例报全国人大常委会批准后生效，自治州、自治县的自治条例和单行条例报省、自治区、直辖市的人大

常委会批准后生效。

6.国务院各部、各委员会、中国人民银行、审计署和具有行政管理职能的直属机构

国务院各部、各委员会、中国人民银行、审计署和具有行政管理职能的直属机构可以根据法律和国务院的行政法规、决定、命令,在本部门的权限范围内,制定规章。省、自治区、直辖市和较大的市的人民政府,可以根据法律、行政法规和本省、自治区、直辖市的地方性法规,制定规章。

这种分层次的立法体制又是怎样体现和保证法制统一的呢?主要是两方面:一方面,明确不同层次法律规范的效力。宪法具有最高的法律效力,一切法律、法规都不得同宪法相抵触。法律的效力高于行政法规,行政法规不得同法律相抵触。法律、行政法规的效力高于地方性法规和规章,地方性法规和规章不得同法律、行政法规相抵触。地方性法规的效力高于地方政府规章,地方政府规章不得同地方性法规相抵触。另一方面,实行立法监督制度。行政法规要向全国人大常委会备案,地方性法规要向全国人大常委会和国务院备案,规章要向国务院备案。全国人大常委会有权撤销同宪法、法律相抵触的行政法规和地方性法规,国务院有权改变或者撤销不适当的规章。

[练一练]

分组讨论不同层次的法律体系的特点,并填写表 1-2。

表 1-2 不同层次的法律体系的特点

层次	颁布部门	权限等级
法律		
法规		
部门规章		
规范文件		

任务四 标准法规与市场经济的关系

[任务目标]

掌握标准与法规的关系。

[技能训练]

训练学生理解标准法规与市场经济的关系。

[知识链接]

一、标准与法规的关系

社会规范是人们在处理社会生活中相互关系应遵循的具有普遍约束力的行为规则,而技术规范是人们在处理同客观事物打交道时必须遵循的行为规则。在科学技术和社会生产力高

度发展的现代社会，越来越多的立法把遵守技术规范确定为法律义务，从而把社会规范和技术规范紧紧地结合在一起，这也是一种必然，因为，人们处理社会生活关系时，也离不开客观事物。

(一)标准与法规的相同点

(1)一般性　都是现代社会和经济活动必不可少的统一规定，对任何人都适用，同样情况下应同样对待。

(2)公开性　在制定和实施过程中都是公开透明的。

(3)明确性和严肃性　都是由权威机关按照法定的职权和程序制定、修改或废止，都用严谨的文字进行表述。

(4)权威性　都在调控社会方面发挥主导作用，享有威望，得到广泛的认同和普遍的遵守。

(5)约束性和强制性　都要求社会各组织和个人服从相关的规定，作为行为的准则。

(6)稳定性　都具有稳定性和连续性，不允许擅自改变和轻易修改。

(二)标准与法规的不同点

(1)法规在一切领域都处于至高无上的地位，具有基础性和本源性。标准必须有"法律依据"，必须严格遵守有关的法律法规，在内容上绝不能与法律法规相抵触和冲突。

(2)法律法规涉及国家生活和社会生活的方方面面，调整一切政治、经济、社会、民事、刑事等法律关系，而标准主要涉及技术层面。

(3)法规一般体现宏观和原则，标准则体现微观和具体。

(4)法规较为稳定，标准则经常随着科学技术和生产力的发展而补充修改。

(5)标准比较考虑民主性，强调多方参与、协商一致，尽可能照顾多方利益。

(6)标准的强制力也源自法规的赋予，标准分为强制性和推荐性两种，对推荐性标准企业有选择执行或不执行的权利。

(7)标准和法规都是规范性的文件，但标准在形式上有文字的，也有实物的。

二、标准法规与市场经济的关系

标准是市场经济运行的必备条件，法治是市场经济的必备条件和基本特征。

(1)市场经济是自主性经济，市场主体为了生存和发展，必须执行或制定先进的产品质量标准，满足市场和用户的需求。同时要求法律确认市场主体资格，平等保护市场主体的财产权。

(2)市场经济是契约经济，在契约合同中设定的产品质量标准是双方检验产品质量的依据，是发生经济纠纷时仲裁的技术基础。同时要求法律确认契约是处理经济关系的法律形式，并保护契约在市场经济中的作用。

(3)市场经济是竞争经济，市场主体运用标准化加快新产品开发，可以提高产品的竞争力；市场主体执行先进的产品质量标准，可以提高产品质量和竞争力。同时要求法律维护和保障正当竞争，限制和惩处不正当竞争。

(4)市场经济是开放的经济，标准是国内国际市场贸易中必须遵守的技术准则，是国际条约和基本规则的技术层面的组成内容。同时要求法律不断进行调整，与现代国际法治规则接轨，营造统一开放的国内市场和全球化的国际市场。

(5)市场经济是受调控和监督的经济，国家授权的监督机关以及消费者，依据各种标准，依法对产品质量、工程质量和服务质量实施监督。同时要求法律确认所有人的平等地位，监督机关承担监督的权利和义务。

随着改革开放和经济发展，特别是加入 WTO 以后，我国越来越重视标准化和市场经济法制建设工作，积极参与国际标准化活动，积极采用国际标准，取得了显著的成绩，为社会主义市场经济的建立和发展，提供了重要的法律依据和法律保障。

[练一练]

收集与食品相关的法律法规，填表 1-3，并评价出哪条适合相关食品企业，同时将标记适用的条款分发到企业相关部门。

表 1-3　食品相关法律法规一览表

序号	法律法规	实施日期	适应企业的条款	分发到的部门	签收人	签收日期
1						
2						
3						
4						
5						
6						
……						

任务五　技术性贸易措施体系

[任务目标]

掌握 TBT 协定及 SPS 协定。

[技能训练]

训练技术性贸易措施的掌握程度。

[知识链接]

一、认识技术性贸易措施

贸易技术壁垒(Technical Barriers to Trade)简称 TBT，它不但包括 WTO《TBT 协议》所规定的内容，广义的 TBT 还应包括《实施动植物卫生检疫措施的协议》(SPS)、《服务贸易总协定》等规定的措施；另外，TBT 不是 WTO 的专利，其他国际公约、国际组织等规定的许多对贸易产生影响的技术性措施也属于 TBT 的范围。

技术性贸易措施体系是技术法规、技术标准与合格评定程序三者相互联系、相互支撑、共同构成的具有协同作用的有机整体。其整体性和协同作用表现为：

技术法规规定基本要求，标准予以细化、量化；技术法规是制定技术标准的法律依据，技术标准是技术法规的技术支撑。技术标准规定量化指标、操作方法等，合格评定程序验证对其的符合性，技术标准是合格评定程序的技术依据。合格评定程序的载体可以是归类为技术标准的检验方法或操作手册等，据之进行的合格评定则是非强制性的。

技术法规规定基本要求，合格评定程序验证对其的符合性；技术法规是制定合格评定程序的法律依据，技术法规、技术标准是静态措施，而合格评定程序是动态措施。合格评定程序的载体可以是归类为技术法规的规范性文件或规章制度，据之进行的合格评定则是强制性的。

二、TBT 协定及 SPS 协定

（一）TBT 协定

技术性贸易措施即技术法规、技术标准与合格评定程序对国际贸易的影响具有双面性，为避免各成员利用这些措施构筑技术性贸易壁垒，《TBT 协定》中专门规定了对 WTO 成员在制定、采用和实施技术法规、技术标准与合格评定程序等措施时的原则要求。

1. 贸易最小影响原则

这项原则包含三层含义：技术法规对贸易的限制不得超过为实现合法目标所必需的限度，不对国际贸易造成不必要的障碍；在导致采用有关技术法规的情况或预期要达到的目标已不存在，或者如果情况或目标发生变化后，能采用更少的贸易限制的方式时，则应该取消这些技术法规；在一般情况下，如果技术法规是依据有关国际标准制定的，或采纳了有关国际标准，则可以认为该技术法规未对贸易造成不必要的障碍，除非提出反证。

2. 非歧视原则

《TBT 协定》要求各成员确保在制定、采用和实施技术法规方面遵循非歧视原则，包括最惠国待遇原则和国民待遇原则。也就是说，给予一成员国产品的待遇应不低于给予任何其他成员产品的待遇；给予任一成员国产品的待遇应不低于给予本国同类产品的待遇。

3. 协调一致原则

由于不同国家在技术发展水平、收入和生活水平以及历史文化背景和地理状况等方面存在着不同程度的差异，这些差异可能导致各国所制定和实施的技术性贸易措施的千差万别，甚至形成国际贸易中的技术性贸易壁垒。要抑制或消除各成员之间的这种技术性贸易壁垒，就必须实现各国间技术法规的协调统一，而采纳国际标准是协调技术性贸易措施最简便、最有效的办法之一。

4. 等效原则

等效原则也称等同性原则或对等性原则。《TBT 协定》规定，各成员应积极考虑将其他成员的技术法规作为等效技术法规加以接受。换句话讲，即使这些技术法规不同于自己的技术法规，只要这些技术法规足以实现与自己的技术法规相同的目标，就应该将这些技术法规作为等效的技术法规加以接受。

5. 透明度原则

透明度原则是世贸组织极为重要的基础性原则之一，为了使各成员能够预先了解其他成员技术法规的制定情况，使其能够按照进口国的要求对自己的出口商品进行调整，从而在事先就达到进口国的要求，尽量减少贸易摩擦，《TBT 协定》要求其成员保证技术法规是透明的。

(二)SPS 协定

《卫生和植物卫生措施协议》(简称 SPS 协定)，旨在通过建立多边规则，指导各成员制定和实施统一的 SPS 协定，以便使其对贸易的影响降到最低，促进农产品及食品国际贸易的发展。SPS 协定的主要原则如下。

1. 协调一致，共同采纳国际标准

SPS 协定旨在通过鼓励不同的成员建立、承认和应用共同的 SPS 措施来扫除农产品市场准入的技术障碍。采用国际通行标准的基本目的是在提供具有科学依据的必要的卫生保护的同时促进贸易的发展。符合国际标准、准则或建议的 SPS 措施被视为是保护人类、动植物健康所必需的，并认为符合 SPS 协定和 1994 年《关贸总协定》GATT 的有关规定。

SPS 协定允许各成员实施高于国际标准、准则或建议的 SPS 措施，但要有科学依据，或经过风险分析认为该措施所提供的保护水平是合适的。

在有关科学依据不充分的情况下，可根据现有的信息，包括来自有关国际组织以及其他成员实施的 SPS 措施的信息，临时采取某种 SPS 措施，采取先斩后奏的做法，在这种情况下，应寻求获取必要的补充信息，以便更加客观地评估风险，并相应地在合理的期限内修改临时 SPS 措施。

2. 追求实施 SPS 措施的效果，而不拘泥于形式

SPS 协定承认不同成员保护人类、动植物健康的方式不一样，只要能取得同等水平的保护，WTO 成员就应该接受彼此的做法，而不必苛求一定要照搬进口成员的做法。因此，通过谈判，签署相互认可协议承认保护水平的等同性。

在进行这种共同认可协议的谈判中，出口成员有责任证明其境内的卫生要求至少和进口成员一样能达到同等水平的保护。为此，出口方必须提供进口方可能需要的有关信息以便判断，包括了解主管当局、设施、设备和程序。如果出口方的措施能够提供同等保护水平，进口方就应该接受其做法。

3. 在风险分析的基础上，确定适当保护水平的 SPS 措施

各成员应确保其 SPS 措施是基于对环境、人类、动植物的生命或健康的风险进行评估，并考虑有关国际组织制定的风险评估方法。

只要进口农产品和食品就不可避免地伴随着传入动植物病虫害的风险，零风险的政策意味着闭关自守，与 WTO 的规则格格不入，对进口的农产品和食品实施风险分析，寻求降低风险的管理措施如选择产地、隔离检疫、季节性进口、运输方式、入境后隔离检疫、实验室检疫、限制种养地区等等措施，从而将传入病虫害的风险降到最低水平。这些措施已被广泛地应用到进口农产品和食品的检疫决策中。

4. 病虫害发生有其流行病学规律，疫区的划分应该区域化

根据 SPS 协定第 6 条的规定，WTO 成员应承认病虫害的非疫区或低度流行区的概念。疫区的划分不能局限于国家边境，疫区可以是一个国家的一部分，也可以是由许多国家的部分

地区组成。对这些地区的确定,应依据诸如地理、生态系统、流行病监测,以及采取动植物检疫的效果等因素。过去,进口国家通常要求出口国整个国家没有发生该病。而现在来自一个国家非疫区的产品就不应该受到限制,疫区和非疫区就应该区别对待。

5. SPS措施应公开透明,而不能搞暗箱操作

SPS协定对SPS措施的透明度问题进行了专门规定,旨在确保每个成员所采取的保护人类和动植物健康的措施公之于众,让有关的大众和贸易伙伴知道和了解。为此,SPS协议要求各成员应设立国家通知机构和咨询点。

每个WTO成员都必须指定一个中央政府部门来负责实施通知程序。颁布实施或修改影响贸易和不同于国际标准的SPS法律法规,必须通知WTO秘书处。

所有WTO成员政府都必须设立专门办公室,称咨询点,以便收集和回答涉及本国SPS措施的问题。咨询点的任务就是向其贸易伙伴提供所需的SPS措施法规方面的信息、两国间的有关协议、风险分析的程序和决定。咨询点应能回答有关SPS措施的任何问题,能够向WTO秘书处提供新的或修改的法规以及其他有关的文件。

三、我国食品贸易需要面对的技术性贸易壁垒

技术性贸易壁垒是通过颁布法律、法令、条例、规定,建立技术标准、认证制度、检验制度等方式,对外国进口商品制定的技术、卫生检疫、商品包装和标签标准,从而提高产品技术要求,增加产品成本,或拖延进口时间,最终达到限制进口的目的。TBT是一种无形的非关税壁垒,是最隐蔽、最难对付的非关税壁垒之一。TBT体系主要由技术标准和规范、包装和标签要求、商品检疫和检验规定、绿色技术壁垒、信息技术壁垒5个方面组成。国外TBT对我国食品、农产品的影响也主要表现在以下几方面:

1. 技术标准和规范的影响

国外技术标准水平较高,法规较严。就欧共体而言,欧共体不仅有统一的技术标准、法规,而且各国也有各自的严格标准,他们对进口商品可以视情况选择对自己有利的标准,从总体上来看,要进入欧共体市场的产品应至少达到下述3个条件之一:①符合欧洲标准EN,取得CEN认证标志;②符合欧洲指令,取得欧共体安全认证标志CE;③取得ISO 9000合格证书。我国的技术标准、规则和法令的制定起步较晚,食品国际国内两个市场产品差距较大,更不必说与发达国家的差距,尽管在国人眼里出口商品无论在质量、包装,还是规格上都优于内销产品,但仍然难以达到进口国越来越多的和要求越来越高的技术标准,因而遭进口国退货的情况层出不穷。其中影响食品、农产品出口的,主要是食品中的化肥、农药等残留量等。出口的大宗食品、农产品中,受TBT影响的大多数是劳动密集型的具有比较优势的产品,因生产仍处于零散经营阶段,农产品质量控制手段较薄弱,技术含量低,商品生产的技术标准难以达到发达国家苛刻的技术标准。2001年5月欧盟查出我国出口的冻虾仁中含有超标的氯霉素,最终导致欧盟对我国出口到欧盟的动物源性产品实行禁运,这意味着我国将在短时间内丢掉13万t的欧盟市场份额并造成6亿多美元的创汇经济损失(称为氯霉素事件)。

2. 商品包装和标签标准的影响

欧美国家的环保法规中对商品包装材料的易处理性和可回收率有较高标准。包装材料要安全,易处理回收。我国包装材料落后,不易处理、回收率低、对进口国的环境污染严重,导致

我国一些出口产品因包装问题而被拒之门外。为了防止动植物病虫害的传播，欧美等国规定对一些天然材料生产的包装物要进行卫生和动植物检疫。欧美各国具有较高的环保意识，德国是第一个重视包装材料回收的国家，制定了商品包装法，在执行两年多的时间内就减少了100多万t材料消耗量。英国、法国也起而效之。发达国家高标准的包装要求，无疑筑成了对我国出口产品的商品包装壁垒。所以，有了有机食品，还要有绿色包装，才能使产品顺利进入国际市场。

3. 商品检疫和检验的影响

在检疫方面，出口产品必须经过严格的检疫检验，合格后方能出口。由于我国产品检疫标准低，检疫不过关，与发达国家之间卫生检疫标准和水平的差距，导致某些发达国家不接受我国一些出口商品的商检证书；另外，生产企业现有的加工设备和自身检验、检疫手段落后，发达国家的技术标准无法执行，导致出口数量锐减。欧盟进口肉类食品时，不但要求检验农药的残留量，还要求检验生产厂家的卫生条件。1998年欧盟兽医专家考察团来华考察，认为我国动物防疫检疫体系、质量保护体系和有关加工厂不符合欧盟要求，因此继续禁止我国向其出口禽肉。例如，出口产品一般采用出口国检验、进口国复验的做法，自从欧盟实行新的茶叶检测标准，凡从中国出口到欧盟的茶叶，2002年起以进口国检验为准，进口商不再接受我国的出口检验。这无疑加大了出口企业的风险，加重了出口负担，使得中国茶叶在欧盟的市场占有率下降，同时也损坏了国家的声誉。“氯霉素事件”再次说明我们的技术标准和质量监督体系落后，与发达国家有很大差距。

4. 绿色技术壁垒影响

绿色技术壁垒与前面所述的壁垒并无太大区别，着重强调商品及其包装对人体和自然环境的无害性。1998年美、加、英、欧共体等相继以天牛虫问题为由，禁止我国使用未经处理的木料包装进入境内，这一规定使包装成本增加了20%。美国农业部向我国发出90天的最后通牒，要求我国在期限内改换包装，否则同年12月17日以后将禁止使用上述包装材料的商品出口到美国。我国每年输往美国的货物在100万批以上，其中30%～50%的货物涉及木质包装，可见受到影响的范围之广。由于农药残留量和有毒物质含量标准规定苛刻，过去出口到欧洲的冻猪肉和冻兔肉现在均被禁止。绿色壁垒已经成为我国农产品出口面临的最大障碍。

5. 信息技术壁垒的影响

从世界农产品贸易的发展历史来看，政府在技术贸易中的作用是重要的，它一方面可以保护本国农业，另一方面可以促进本国农产品的出口。但是，目前政府的作用发挥得仍不尽如人意，我国各级政府在“绿箱”补贴方面的工作还未完全展开，各项信息服务体系尚未健全。就农产品而言，各级政府部门，尤其是外经贸、商检、税务、海关没有形成一个完整的体系，致使企业、农民获得信息过慢，而且预警机制建设严重滞后。信息获取滞后使得企业和农民在应对TBT时显得孤立无援，容易盲目行事，往往收不到应有的保护效果。

6. 其他因素影响

农业作为国家发展基础中的基础，受到每个国家的绝对重视是必然的。正因为此，食品、农产品贸易长时间游离于GATT和WTO规则之外。他们在动物饲养和加工方面要求的所谓“动物福利”，更是目前我国和其他发展中国家难以达到的，比如养鸡，要求每只鸡所拥有的面积不得小于750 cm^2，运输过程中要通风，屠宰时要避免其他鸡受惊吓，在宰杀之前要用电击设备击晕使鸡免受宰杀时的痛苦，等等。这些近乎不合理的技术壁垒体现了使用国对农业的高度重视。

任务六　食品标准与法规的研究内容与学习方法

[任务目标]

掌握食品标准与法规的研究内容与学习方法。

[技能训练]

训练食品标准与法规知识的学习方法。

[知识链接]

一、食品标准与法规的研究内容

食品标准与法规是研究食品与农产品的产地环境、农业投入品、动物疫病防治、食用农产品种养殖、食品加工、运输、储藏、加工、销售和配送等全过程相关的法律法规、标准和合格评定程序的一门综合性学科。食品标准与法规的研究对象是“从农田到餐桌”的食品与农产品相关产业链，目的是确保人类和动植物生命健康的安全、保护自然环境、促进市场贸易、规范企业生产。食品标准与法规是政府管理监督的依据，是食品生产者、经营者的行为准则，是消费者保护自身合法利益的武器，是国际贸易的共同行为准则。

食品标准与法规的主要内容有：食品标准基础知识，食品法律法规基础知识，中国食品标准体系，中国食品法律法规体系，国际食品标准与法规，食品质量管理体系，食品产品认证，食品卫生许可证和食品市场准入制度。

二、食品标准与法规的学习方法

食品标准与法规是一门综合性管理学科。它既涉及食品与农产品的各个种类，又贯穿于食品与农产品生产流通全过程，即“从农田到餐桌”；既包括法律法规与标准的制定、实施过程，又涵盖了对其进行监督监测和评定认证体系；既规范协调企业和消费者双方又涉及政府、行业组织等管理机构和监督检测、合格评定等第三方中性机构。因此，食品标准与法规的学习不只是简单的记忆，更应该注意其全面性。

学习本课程必须首先掌握食品生产过程中所必须掌握的各种标准与法规，坚持理论与实践相结合，通过学习可以结合企业的实际情况，根据所学知识，制定出切实可行的食品加工生产的安全性控制方案。同时应充分认识到人类社会是一个永不止息的活动，标准与法规也是一个永无止境的变化发展过程，因此我们在学习食品标准与法规的时候应该学会采取发展的观点来看问题，本书中介绍的内容可能在出版时和出版后已经发生了变化，我们应该不断追踪其前后变化来看待和理解相关的食品标准与法规。

【导入案例评析】

食品及食品安全关系到每一个消费者的身体健康和生命安全，也关系到企业的信誉、行业的前途。长期以来，我国的食品市场风波不断，伪劣食品屡禁不止，尤其是近年出现的阜阳劣质婴儿奶粉及三鹿奶粉等事件严重损害了消费者的利益，给乳品行业带来重大伤害，主要原因是我国食品法律和法规在生产和流通领域不完善，给不法分子有机可乘。虽然我国先后颁布了《食品卫生法》、《动植物检疫法》等多部与食品相关的法律法规，但是，还存在一些法律监管盲区，现行不少法律法规的制约性还不强，尚不能适应当前食品市场发展的需要。要真正从源头上保障食品卫生安全，首先应加强食品安全立法，整合执法资源，使立法由权利定位逐步向责任定位过渡，从而避免各职能部门的“趋利执法”行为，使食品安全执法协调运转的长效机制以国家法律的形式固定下来，为广大人民群众的食品安全服务。《食品安全法》就是在这样的市场环境下出台的，该法自 2009 年 6 月 1 日起正式实施，《食品卫生法》同时废止。

《食品安全法》的出台和实施表明我国的食品法律法规为了适应市场经济的要求在逐步走向成熟和完善，必将对食品生产、经营、检验、进出口、食品安全事故处理、食品监管产生重大影响，从而达到保障公众身体健康和生命安全的目的。《中华人民共和国食品安全法实施条例》于 2009 年 7 月 8 日国务院第 73 次常务会议上通过，自 2009 年 7 月 20 日起施行。条例进一步明确了企业作为食品安全第一责任人的责任，强化了企业的事先预防和生产经营过程控制要求；细化了食品安全法的有关职责规定，强化了地方政府和各监管部门的责任，并对启动食品安全风险评估工作、实行食品复检、召回制度等进一步作了具体规定。《食品安全法》及《食品安全法实施条例》的实施对于规范市场经济条件下食品市场、经营、监督管理及保障食品安全具有至关重要的作用。

【本项目小结】

近年来我国食品安全形势不容乐观：山西朔州毒酒案、安徽阜阳假奶粉事件、苏丹红事件、光明回炉奶事件、孔雀石绿案等，让人触目惊心。国际贸易方面，技术贸易壁垒仍困扰着我国农、畜、水产品的出口，出口食品因农药、兽药残留超标、食品污染等问题而屡次受阻。其主要原因在于我国与发达国家之间在农业科学技术水平和组织管理上存在一定的差异，以及发达国家利用 WTO 有关协议规则，采取更为高级的贸易保护手段。我们应认真分析我国食品、农产品不能跨越技术贸易壁垒的原因，并采取积极的应对策略，突破农产品的技术贸易壁垒。为真正把食品安全监管工作落到实处，我们必须尽快建立健全食品安全法律法规体系，为各项监管工作顺利、有效地进行提供统一的行为规范和制度保障。

本项目简述了标准、法规、标准化、TBT 协定及 SPS 协定基本概念，《TBT 协定》和《SPS 协定》的基本规则；重点介绍了标准法规与市场经济的关系、技术性贸易措施体系及技术性贸易壁垒对我国食品贸易的影响。标准（TBT 协定规定）是经公认机构批准的、非强制性的、为了通用或反复使用的目的，为产品或其加工或生产方法提供规则、指南或特性的文件。该文件还可包括或专门关于适用于产品、工艺或生产方法的专业术语、符号、包装、标志或标签要求；法规是泛指由国家制定和发布的规范性文件如法律、法令、条例、规则、章程等的总称；标准化是指在一定范围内获得最佳秩序，对现实问题或潜在问题制定共同使用和重复使用的条款的活动。该活动主要包括编制、发布和实施标准的过程。标准化的主要作用是为了其预期目的改进产品、过程或服务的适用性，防止贸易壁垒，并促进技术合作。TBT 协定是非关税壁垒的主要表现形式，它是以技术为支撑条件，即商品进口国在实施贸易进口管制时，通过颁布法律、法令、条例、规定、建立技术标准、认证制度、卫生检验检疫制度、检验程序以及包装、规格和标签标准等，提高对进口产品的技术要求，增加进口难度，最终达到保障国家安全、保护消费者利益和保持国际收支平衡的目的；SPS 协定是为各成员制定、采用和实施卫生与植物卫生措施（SPS 措施）建立了多边规则，其目的是保证 SPS 措施不超过保护人类、动物或植物的生命或健康的程度，不对情形相同的成员构成任意不合理的歧视，同时对贸易的消极作用减少到最低。

《TBT 协定》的主要原则有：①贸易最小影响原则；②非歧视原则；③协调一致原则；④等效原则；⑤透明度原则。《SPS 协定》的主要原则有：①协调一致，共同采纳国际标准；②追求实施 SPS 措施的效果，而不拘泥于形式；③在风险分析的基础上，确定适当保护水平的 SPS 措施；④病虫害发生有其流行病学规律，疫区的划分应该区域化；⑤SPS 措施应公开透明，而不能搞暗箱操作。技术性贸易壁垒对我国食品贸易的影响主要体现在技术标准和规范、包装和标签要求、商品检疫和检验规定、绿色技术壁垒、信息技术壁垒等 5 个方面。

建立和完善我国社会主义市场经济法律体系，是我们党和国家的重大战略决策，是我国社会主义法制建设的宏伟目标。它不仅是一个十分重大的理论和实际问题，而且涉及经济、政治、法律和文化等各个方面。建立市场经济体制的同时，建立一整套与此相适应的法律和制度，不仅是市场经济体制建立和发展的内在要求，也是被资本主义几百年的历史和我国社会主义市场经济的实践所证明的客观真理。市场经济的一个显著特点在于它的经济秩序是通过法制形成和维持的，或者说是一种法律秩序。现代市场经济并不是单纯的自由竞争，而是一个有序化、制度化过程，这一过程是通过一系列具体的法律制度来实现的。正如美国经济学家布坎南所说："没有合适的法律和制度，市场就不会产生任何体现价值最大化意义上的效率"。从这个意义上说，市场经济就是法制经济。

【同步练习】

1. 名词解释：标准、法规、标准化、技术法规、贸易技术壁垒
2. 简述标准与法规的特点、作用及主要区别。
3. 标准化的主要作用是什么？
4. 技术规范有何特点？
5. 简述标准法规与市场经济的关系。
6.《TBT 协定》和《SPS 协定》的基本规则有哪些？
7. 技术性贸易壁垒对我国食品贸易产生什么样的影响？
8. 食品标准与法规研究的内容有哪些？

项目二

食品标准基础知识

【学习目标】

知识目标

1. 掌握我国标准的分类，了解食品标准的基本内容；
2. 了解我国标准的制定程序，掌握标准的结构；
3. 掌握标准中要素的类型，理解编写各要素的具体要求。

技能目标

1. 能够识别不同类型的食品标准；
2. 会起草食品企业标准。

【导入实例】

某小型水果加工公司主要生产水果糖水罐头产品。最近几年来由于公司所在地杏产量增长较快，因此对杏进行深加工势在必行。经过调研，该水果加工厂考虑生产杏干制品。但是该厂在申请生产许可证上却碰到了难题，因为没有杏干产品的执行标准。已存在的国家标准 GB 16325—2005《干果食品卫生标准》在一些指标上（如水分和酸度）只对常见的水果干制品（如桂圆、荔枝、葡萄干和柿饼等）进行了规定，而且杏干制品也没有相关的行业标准和地方标准。因此，该项目面临搁浅。

后经食品专业人士点拨，该公司随即组织相关人员，前后经过大约半年的时间制定了本公司的企业标准并在当地卫生和计划生育行政部门进行了备案，之后又顺利地申请到了杏干的生产许可证。

任务一　食品标准分类与基本内容

［任务目标］

掌握标准的不同分类方法，了解食品标准的基本内容。

[技能训练]

训练学生对不同标准进行分类。

[知识链接]

一、食品标准的分类

食品标准是食品工业领域各类标准的总和，涉及食品行业各领域的各个方面，从很多方面规定了食品的技术要求和品质要求。食品标准是国家标准的重要组成部分，也是食品安全卫生的重要保证，关系到广大消费者的健康安全。

分类是人们认识事物和管理事物的一种方法。人们从不同的目的和角度出发，依据不同的准则，可以对标准进行不同分类，由此形成不同的标准种类。随着标准化事业的发展和标准化领域的扩展，标准的种类也在不断增多，标准分类问题变得复杂和困难，世界各国标准分类方法不尽一致。目前习惯上可根据标准的制定主体、约束力、标准化对象的基本属性以及内容等对食品标准进行分类。

(一) 按标准的制定主体分类

根据食品标准的制定主体不同，可将我国现行采用的食品标准分为国际标准、区域标准、国家标准、行业标准、地方标准和企业标准。

1. 国际标准

国际标准指由国际性标准化组织制定并在世界范围内统一和使用的标准，包括由国际标准化组织(ISO)、国际电工委员会(IEC)、国际电信联盟(ITU)等组织制定的标准，以及被ISO确认并公布的其他国际组织所制定的标准，如联合国粮食及农业组织（FAO)、食品法典委员会(CAC)、世界乳业联合会(IDF)以及世界卫生组织(WHO)等制定的标准。国际标准是世界各国进行贸易的基本准则和基本要求。

事实上，除了上述正式的国际标准以外，还存在一些“事实上的国际标准”，即一些国际组织、专业组织和跨国公司制定的、在国际经济活动中客观起着国际标准作用的标准。例如，欧洲的Oeko-Tex Standard 100是世界上最权威的、影响最广的生态纺织品标准，在国际贸易中作为产品检验和授予“生态纺织品”标志的依据。美国率先提出的HACCP(食品危害分析和关键控制点)体系已发展成为国际食品行业普遍采用的食品安全管理标准，作为食品企业质量安全体系认证的依据。

2. 区域标准

区域标准又称地区标准，是指由世界区域性标准化组织通过并公开发布的标准。目前影响力较大的区域标准包括欧洲标准化委员会（CEN)标准、欧亚标准计量与认证委员会(EASC)标准、太平洋地区标准会议(PASC)标准、亚太经济合作组织/贸易与投资委员会/标准与合格评定委员会(APEC/CTI/SCSC)标准、泛美标准化委员会（COPANT)标准、阿拉伯标准化与计量组织(ASMO)标准和非洲地区标准化组织(ARS)标准等。区域标准是该区域国家集团间进行贸易的基本准则和基本要求。

3. 国家标准

根据《中华人民共和国标准化法》的规定，我国标准按级别可分为国家标准、行业标准、地方标准和企业标准等4类。这4个层次标准的区别主要在于他们的适用范围不同，并非标准技术水平高低的分级。

由国务院标准化行政主管部门批准发布的、需在全国范围内统一的技术要求，称为国家标准。国家标准是我国标准体系中的主体。国家标准一经批准发布实施，与国家标准相重复的行业标准、地方标准即行废止。国家标准的代号为“GB”（强制标准）或“GB/T”（推荐标准）。国家标准编号由标准代号、标准发布顺序号和标准发布年代号构成，如GB 2760—2011。

4.行业标准

行业标准是指没有国家标准而又需要在全行业范围内统一的标准，可分为强制性和推荐性标准两种。行业标准由国务院有关行政主管部门制定，并报国务院标准化行政主管部门备案。在公布国家标准之后，该项行业标准即行废止。涉及食品的主要行业有轻工业（QB）、农业（NY）、水产业（SC）、商业（SB）和化工（HG）等。行业标准的编号规则与国家标准相同，如轻工业标准编号QB/T 4630—2014。

5.地方标准

地方标准是指没有国家标准和行业标准而又需在省、自治区、直辖市范围内统一的标准。地方标准由省、自治区、直辖市标准化行政主管部门制定，并报国务院标准化行政主管部门和国务院有关行业行政主管部门备案。在公布国家标准或者行业标准之后，该项地方标准即行废止。地方标准的代号由“DB”加上省、自治区、直辖市行政区划代码前两位数字再加斜线组成，例如DB 32/或DB 32/T为江苏省地方标准的代号，而DB 3205/T 206—2011《豆芽工厂化生产技术规程》则为江苏省苏州市地方标准。

6.企业标准

企业标准是根据企业范围内需要协调、统一的技术要求、管理要求和工作要求所制定的标准。企业标准由企业法人代表或法人代表授权的主管领导审批发布，并报当地政府标准化行政主管部门和有关行政主管部门备案，由企业法人代表授权的部门统一管理，在本企业范围内适用。

企业生产的产品没有国家标准和行业标准的，应当制定企业标准；已有国家标准或者行业标准的，国家鼓励企业制定严于国家标准或者行业标准的企业标准。企业标准代号由汉语拼音字母“Q”加斜线“/”再加企业代号组成，如云南欣洛宝生物科技有限公司植物饮料的企业标准编号为“Q/XLB 0004 S—2014”。

（二）按约束力分类

1.我国的强制性标准和推荐性标准

按标准的约束力不同，可将我国国家标准和行业标准分为强制性标准和推荐性标准两类。

（1）强制性标准　强制性标准是指国家标准和行业标准中保障人体健康和人身、财产安全的标准，以及法律、行政法规规定强制执行的标准。由省、自治区、直辖市标准化行政主管部门制定的工业产品的安全和卫生要求的地方标准，在本行政区域内也是强制性标准。强制性标准在一定范围内通过具有法律属性的法令、行政法规等强制手段加以实施，对违反强制性标准的，国家将依法追究当事人法律责任。

（2）推荐性标准　推荐性标准又称自愿性标准或非强制性标准，指的是强制性标准以外的标准。推荐性标准是倡导性、指导性、自愿性的标准。通常，国家和行业主管部门积极向企业推荐甚至会制定某些优惠措施鼓励企业采用这类标准，而企业则完全按自愿原则自主决定是否采用。

但应当指出的是，企业一旦接受并采用采用了推荐性标准，则该项标准就具有了法律上的约束性。

另外，我国标准领域还存在一种非强制性的标准，称为标准化指导性技术文件，简称指导性技术文件。指导性技术文件是为仍处于技术发展过程中(如变化快的技术领域)的标准化工作提供指南或信息，供科研、设计、生产、使用和管理等有关人员参考使用而制定的标准文件。指导性技术文件也不宜由标准引用使其具有强制性或行政约束力。

符合下列两种情况时可制定指导性技术文件：

①技术尚在发展中，需要有相应的标准文件引导其发展或具有标准价值，尚不能制定为标准的。

②采用国际标准化组织、国际电工委员会及其他国际组织的技术报告。

国务院标准化行政部门统一负责指导性技术文件的管理工作，并负责编制计划、组织草拟、统一审批、编号和发布。

2. WTO/TBT 的技术法规和标准

在世界贸易组织的《贸易技术壁垒协议》(WTO/TBT)中，“技术法规”指强制性文件，“标准”仅指自愿性标准。“技术法规”体现国家对贸易的干预，“标准”则反映市场对贸易的要求。

(1)技术法规(technical regulations)　技术法规是指规定技术要求的法规，它或者直接规定技术要求，或者通过引用标准、技术规范或规程来规定技术要求，或者将标准、技术规范或规程的内容纳入法规中。

WTO/TBT 对“技术法规”的定义是：“强制执行的规定产品特性或相应加工和生产方法(包括可适用的行政或管理规定在内)的文件。技术法规也可以包括或专门规定用于产品、加工或生产方法的术语、符号、包装、标志或标签要求”。

技术法规可附带技术指导，列出为了符合法规要求可采取的某些途径，即权益性条款。

(2)标准(standard)　WTO/TBT 对“标准”的定义是“由公认机构批准的、非强制性的、为了通用或反复使用的目的，为产品或相关加工和生产方法提供规则、指南或特性的文件”。标准也可以包括或专门规定用于产品、加工或生产方法的术语、符号、包装、标志或标签要求。

(三)按标准化对象的基本属性分类

按标准化对象的基本属性不同，可将标准分为技术标准、管理标准和工作标准三大类。这三类标准根据其性质和内容又可分为多个小类。

1. 技术标准

技术标准是对标准化领域中需要协调统一的技术事项所制定的标准。技术标准可以是标准、技术规范、规程等文件以及标准样品实物，是标准体系的主体，其量大、面广、种类繁多，一般包括基础标准、方法标准、产品标准、工艺标准、检验和试验标准、工艺设备标准以及安全、卫生、环保标准等。

2. 管理标准

管理标准是对标准化领域中需要协调统一的科学管理方法和管理技术所制定的标准。企业管理活动中所涉及的管理事项包括经营管理、开发与设计管理、采购管理、生产管理、质量管理、设备与基础设施管理、安全管理、职业健康管理、环境管理、信息管理、人力资源管理、财务管理等。通常，企业中的管理标准种类和数量都很多，主要有管理体系标准、管理程序标准、定额标准和期量标准等。

3. 工作标准

工作标准是为实现整个工作过程的协调、提高工作质量和工作效率而按工作岗位制定的有关标准，是对工作的范围、构成、程序、要求、效果、检查方法等所做的规定，是具体指导某项工作或某个加工工序的工作规范和操作规程。工作标准可分为部门工作标准和岗位（个人）工作标准两类。

（四）按标准的内容分类

按标准的内容不同可将标准分为基础标准、产品标准、卫生标准、方法标准、管理标准、环境保护标准等。我国食品标准基本上就是按照内容进行分类并编辑出版的，如食品工业基础及相关标准、食品卫生标准、食品产品标准、食品添加剂标准、食品包装材料及容器标准、食品检验方法标准等。

二、食品标准的基本内容

食品标准的主要内容是食品安全卫生要求和营养质量要求。无论国际标准、区域标准，还是国家标准、行业标准、地方标准和企业标准，就食品标准的内容来看，主要包含以下几个方面：

1. 食品卫生与安全

食品卫生与安全是食品标准必须规定的内容。我国食品安全标准是国务院授权国家卫生与计划生育委员会统一制定的，属于强制性标准。食品安全标准的内容一般有食品中重金属元素限量指标、食品中农药残留量最大限量指标、食品中有毒有害物质如黄曲霉毒素和硝酸盐、亚硝酸盐等限量指标、食品微生物指标以及重金属含量测定方法标准、有毒有害物质测定方法标准、农药残留量测定方法标准、微生物测定方法标准等。

2. 食品营养

食品营养指标是食品标准必须规定的技术指标，营养水平的高低是食品质量优劣的重要标志，反映产品的实际状况，并对原料的选择以及产品的加工工艺提出明确的规定。

3. 食品标识、包装、运输与贮藏

食品产品标准除了应符合国家规定的产品标准的一般要求外，还必须明确规定产品包装、标识、运输和贮存等条件，以确保消费者的安全。

4. 规范性引用文件

一个产品标准不可能是孤立存在的，必然要引用有关技术标准，执行国家的有关食品法规。在食品标准中引用的有关食品安全卫生的法律法规和强制性标准，必须贯彻执行有关规定，绝不能根据自己企业的需要而定。

[练一练]

1. 在本任务中所述 4 种分类方法中，GB 2760—2011《食品安全国家标准　食品添加剂使用标准》分别属于哪一类？

2. 在本任务中所述4种分类方法中，SC/T 3308—2014《即食海参》分别属于哪一类？

任务二　食品标准的制定与结构

[任务目标]

了解标准制定的原则；掌握国家标准和企业标准的制定程序；理解编写标准的总则，掌握标准的结构。

[技能训练]

训练学生认识标准的结构。

[知识链接]

一、标准的制定原则和程序

（一）标准制定的原则

标准制定是指标准制定部门对需要制定为标准的项目编制计划、组织草拟、审批、编号、发布和出版等活动。标准制定是将科学、技术、管理的成果纳入标准的过程，也是集思广益、体现全局利益的过程。

制定标准应遵循以下基本原则：

(1)贯彻国家有关法律法规和方针政策；

(2)充分考虑使用要求，维护消费者利益；

(3)推广先进技术成果，提高经济效益，做到技术上先进、经济上合理；

(4)做到相关标准的协调配套；

(5)要有利于保障社会安全和人民身体健康，保护消费者利益，保护环境；

(6)积极采用国际标准和国外先进标准，有利于促进对外经济技术合作和发展对外贸易，有利于我国标准化与国际接轨。

(二)国家标准、行业标准和地方标准制定的程序

标准是一种技术法规，它的产生，有着严格的程序管理。我国国家标准制定程序阶段划分为9个阶段，即预阶段、立项阶段、起草阶段、征求意见阶段、审查阶段、批准阶段、出版阶段、复审阶段以及废止阶段。同时为适应经济的快速发展，缩短制定周期，除正常的标准制定程序外，还可采用快速程序来制定标准。

制定行业标准和地方标准的程序与国家标准相似，而企业标准的制定程序可适当简化。

1. 制定国家标准的正常程序

(1)预阶段　该阶段的主要任务是对将要立项的新工作项目进行研究及必要的论证，并在此基础上提出新工作项目建议，包括标准草案或标准大纲(如标准的范围、结构及其相互关系等)。

(2)立项阶段　对新工作项目建议的必要性和可行性进行充分论证、审查、协调、确定，直到下达《国家标准制、修订项目计划》。时间不超过3个月。

(3)起草阶段　起草阶段从项目负责人组织起草工作开始直到完成标准草案征求意见稿，主要工作是编制标准征求意见稿、编制说明和有关附件，是制定标准的关键阶段，时间不超过10个月。

(4)征求意见阶段　将标准征求意见稿发往有关单位征求意见。在回复意见的日期截止后，标准起草工作组应根据返回的意见，完成意见汇总处理表和标准草案送审稿。时间周期不超过5个月。若回复意见要求对征求意见稿进行重大修改，则应分发第二甚至第三征求意见稿征求意见。此时，项目负责人应主动向有关部门提出延长或终止该项目计划的申请报告。

(5)审查阶段　对标准草案送审稿组织审查(会审或函审)，并在(审查)协商一致的基础上，形成标准草案报批稿和审查会议纪要或函审结论。一般同意票数在全体委员的2/3以上方可通过。时间周期不超过5个月。若标准草案送审稿没有被通过，则应分发第二标准送审稿，并再次进行审查。此时，项目负责人应主动向有关部门提出延长或终止该项目计划的申请报告。

(6)批准阶段　主管部门对标准草案报批稿及报批材料进行程序、技术审核。对不符合报批要求的，一般应退回有关标准化委员会或起草单位，限时解决问题后再审核。时间周期不超过4个月。

国家标准技术审查机构对标准草案报批稿及报批材料进行技术审查，在此基础上对报批稿完成必要的协调和完善工作。时间周期不超过3个月。

若报批稿中存在重大技术方面的问题或协调方面的问题，一般应退回部门或有关专业标准化技术委员会，限时解决问题后再行报批。

(7)出版阶段　标准将由国家标准出版社编辑出版，提供标准出版物。

(8)复审阶段　对实施周期达5年的标准进行复审，以确定是否确认(继续有效)，修改，修订或废止。

(9)废止阶段　对于经复审后确定为无存在必要的标准，予以废止。

2.制定国家标准的快速程序

快速程序是在正常标准制定程序的基础上省略起草阶段或省略起草阶段和征求意见阶段的简化程序。本程序适用于变化快的技术领域。

凡符合下列之一的项目，均可申请采用快速程序：①等同采用或修改采用国际标准制定国家标准的项目；②等同采用或修改采用国外先进标准制定国家标准的项目；③现行国家标准的修订项目；④现行其他标准转化为国家标准的项目。

(三)企业标准的制定

在我国，企业标准的类别和内容主要有基础标准、产品标准、设计标准、采购标准、工艺标准、基础设施和工作环境标准、设备和工艺装备标准、检验和试验标准、职业健康安全与环境保护标准、管理标准和工作标准等。

1. 企业标准制定的原则

(1) 总则　制定、修订企业标准应遵循以下原则：

①贯彻国家和地方有关标准化的方针、政策、法律、法规，严格执行强制性国家标准、行业标准和地方标准；

②保证安全、卫生，充分考虑使用要求，保护消费者利益，保护环境和有利于职业健康；

③有利于企业技术进步，保证和提高产品质量，改善经营管理和增加社会经济效益；

④积极采用国际标准和国外先进标准；

⑤有利于合理利用国家资源、能源，推广科学技术成果，有利于产品的通用互换，符合使用要求，技术先进，经济合理；

⑥有利于对外经济技术合作和对外贸易；

⑦本企业内的企业标准之间应协调一致；

⑧在没有国家标准、行业标准或地方标准的情况下制定企业标准。

(2)一般原则

①适用性原则；

②用户为主原则；

③技术先进、经济合理、安全可靠原则；

④协调一致原则；

⑤时机适宜原则；

⑥效益最佳原则。

2. 企业标准制定的一般程序

(1)计划、准备阶段　计划、准备阶段包括制定计划、调研、资料收集、筛选与分析、数据及方法的验证的内容。制定涉及面较广的综合性企业标准，还应成立标准制定工作组，编制标准制修订计划，并按照计划开展标准的编制工作。

(2)起草　在充分调研和分析、验证的基础上，根据标准的对象和目的，按照企业标准编写要求起草标准的征求意见稿，同时起草编制说明。

(3)征求意见　标准征求意见稿完成后，为使标准切实可行，具有较高的质量水平，应将企业标准征求意见稿和标准编制说明发送至企业内外相关单位和部门广泛征求意见，必要时形成征求用户意见。标准制定者根据反馈意见进行修改后，形成企业标准送审稿。

(4)审定　标准的审定是保证标准质量、提高标准水平的重要程序。企业在批准、发布企业标准前应组织有关技术人员或专家对标准进行审定，可采取会议审查或函审两种形式。审查通过后，企业应根据审定意见，对标准送审稿进行修改，形成标准报批稿。

(5)标准编号　标准企业标准的编号为“Q/”依次加上企业代号、顺序号、年号。

(6)批准、发布和备案　企业标准报批稿须由企业法人代表或其授权的人批准后才能成为正式的企业标准。批准后的企业标准应确定发布和实施日期，企业标准的发布日期和实施日期之意应留有过渡期，以方便标准使用方法进行标准宣贯和实施前准备，以不低于1个月为宜。经批准发布的企业产品标准应按相关要求进行备案。

二、标准化工作导则第1部分:标准的结构和编写

GB/T 1.1—2009《标准化工作导则第1部分:标准的结构和编写》,是由国家质量监督检验检疫总局和国家标准化管理委员会于2009年6月10日批准发布的,代替了原GB/T 1.1—2000《标准化工作导则第1部分:标准的结构和编写规则》和GB/T 1.2—2002《标准化工作导则2部分:标准中规范性技术要素内容的确定方法》,2010年1月1日起正式实施。

GB/T 1.1—2009规定了标准的结构、起草表述规则和编排格式,是一项导则性的基础标准,是编写全国各行种业在编写标准时共同遵守的基础标准,适用于国家标准、行业标准和地方标准以及国家标准化指导性技术文件的编写,其他标准的编写可参照使用。

(一) 术语和定义

1.规范(specification)

规范是规定产品、过程或服务需要满足的要求的文件。

2.规程(code of practice)

规程是为设备、构件或产品的设计、制造、安装、维护或使用而推荐惯例或程序的文件。

3.指南(guideline)

指南是给出某主题的一般性、原则性、方向性的信息、指导或建议的文件。

4.规范性要素 (normative elements)

规范性要素是声明符合标准而应遵守的条款的要素,分为规范性一般要素和规范性技术要素两种。

(1)规范性一般要素(general normative elements)　描述标准的名称、范围,给出对于标准的使用必不可少的文件清单等要素。

(2)规范性技术要素(technical normative elements)　规定标准技术内容的要素。

5.资料性要素 (informative elements)

资料性要素是标示标准、介绍标准、提供标准附加信息的要素。分为资料性概述要素(preliminary informative elements)和资料性补充要素(supplementary informative elements)两类。

(1)资料性概述要素　标示标准,介绍内容,说明背景、制定情况以及该标准与其他标准或文件的关系的要素,即标准的封面、目次、前言和引言等。

(2)资料性补充要素　提供有助于标准的理解或使用的附加信息的要素,即标准的资料性附录、参考文献和索引等。

6.必备要素(required elements)

必备要素是在标准中不可缺少的要素。

7.可选要素(optional elements)

可选要素是在标准中存在与否取决于特定标准的具体需求的要素。

8.条款(provisions)

条款是规范性文件内容的表达方式,一般采取要求、推荐或陈述等形式。

9. 要求(requirement)

要求是表达如果声明符合标准需要满足的准则,并且不准许存在偏差的条款。

10. 推荐(recommendation)

推荐是表达建议或指导的条款。

11. 陈述(statement)

陈述是表达信息的条款。

12. 最新技术水平 (state of the art)

根据相关科学、技术和经验的综合成果判定的在一定时期内,产品、过程和服务的技术能力的发展程度。

(二)编写标准的总则

1. 目标

制定标准的目标是规定明确且无歧义的条款以促进贸易和交流。为此,标准应满足下述要求:

(1)在标准的范围所规定的界限内按需要力求完整;

(2)清楚和准确;

(3)充分考虑最新技术水平;

(4)为未来技术发展提供框架;

(5)能被未参加标准编制的专业人员所理解。

2. 统一性

每项标准或系列标准(或一项标准的不同部分)内,标准的结构、文体和术语应保持一致。系列标准的每项标准(或一项标准的不同部分)的结构及其章、条的编号应尽可能相同。类似的条款应使用类似的措辞来表述;相同的条款应使用相同的措辞来表述。系列标准的每项标准(或一项标准的不同部分)内,对于同一个概念应使用同一个术语。对于已定义的概念应避免使用同义词。每个选用的术语应尽可能只有唯一的含义。

3. 协调性

为了达到所有标准整体协调的目的,每项标准的编写应遵循现有基础标准的有关条款,尤其是涉及标准化原理和方法,标准化术语,术语的原则和方法,量、单位及其符号,符号、代号和缩略语,参考文献的标引以及图形符号等方面时更应如此。

对于特定技术领域,标准的编写在涉及极限、配合和表面特征,尺寸公差和测量的不确定度,优先数,统计方法,环境条件和有关试验,安全,电磁兼容以及符合性和质量等内容时,还应遵守现行基础标准的有关条款。

4. 适用性

标准的适用性指的是标准的内容应便于实施,并且易于被其他的标准和文件所引用。

5. 一致性

如果有相应的国际文件,起草标准时应以其为基础并尽可能保持与国际文件相一致,与国际文件的一致性程度为等同、修改或非等效的我国标准的起草应符合 GB/T 20000.2 的规定。

6. 规范性

在起草标准之前应确定标准的预计结构和内在关系,尤其应考虑内容的划分。如果标准分为多个部分，则应预先确定各个部分的名称。为了保证一项标准或一系列标准的及时发布，从起草工作开始到随后的所有阶段均应遵守 GB/T 1.1 规定的规则以及 GB/T 1.2 规定的程序，根据编写标准的具体情况还应遵守 GB/T 20000、GB/T 20001 和 GB/T 20002 相应部分的规定。

术语（词汇、术语集）标准、符号（图形符号、标志）标准、方法（化学分析方法）标准、产品标准、管理体系标准的技术内容的确定、起草、编写规则或指导原则分别见 GB/T 20001.1 、GB/T 20001.2、GB/T 20001.4、GB/T 20001.5、GB/T 20000.7。

三、标准的结构

标准的结构即为标准（或部分）的章、条、段、表、图和附录的排列顺序。由于标准化对象的不同，各类标准的结构及其包含的具体内容也各不相同。为便于标准使用者理解和正确使用、引用标准，起草者在起草标准时都应遵循以下有关标准内容和层次划分的统一规则。

（一）按内容划分

1. 标准内容划分的通则

由于标准之间的差异较大，较难建立一个普遍接受的内容划分规则。通常，针对一个标准化对象应编制成一项标准并作为整体出版；特殊情况下，可编制成若干个单独的标准或在同一个标准顺序号下将一项标准分成若干个单独的部分。标准分成部分后，需要时，每一部分可以单独修订。

2. 部分的划分

（1）标准化对象的不同方面可能分别引起各相关方（如生产者、认证机构、立法机关等）的关注时，应清楚地区分这些不同方面，最好将它们分别编制成一项标准的若干个单独的部分。这些不同的方面可能是健康和安全要求、性能要求、维修和服务要求、安装规则以及质量评定等。

（2）一项标准分成若干个单独的部分时，可使用下列两种方式：

①将标准化对象分为若干个特定方面，各个部分分别涉及其中的一个方面，并且能够单独使用。如国家标准 GB/T 19630－2011《有机产品》分为 4 个部分，分别是：第 1 部分：生产；第 2 部分：加工；第 3 部分：标识与销售；第 4 部分：管理体系。

②将标准化对象分为通用和特殊两个方面，通用方面作为标准的第 1 部分，特殊方面（可修改或补充通用方面，不能单独使用）作为标准的其他各部分。如国家标准 GB/T 30357－2013《乌龙茶》分为多个部分，但目前已发布的只有 2 个部分；其中第 1 部分为基本要求，属于标准化对象的通用方面；而第 2 部分为铁观音，为标准化对象的特殊方面。

3. 单独标准的内容划分

标准是由各类要素构成的。一项标准的要素可按下列方式进行分类：

（1）按要素的性质划分，可分为资料性要素和规范性要素；

（2）按要素的性质以及它们的标准中的具体位置划分，可分为资料性概述要素、规范性一般要求、规范性技术要素和资料性补充要素。

（3）按要素的必备的或可选的状态划分，可分为必备要素和可选要素。

各类要素在标准中的典型编排以及每个要素所允许的表述方式如表 2-1 所示。

表 2-1　标准中要素的典型编排

要素类型	要素[a] 的编排	要素所允许的表述形式[a]
资料性概述要素	***封面***	***文字(标示标准的信息)***
	目次	*文字(自动生成的内容)*
	前言	***条文*** *注* *脚注*
	引言	*条文* *图* *表* *注* *脚注*
规范性一般要素	**标准名称**	**文字**
	范围	**条文** 图 表 *注* *脚注*
	规范性引用文件	文件清单(规范性引用) *注* *脚注*
规范性技术要素	术语和定义 符号、代号和缩略语 要求 …… 规范性附录	条文 图 表 *注* *脚注*
资料性补充要素	*资料性附录*	*条文* *图* *表* *注* *脚注*
规范性技术要素	规范性附录	条文 图 表 *注* *脚注*
资料性补充要素	*参考文献*	*文件清单(资料性引用)*
	索引	*文字(自动生成的内容)*

注：表中种类要素的前后顺序即其在标准中所呈现的具体位置。

[a] 黑体表示“必备的”；正体表示“规范性的”；斜体表示“资料性的”。

一项标准不一定包括表2-1中的所有规范性技术要素，然而可以包含表2-1以外的其他规范性技术要素。规范性技术要素的构成及其在标准中的编排顺序根据所起草的标准的具体情况而定。

(二)按层次划分

1. 概述

由于标准化对象的不同，标准的构成及其所包含的具体内容多少也各不相同。在编制某一个标准时，为便于读者理解和正确使用、引用标准，层次的划分一定要做到安排得当、构成合理、条理清楚、逻辑性强，有关内容要相对集中编排在同一层次内。在同一个层次内，所包含的内容应是相关联的，或是同一个主题。一项标准可能具有的层次名称和编号示例见表2-2。

表2-2　层次及其编号示例

层次	编号示例
部分	××××.1
章	5
条	5.1
条	5.1.1
段	[无编号]
列项	列项符号；字母编号a)、b)和下一层次的数字编号1)、2)
附录	附录A

2. 部分

部分是指以同一个标准顺序号批准发布的若干独立的文本，是某一项标准的基本组成部分。不应将部分再细分为分部分。部分的构成与单独标准一致，一般由资料性概述要素、规范性一般要素、规范性技术要素、资料性补充要素以及与之相对应的各组成要素组成。部分的序号用阿拉伯数字表示，按隶属关系放在标准顺序号之后，并用齐底"圆点"隔开。如GB/T 1.1，就是GB/T 1标准的第1部分。

3. 章

章是标准内容划分的基本单元。每章可包括若干条或若干段。应使用阿拉伯数字从1开始对章编号。编号应从"范围"一章开始，一直连续到附录之前。每一章均应有章标题，并应置于编号之后，如"1 范围"。

4. 条

条是章的有编号的细分单元。每条可包括若干段。第一层次的条可以再细分为第二层次的条，需要时，一直可分到第五层次。一个层次中有两个或两个以上的条时才能设条。如第10章中，如果没有10.2，就不应设10.1.

5. 段

段是章或条的细分，段不编号。在某一章或条中可包括若干段。

6. 列项

列项适于需对事项列举分承，且较为简短的内容，它可以附属于某一章、条或段内。列项应由一段后跟冒号的文字引出，在列项的各项之前应使用列项符号（“破折号”或“圆点”）。列项可用一个完整的句子开头引出；或者用一个句子的前半部分开头，该句子由分行列举的各项来完成。

7. 附录

附录按其所包含的内容分为“规范性附录”和“资料性附录”两类。每个附录均应在正文或前言的相关条文中明确提及，附录的顺序应按在条文（从前言算起）中提及它的先后顺序编排。每个附录均应有编号，如“附录 A”。每个附录中的章、图、表和数学公式的编号均应重新从 1 开始，编号前应加上附录编号中的大写字母，如附录 A 中的章用“A. 1”、“A. 2”等表示，而图用“图 A.1”、“图 A. 2”等表示。

［练一练］

通过互联网搜索一项食品标准，对照本任务涉及的知识认识标准的结构。

任务三　食品标准编写的具体要求

［任务目标］

掌握食品标准主要要素编写的具体要求；了解标准编写的其他要求。

［技能训练］

训练学生为企业编写一项食品企业产品标准。

［知识链接］

一、资料性概述要素的编写

一项典型标准的资料性概述要素一般由封面、目次、前言和引言等 4 个要素构成，其中封面、前言为必备要素，目次、引言为可选要素。

(一)封面

封面是标准的必备要素，每项标准都应有封面。

封面应给出标示标准的信息，包括：标准的名称、英文译名、层次（如国家标准为“中华人民共和国国家标准”字样）、标志、编号、国际标准分类号（ICS 号）、中国标准文献分类号（CCS 号）、备案号（不适用于国家标准）、发布日期、实施日期和发布部门等。

如果标准代替了某个或几个标准，封面应给出被代替标准的编号；如果标准与国际文件的一致性程度为等同、修改或非等效，还应按照 GB/T 20000. 2 的规定在封面上给出一致性程度标识。

(二)目次

目次是标准的可选要素。设置目次的目的是向读者明示标准的总体概念和便于查找相关内容。如果需要，可设置目次。

目次所列的内容及其顺序为:前言;引言;章;带有标题的条(需要时列出);附录,应在圆括号中标明其性质,即"(规范性附录)"或"(资料性附录)";附录的章(需要时列出);附录中的带有标题的条(需要时列出);参考文献;索引;图(需要时列出);表(需要时列出)。

(三)前言

前言为标准的必备要素,每项标准都应有前言。前言不应包含要求和推荐,也不应包含公式、图和表。前言由特定部分和基本部分组成,它给出标准制定的基本信息,以便于读者了解和实施该标准。前言应编排在目次(如果有)之后,用前言作为标题居中编排。

前言应视情况依次给出下列内容:标准结构的说明,标准编制所依据的起草规则,标准代替的全部或部分其他文件的说明,与国际文件、国外文件关系的说明,有关专利的说明,标准的提出信息(可省略)或归口信息,标准的起草单位和主要起草人,以及标准所代替标准的历次版本发布情况等。

(四)引言

引言是标准的可选要素。引言的内容,一般可包括制定该标准的原因以及有关标准技术内容的特殊信息或说明。引言不应编号,不应包含要求。

二、规范性一般要素的编写

一项典型的标准的规范性一般要素由名称、范围、规范性引用文件等 3 个要素构成。其中名称和范围为必备要素,规范性引用文件为可选要素。

(一)标准名称

名称是标准的必备要素,应置于范围之前。标题名称应简练并明确表示出标准的主题,使之与其他标题相区分。标准名称不应涉及不必要的细节,必要的补充说明应在范围中给出。

标准名称应由几个尽可能短的要素组成,其顺序由一般到特殊。通常,所使用的要素不多于下述 3 种:

(1)引导要素(可选)　表示标准所属领域(可使用该标准的归口标准化技术委员会的名称)。

(2)主体要素(必备)　表示上述领域内标准所要涉及的主体对象。

(3)补充要素(可选)　表示上述主要对象的特定方面,或给出区分开该标准(或该部分)与其他标准(或其他部分)的细节。

(二)范围

范围是标准的必备要素,它位于标准正文的起始位置。范围应明确界定标准的对象和所涉及的各个方面,由此指明标准或其特定部分的适用界限。必要时,可指出标准不适用的界限。范围的陈述应简洁,以便能作内容提要使用。范围不应包含要求。

(三)规范性引用文件

规范性引用文件是标准的可选要素,它应列出标准中规范性引用文件的文件清单,这些文件经过标准条文的引用后,成为标准应用时不可缺少的文件。文件清单中,对于标准条文中注日期引用的文件时,应给出版本号或年号(引用标准时,给出标准代号、顺序号和年号)以及完整的标准名称;对于标准条文中不注日期引用的文件,则不应给出版本号或年号。

规范性引用文件清单由相应的引导语引出。文件清单中引用文件的排列顺序为:国家标准(含国家标准化指导性技术文件)、行业标准、地方标准(仅适用于地方标准的编写)、国内有关文件、国际标准(含 ISO 标准、ISO/IEC 标准、IEC 标准)、ISO 或 IEC 有关文件、其他国际标准和其他国际有关文件。

三、规范性技术要素的编写

规范性技术要素是标准的主要要素。由于标准化对象不同,各项标准的构成以及所包含的内容亦有所差异,这种差异主要体现在构成标准的四大要素之一中的"规范性技术要素"。标准的个性要求主要通过"规范性技术要素"中的组成要素体现并与其标准化对象相适应。

规范性技术要素的选择应遵循目的性原则、性能原则和可证实性原则。

(一)术语和定义

术语和定义是可选要素,它仅给出为理解标准中某些术语所必需的定义。术语宜按照概念层级进行分类和编排,分类的结果和排列顺序应由术语的条目编号来明确,应给每个术语一个条目编号。

术语条目应包括条目编号、术语、英文对应词和定义,根据需要可增加符号、概念的其他表述方式(如公式、图等)、示例、注等。

(二)符号、代号和缩略语

符号、代号和缩略语是标准的可选要素,它给出为理解标准所必需的符号、代号和缩略语清单。为了方便,该要素可与"术语和定义"要素合并。可将术语和定义、符号、代号、缩略语以及量的单位放在一个复合标题之下。

(三)要求

要求是指标准中应遵守的规定的条款,为可选要素,也是规范性技术要素中的核心内容之一。要求按实施标准的约束力可分为必达要求和任选要求。

要求应包括下述内容:①直接或以引用方式给出标准涉及的产品、过程或服务等方面的所有特性;②可量化特性所要求的极限值;③针对每个要求,引用测定或检验特性值的试验方法,或者直接规定试验方法。但不应包括合同要求(有关索赔、担保、费用结算等)和法律或法规的要求。要求的表述应与陈述和推荐的表述有明显的区别。

(四)分类、标记和编码

分类、标记和编码是标准的可选要素。它可为符合规定要求的产品、过程或服务建立一个分类、标记和(或)编码体系。为方便起见,该要素也可以并入要求。

(五)规范性附录

规范性附录为可选要素,它给出标准正文的附加或补充条款。附录的规范性的性质(相对资料性附录而言)应通过条文中提及时的措辞方式以及目次中和附录编号下方标明等方式加以明确。

四、资料性补充要素的编写

1. 资料性附录

资料性附录为可选要素,要根据标准的具体条款来确定是否设置这类附录,它给出有助于理解或使用标准的附加信息。在具体标准中,附录的资料性的性质(相对规范性附录而言)应通过条文中提及时的措辞方式、目次中和附录编号下方标明等方式加以明确。

2. 参考文献

参考文献为可选要素。如果有参考文献,则应置于最后一个附录之后。参考文献的起草应遵守 GB/T 7714 的有关规定。

3. 索引

索引为可选要素。如果有索引,则应作为标准最后一个要素。电子文本的索引宜自动生成。

五、要素的表述

(一)要素表述的通则

1. 条款的类型

不同类型条款的组合构成了标准中的各类要素。标准中的条款可分为要求型条款、推荐型条款和陈述型条款 3 类。

2. 条款表述所用的助动词

标准中的要求应容易识别,因此包含要求的条款应与其他类型的条款相区分。表述不同类型的条款应使用不同的助动词,如要求型条款和推荐型条款使用的助动词分别为“应”、“不应”和“宜”、“不宜”,而表示“允许”和“能力”的陈述型条款使用的助动词分别为“可”、“不必”和“能”、“不能”。

3. 技术要素的表述

若标准名称中含有“规范”,则标准中应包含要素“要求”以及相应的验证方法;若标准名称中含有“规程”,则标准宜以推荐和建议的形式起草;若标准名称中含有“指南”,则标准中不应包含要求型条款,适宜时,可采用建议形式。

在起草上述标准的各类技术要素时,应使用相应的助动词以明确区分不同类型的条款。

4. 汉字和标点符号

标准应使用规范汉字。标准中使用的标点符号应符合 GB/T 15834《标点符号用法》的规定。

(二)要素表述的其他要求

标准中条文的注、示例、脚注、图和表等均应按照 GB/T 1.1 中相关条款的要求进行编写。

六、标准起草的其他规则

除了上述关于各类要素的编写要求以外,GB/T 1.1 还规定了引用,全称、简称和缩略语,商品名,专利,数值的选择,数和数值的表示,量、单位及其符号,数学公式,以及编排格式等的编写规则。

[练一练]

企业产品标准的编写:假若你就是本项目导入案例中公司杏干产品标准编写项目的负责人,请你编写一份符合要求的企业产品标准。

【导入案例评析】

我国《中华人民共和国标准化法》规定,在没有相应国家标准、行业标准和地方标准时,应制定企业标准。杏干制品尚没有国家标准、行业标准和地方标准,因此本案例中的公司应制定相应的企业标准,才能进行后续的 QS 认证及产品的生产。

【本项目小结】

在我国,标准按制定主体不同可分为国家标准、行业标准、地方标准和企业标准;国家标准和行业标准按约束力不同分为强制性标准和推荐性标准;按标准化对象的基本属性不同分为技术标准、管理标准和工作标准;按标准的内容不同分为基础标准、产品标准、卫生标准、方法标准、管理标准、环境保护标准等。

食品标准是食品工业领域各类标准的总和,包括食品术语标准、食品卫生标准、食品产品标准、食品分析方法标准、食品添加剂标准、食品管理标准等。食品标准的基本内容包括食品卫生与安全,食品营养,食品标识、包装、运输与储藏,以及规范性引用文件等。

标准制定是指标准制定部门对需要制订为标准的项目编制计划、组织草拟、审批、编号、发布和出版等活动。我国国家标准的制定程序分为预阶段、立项阶段、起草阶段、征求意见阶段、审查阶段、批准阶段、出版阶段、复审阶段和废止阶段等 9 个阶段。制定行业标准和地方标准的程序与国家标准相似,而企业标准的制定程序可适当简化,其程序为计划准备、起草、征求意见、审定、标准编号、批准和发布等 7 个阶段。

GB/T 1.1—2009 是编写我国各类标准的指南。标准的结构即为标准(或部分)的章、条、段、表、图和附录的排列顺序。标准有两种类型,一种是作为一个整体制定出版,即单独标准;另一种是在特殊情况下,可将一项标准分成若干个单独的部分,分别制定出版。一项标准总是由若干不同的要素,按照一定的规律构成的。由要素的规范性或资料性的性质以及它们在标准中的位置来划分,可分为资料性概述要素、规范性一般要素和规范性技术要素、资料性补充要素。由要素的必备的或可选的状态来划分,可分为必备要素和可选要素。一项标准的层次划分为部分、章、条、段和附录。

标准的资料性要素由封面、目次、前言和引言构成,其中封面和前言为必备要素,目次和引言为可选要素。规范性一般要素由名称、范围和规范性引用文件等 3 个要素构成,其中名称和范围为必备要素，规范性引用文件为可选要素。规范性技术要素是标准的主要要素，包括术语和定义，符号、代号和缩略语，要求，分类、标记和编码，以及规范性附录等。资料性补充要素包括资料性附录、参考文献和索引，其他要素还有条文的注和示例、条文的脚注以及图和表等。对于所有这些要素的编写，均应遵循其相应的原则和规定。

【同步练习】

1. 我国标准是如何分类的？
2. 我国国家标准和企业标准的制定程序分别是怎样的？
3. 编写标准的总则是什么？
4. 在制定标准时，如何对标准的部分进行划分？
5. 标准的层次是如何划分的？
6. 标准的规范性技术要素包括哪些内容？

项目三

中国食品标准体系

【学习目标】

知识目标

1. 了解我国食品标准的现状；

2. 熟悉我国食品基础标准、食品产品标准、安全卫生标准、包装与标签标准、检验方法标准；

3. 掌握我国食品标准体系与基本内容。

技能目标

1. 会运用食品产品质量标准；

2. 会查找食品检验方法标准。

【导入实例】

2012年3月，有媒体抽检8大螺旋藻品牌，由国家认证认可监督管理委员会认定的多家权威检测机构的检测结果均显示，有6个样品的铅含量严重超标。根据我国保健(功能)食品通用标准规定，除胶囊、固体饮料外，一般食品中的重金属铅含量不得超过0.5 mg/kg。而被抽检的8个螺旋藻品牌样品中，最大超标达820%。但随后，国家药监局在3月31日通报：媒体报道的绿A牌螺旋藻精片、汤臣倍健牌螺旋藻片和金奥力牌三达紫光螺旋藻片等其他产品铅含量在本次监督检查中结果均未超过国家限量标准。

媒体和国家药监局参照的标准均是国家《保健(功能)食品通用标准》(GB 16740—1997)。记者通过查询标准，发现药监局采用的判定依据是标准内“其中以藻类和茶类为原料的固体饮品和胶囊产品的个别产品，铅限量为2.0 mg/kg”的依据。媒体选择的判定依据为“一般产品”，规定铅含量不得超过0.5 mg/kg。

但是，尽管标准中的“个别产品”一栏涵盖藻类，但标准也清楚地注明：“个别产品”定义为“固体饮品和胶囊产品”，而我国的螺旋藻基本为片剂。我国螺旋藻是否应依据2.0 mg/kg作判定？记者采访到毕业于四川农业大学，曾在多家权威第三方检测机构负责消费品食品技术检测工作和市场推广工作的张先生。张先生认为：如果标准中的“个别产品”明确标识有“片剂”，用2.0 mg/kg为判定依据便没有问题。但由于这并没被注明，则变得不是那么回事了。严格来讲，既然片剂藻类产品未明确标注于“个别产品”中，则应当用“一般产品”的0.5 mg/kg

来作判定依据。专家用 2.0 mg/kg 是不严谨的。

任务一　认识食品标准

[任务目标]

了解我国食品标准的现状。

[技能训练]

分析我国食品标准体系相对于国外先进标准体系存在的差异。

[知识链接]

一、我国食品标准的现状

农产品加工是农业产业化的关键环节之一。农产品加工就是把农产品作为原料，采用物理的、化学的和生物的加工技术手段，将其加工成半成品或成品的过程。食品加工是农产品加工的一个领域。食品标准在食品工业中占有十分重要的地位，也是食品卫生质量安全和食品工业持续发展重要保障。新中国成立 50 多年来，食品工业标准已经形成门类比较齐全、结构相对合理、相互协调、系统完整的食品标准化体系。我国工业标准化体系表共划分为 19 个专业，包括谷物食品、食用油脂、屠宰及肉禽制品、水产食品、罐头食品、食糖、焙烤食品、糖果、调味品、乳及乳制品、果蔬制品、淀粉及淀粉制品、食品添加剂、蛋制品、发酵制品、饮料酒、软饮料及冷冻饮品、茶叶、辐照食品等 19 类专业领域。

由于国内外对食品质量与安全的高度重视，人们对优质、安全食品的需求不断增加，食品加工业将向无公害食品、绿色食品、有机食品、功能性食品方向发展，并且对食品原料和加工过程、食品流通等方面提出全程质量管理标准体系，形成了从农田到餐桌的质量安全控制标准与预防措施，这也使得食品标准从过去重视产品标准到各个主要环节的标准全面发展的大格局。在加入 WTO 的新形势下，许多食品企业和食品标准化专家提出从生产型标准向贸易型标准的转化，以增强食品企业的市场占有率和国际竞争力。

二、我国食品标准与国外食品标准的对比分析

我国农产品加工标准体系建设已取得了很大的成就。但是与发达国家相比，我国农产品加工产品标准体系建设的研究相对落后。长期以来，标准制定的思想、标准制定的水平以及农产品及其加工行业的开放程度都受到计划经济模式的约束，制定出来的质量与相关标准已经不能满足当前规范市场流通、产品质量监控和提高产品质量的需要。我国目前还没有一套较完整既符合中国国情又能与国际接轨的农产品加工标准体系，不能满足市场发展的需要和进出口贸易的需求。

1. 食品标准数量不少，但结构不合理，系统性较差

目前，我国制定的农产品加工国家标准共有 2 000 多项，其中强制性标准 400 多项，推荐

性标准 1 700 多项。主要是产品标准和卫生标准。从总体来看,我国制定的食品加工方面的产品标准在数量确实不少,但这些标准多数是在计划经济思想束缚为彻底消除的时期制定的,尽管对于规范我国当时的食品生产和消费起到了重要的作用,但是不能适应目前食品加工产品由数量型向质量型转轨的需要。主要原因是标准结构不合理,重复制定现象严重,系统化程度较差。有关技术操作标准较少,与农产品加工产品质量标准相协调配套的包装、运输、储藏方面的标准也很少。

2. 标准的更新滞后,先进性程度和实用性较差

我国食品标准多数都是标龄过长,技术内容相对滞后。我国食品标准多数是在 1986—1995 年期间制修订的,占该领域标准总数的 60% 以上;ISO 有关这方面的国际标准多数是在 1996 年以后制修订的,因此我国食品标准不能适应国际发展的概况,严重影响到对外贸易。食品标准规定的内容简单,技术指标不尽协调。ISO 标准和 CAC 食品法典产品标准所包含的技术要素和内容具体详细、可操作性强,而我国农产品标准有相当一部分制定的年代较早,标准中的内容简单,技术指标不能满足市场经济社会发展的需要。

3. 食品标准体系不尽完善,适用范围窄

食品标准体系不够完善,监管部门较多,市场秩序问题严峻。少数企业,尤其是个体企业,在经济利益驱动下,作假造假,以次充好,掺杂等,严重干扰了正常的市场经济秩序,危害了人们的身体健康。

[练一练]

1. 我国食品标准的现状如何?

2. 我国食品标准体系相对于国外先进标准体系还存在哪些面的差异?

任务二　食品基础标准

[任务目标]

掌握名词术语、图形符号、代号类标准。

[技能训练]

明确食品的分类标准。

[知识链接]

一、名词术语、图形符号、代号类标准

1. 名词术语标准

术语的标准化是标准化活动的基础,GB 15091—1994《食品工业基本术语》标准规定了食品工业常用的基本术语。内容包括:一般术语;产品术语;工艺术语;质量、营养及卫生术语等内容。该标准适用于生产、科研、教学及食品工业有关领域。

2. 图形符号、代号类标准

符号是由书写、绘制、印刷等方法形成的可表达一定事物或概念,具有简单特征的视觉形

象。图形符号是以图形或图像为主要特征的表达一定事物或概念的符号。文字代号是用字母、数字、汉字等或它们的组合来表达一定事物或概念的符号。

食品的图形符号、代号标准如GB/T 13385—2008《包装图样要求》、GB/T 12529.1—2008《粮油工业图形符号、代号第一部分:通用部分》、GB/T 12529.4—2008《粮油工业图形符号、代号第四部分:油脂工业》等。

二、食品分类标准

食品分类标准是对食品大类产品进行分类规范的标准。我国现行有效的与食品有关的分类标准主要有:GB/T 8887—2009《淀粉分类》、GB/T 10784—2006《罐头食品分类》、GB/T 10789—2007《饮料通则》、GB/T 30590—2014《冷冻饮品分类》、GB/T 20977—2007《糕点通则》、SB/T 10173—1993《酱油分类》等。

[练一练]

1. 名词术语、图形符号、代号类标准包括哪些内容?

2. 食品分类标准有哪些?

任务三 食品产品标准

[任务目标]

熟悉食用植物油、保健食品、转基因食品等的标准。

[技能训练]

知道食用植物油、保健食品、转基因食品等标准有何不同。

[知识链接]

一、食用植物油标准

食用植物油脂是以植物油料或植物原油为原料制成的;植物原油是以植物油料为原料制取的原料油。食用植物油产品属于我国实行市场准入最早的5类食品之一。这类产品在人们的日常生活中占有极其重要的地位。

2005年10月1日发布并实施GB 2716—2005《食用植物油卫生标准》,该标准代替GB 2716—1988《食用植物油卫生标准》、GB/T 13103—1991《色拉油卫生标准》和GB 15197—1994《精炼食用植物油卫生标准》。

该标准修订时参考了国际食品法典委员会(CAC)的Codex Stan 210—1999《Vegetable Oils》,增加了植物原油的指标要求。

二、保健食品标准

保健(功能)食品是食品的一个种类,具有一般食品的共性,能调节人体的机能,适于特定人群食用,但不以治疗疾病为目的,在我国,保健(功能)食品渊源久远。中华传统保健饮食和中华药膳已有几千年的历史。近些年保健(功能)食品迅猛发展,大批产品涌向市场。因此,为了整顿、规范保健(功能)食品,加强管理,维护生产企业的合法权益,保护消费者利益,制定了GB 16740—1997《保健(功能)食品通用标准》,本标准适用于在中华人民共和国境内生产和销售的保健(功能)食品。

三、辐照食品标准

辐照食品是将食品经一定量的放射线照射,以抑制食品的发芽(如马铃薯、洋葱),杀灭食物中的害虫和食品中的微生物,从而防止食品的腐败变质,延长食品的保存期限。

1986 年我国出台了《辐照食品卫生管理规定(暂行)》,并在大量实验的基础上陆续发布了粮食、蔬菜、水果、肉及肉制品、干果、调味品等 8 类允许辐照食品名录及剂量标准(表 3-1)。1996 年 4 月 5 日颁布了《辐照食品卫生管理办法》,规定辐照食品必须严格控制在国家允许的范围和限定的计量标准内,如超出允许范围,须事先提出申请,待批准后方可进行生产。我国规定从 1998 年 6 月 1 日起辐照食品必须在其最小外包装上贴有规定的辐照标志,凡未贴标志的辐照食品一律不准进入国内市场。

表 3-1　辐照食品卫生标准

序号	标准名称	标准编号
1	辐照熟畜禽肉类卫生标准	GB 14891.1—1997
2	辐照花粉卫生标准	GB 14891.2—1994
3	辐照干果果脯类卫生标准	GB 14891.3—1997
4	辐照香辛料类卫生标准	GB 14891.4—1997
5	辐照新鲜水果、蔬菜类卫生标准	GB 14891.5—1997
6	辐照猪肉卫生标准	GB 14891.6—1994
7	辐照冷冻包装畜禽肉类卫生标准	GB 14891.7—1997
8	辐照豆类、谷类及其制品卫生标准	GB 14891.8—1997

四、快餐食品标准

近几年中式快餐规模增速较快。因中国地域宽广,各地区的饮食文化差异大;而且中华美食的多样性亦令食品标准化难以顺利推进,因此,中式餐饮连锁规模短期内尚难与洋品牌齐肩。

中国餐饮要创出知名品牌,食品必须要形成标准化,要保证口味不走样,否则无法形成规模。快餐食品只有实现标准化生产，才能够实现产品品质的标准化，也因此才能够做到无论在哪吃都是一个味道，但是很多中式快餐如包子、拉面、烤鸭等都不可能做到。

五、超市食品标准

我国超市食品存在诸多安全隐患，超市食品安全问题日益突出，而我国至今没有一个针对超市行业食品安全的行业标准。超市食品安全管理方面的缺陷，主要体现在超市之间压价导致食品安全质量下降，缺乏对加盟店自行采购食品的管制，供应商向超市直送食品的质量监控存在缺陷等多方面。

大多数超市通过设立质检部门自己把关、供应商把关、超市抽检 3 种方法保障食品安全，这在很大程度上要依赖超市和供应商的自觉性，超市就算是监督也只是监督自营商品。食品采购和生鲜产品管理是超市经营的两大难点，也是食品安全事故的“高发地带”。

不少超市将质量管理部门设在采购或营运部门，质量管理部门的职权受到限制甚至被架空。

六、转基因食品标准

转基因食品是指用转基因生物制造、生产的食品、食品原料及食品添加物等。截至 2013 年，从事转基因动、植物研究开发的国家制定了相应的政策与法规以保障转基因食品的安全。例如美国已建立了健全的从事食品安全与环境检测的管理机构和严格的安全标准，对转基因动、植物的研究、开发、试验、生产进行严格的管理和有效的控制，每一种转基因生物在进行释放环境试验和转入商品生产之前，都要对其生物本身以及生产过程的安全性、风险性进行评估审查，通过其相关标准后才予以批准。为了统一评价转基因食品安全性的标准，联合国粮农组织和世界卫生组织所属的 CAC 也已决定制定转基因食品的国际安全标准。中国 1993 年先由原国家科学技术委员会制定了《基因工程安全管理办法》，随后农业部在此基础上 1996 年制定了《农业生物基因工程安全管理实施办法》，并同时成立了农业生物工程安全委员会，以负责全国农业生物遗传工程体的安全性审批。

[练一练]

转基因食品存在的安全问题是什么？

任务四　食品安全卫生标准

[任务目标]

掌握食品及食品原料安全卫生标准、食品安全管理体系标准、食品安全生产控制体系标准。

[技能训练]

明确食品安全管理体系标准、食品安全生产控制体系标准的区别。

[知识链接]

一、食品及食品原料安全卫生标准

食品及食品原料卫生标准的制定与实施，有效地保障了食品的卫生质量，降低了食源性疾病的发生，提高了国民的身体素质。在食品安全国家标准《食品生产通用卫生规范》(GB 14881—2013)中指出“应建立食品原料、食品添加剂和食品相关产品的采购、验收、运输和贮存管理制度，确保所使用的食品原料、食品添加剂和食品相关产品符合国家有关要求。不得将任何危害人体健康和生命安全的物质添加到食品中。”此类标准有《果冻卫生标准》(GB 19299—2003)等。

二、食品安全管理体系标准

食品安全管理体系英文简称“ISO 22000:2005”，适用于在食品链中所有希望建立保证食品安全体系的组织，无论其规模、类型和其所提供的产品。既是描述食品安全管理体系要求的使用指导标准，又是可供食品生产、操作和供应的组织认证和注册的依据。标准采用了 ISO 9000 标准体系结构，将 HACCP 原理作为方法应用于整个体系；明确了危害分析作为安全食品实现策划的核心，并将国际食品法典委员会(CAC)所制定的预备步骤中的产品特性、预期用途、流程图、加工步骤和控制措施和沟通作为危害分析及其更新的输入；同时将 HACCP 计划及其前提条件-前提方案动态、均衡的结合。本标准可以与其他管理标准相整合，如质量管理体系标准和环境管理体系标准等。

三、食品安全生产控制标准

食品企业为了生产出满足规定和潜在要求的产品和提供满意的服务，实现企业的质量目标，必须通过建立、健全和实施食品生产质量管理体系来实现。当前在许多国家推广应用和在国际上取得广泛认可的食品质量管理体系主要有 ISO 9000 质量管理体系、GMP(良好的操作规范体系)、HACCP(食品质量安全体系)。

四、食品中有毒有害物质最高残留限量标准

在食品原料中或食品加工过程中，常常存在一些有毒、有害的物质，它们对人类健康构成潜在的危害，这些物质包括天然毒素如真菌毒素、环境污染物如砷、汞、镉、铅、放射性物质和敌敌畏、乐果等农药残留。农药的使用本身是为了杀灭害虫，达到增加产量或改进食物品质的作用，食品原料的制造和食品加工，首先必须保证食品的安全性，这是食品质量与安全的基本要求。因此，制定一些有毒有害物质的限量标准就显得十分重要。根据《食品安全法》规定，经食品安全国家标准审评委员会审查通过，《食品安全国家标准　食品中农药最大残留限量》(GB 2763—2014)于 2014 年 3 月 20 日发布，自 2014 年 8 月 1 日起施行。

[练一练]

1.我国食品安全卫生标准包括哪些方面?并就各方面展开说明。

2.食品安全生产控制标准有哪些?

任务五 食品包装与标签标准

[任务目标]

掌握食品包装、食品标签及接触材料标准。

[技能训练]

会运用食品包装、食品标签及接触材料标准。

[知识链接]

一、食品包装标准

食品包装是食品商品的组成部分,是食品工业过程中的主要工程之一。它保护食品,使食品在离开工厂到消费者手中的流通过程中,防止生物的、化学的、物理的外来因素的损害,它也可以有保持食品本身稳定质量的功能,它既可方便食品的食用,又可表现食品外观、吸引消费的形象,具有物质成本以外的价值。食品包装材料必须符合卫生标准和卫生管理办法要求,我国已颁布一系列食品包装标准见表 3-2。

表 3-2 我国食品容器包装材料标准

序号	国家标准名称	标准编号
1	食品包装纸	QB/T 1014—2010
2	玻璃纤维增强不饱和聚酯树脂食品容器	GB/T 14354—2008
3	植物纤维类食品容器卫生标准	GB 19305—2003
4	食品容器、包装材料用添加剂使用卫生标准	GB 9685—2008
5	双向拉伸聚苯乙烯(BOPS)片材	GB/T 16719—2008
6	食用植物油销售包装	GB/T 17374—2008
7	食品容器、包装材料用三聚氰胺-甲醛成型品卫生标准	GB 9690—2009
8	食品包装用羊皮纸	GB/T 24696—2009
9	液体食品无菌包装用复合袋	GB 18454—2001
10	液体食品包装用塑料复合膜、袋	GB 19741—2005
11	铝易开盖三片罐	GB/T 17590—2008

续表 3-2

序号	国家标准名称	标准编号
12	包装用塑料复合膜、袋　干法复合、挤出复合	GB/T 10004—2008
13	液体食品保鲜包装用纸基复合材料	GB/T 18706—2008
14	聚偏二氯乙烯(PVDC)自黏性食品包装膜	GB/T 24334—2009
15	食品包装容器及材料分类	GB/T 23509—2009
16	食品包装容器及材料生产企业通用良好操作规范	GB/T 23887—2009
17	酒类及其他食品包装用软木塞	GB/T 23778—2009
18	中型食品包装容器安全检验技术要求	SN/T 2499—2010
19	食品用塑料自粘保鲜膜	GB 10457—2009
20	食品包装用玻璃纸	GB/T 24695—2009
21	碳酸饮料玻璃瓶	QB 2142—1995
22	圆柱形复合罐	GB/T 10440—2008
23	纸餐盒	QB/T 2341—1997
24	纸杯	QB 2294—2006

二、食品标签标准

《食品安全法》实施以来,我国发布实施了《预包装食品标签通则》(GB 7718—2011)、《预包装食品营养标签通则》(GB 28050—2011)、《预包装特殊膳食用食品标签》(GB 13432—2013)等与食品标签相关的标准。

《预包装食品标签通则》(GB 7718—2011)属于食品安全国家标准,原卫生部委托中国疾病预防控制中心、中国食品工业协会等单位成立标准起草组,承担标准修订任务,标准起草组多次组织专家研究,召开研讨会和专家咨询会,充分听取相关部门、行业协会和企业意见。标准经食品安全国家标准审评委员会第五次主任会议审查通过,于 2011 年 4 月 20 日公布,2012 年 4 月 20 日正式施行,本标准适用于两类预包装食品:一是直接提供给消费者的预包装食品;二是非直接提供给消费者的预包装食品。不适用于散装食品、现制现售食品和食品储运包装的标识。

《预包装食品营养标签通则》(GB 28050—2011),是强制性食品安全国家标准。食品营养标签是向消费者提供食品营养信息和特性的说明,也是消费者直观了解食品营养组分、特征的有效方式。根据《食品安全法》有关规定,为指导和规范我国食品营养标签标识,引导消费者合理选择预包装食品,促进公众膳食营养平衡和身体健康,保护消费者知情权、选择权和监督权,卫生部在参考国际食品法典委员会和国内外管理经验的基础上,组织制定了《预包装食品营养标签通则》，于 2013 年 1 月 1 日起正式实施。

为确保特殊膳食用食品标签标准与现行特殊膳食用食品产品标准和相关标准相衔接，根据《食品安全法》和《食品安全国家标准管理办法》，国家卫计委组织修订了原《预包装特殊膳食用食品标签通则》（GB 13432—2004），新发布的《预包装特殊膳食用食品标签》（GB 13432—2013）将于 2015 年 7 月 1 日起施行。

GB 13432—2013 适用于预包装特殊膳食用食品的标签，包括营养标签。标准涵盖了对预包装特殊膳食用食品标签的一般要求，如食品名称、配料表、生产日期、保质期等，以及营养标签要求，包括营养成分表、营养成分含量声称和功能声称。标准明确了特殊膳食用食品的定义和分类，符合定义和分类的产品其标签标示应符合本标准的规定。

三、接触材料标准

近年来，世界各国特别是美国、欧盟、日本等发达国家的分析与研究结果表明，与食品接触的器皿、餐厨具和包装容器以及包装材料中有害元素、有害物质已经成为食品污染的重要来源之一，已成为人们对食品安全一个新的关注点。现有的食品接触材料国家标准有 GB 19305—2003 植物纤维类食品容器卫生标准、GB 9683—1988 复合食品包装袋卫生标准等。

[练一练]

与食品标签相关的标准有哪些？

任务六　食品检验方法标准

[任务目标]

掌握食品检样方法的分类。

[技能训练]

训练食品理化检验的内容方法。

[知识链接]

食品检验标准是对食品的质量要素进行测定、试验、计量所做的统一规定，包括感官、理化和微生物检测等。

一、感官分析与感官检验标准

食品的感官检验是建立在人的感官感觉基础上的统计分析方法。随着科学技术的发展和进步，这种集人体生理学、心理学、食品科学和统计学为一体的新学科日趋成熟和完善，感官检验方法的应用也越来越广泛。与感官检验方法相关的部分标准可查表 3-3。

表 3-3　感官检验方法部分标准

序号	标准名称	标准编号
1	感官分析方法　总论	GB/T 10220—1998
2	感官分析　术语	GB/T 10221—1998
3	感官分析方法　排序法	GB 12315—2008
4	感官分析方法学　量值估计法	GB/T 9547—2004
5	感官分析　食品颜色评价的总则和检验方法	GB/T 21172—2007
6	感官分析　建立感官分析实验室的一般导则	GB/T 13868—2009
7	茶叶感官评审室基本条件	GB/T 18797—2002
8	茶叶感官评审通用方法	NY/T 787—2004
9	进出口茶叶感官评审室条件	SN/T 0911—2000
10	罐头食品的感官检验	QB/T 3599—1999

二、食品理化检验方法标准

食品理化检验是食品检测工作的一个重要组成部分，为食品质量监督和卫生行政执法提供公正、准确的依据。食品理化检验指标包括食品营养成分、食品添加剂、有毒有害成分等。

（一）营养成分检测标准

食品中营养成分主要有水分、灰分、蛋白质、脂肪、糖类、维生素、矿物质等，食品中营养标签中核心和重要营养成分的测定方法标准见表 3-4。

表 3-4　营养标签中核心和重要营养成分的测定方法标准

营养成分	标准名称	标准号
蛋白质	食品安全国家标准　食品中蛋白质的测定	GB/T 5009.5—2010
	谷物和豆类　氮含量的测定和粗蛋白质含量计算　凯氏法	GB/T 5511—2008
	粮油检测　植物油料粗蛋白的测定	GB/T 14489.2—2008
	食用菌　粗蛋白质含量的测定	GB/T 15673—2009
	肉与肉制品　氮含量测定	GB/T 9695.11—2008
脂肪	食品中脂肪的测定	GB/T 5009.6—2003
	粮油检验　粮食制品粗脂肪含量的测定	GB/T 5512—2008
	肉与肉制品　游离脂肪含量的测定	GB/T 9695.1—2008
	肉与肉制品　总脂肪含量的测定	GB/T 9695.7—2008
	食品中粗脂肪含量的测定	GB/T 14772—2008
	食用菌粗脂肪含量的测定	GB/T 15674—2009

续表 3-4

营养成分	标准名称	标准号
脂肪酸	肉与肉制品　脂肪酸含量的测定	GB/T 9596.2—2008
	动植物油脂　脂肪酸甲酯制备	GB/T 17376—2008
	动植物油脂　脂肪酸甲酯的气相色谱分析	GB/T 17377—2008
胆固醇	食品中胆固醇的测定	GB/T 5009.128—2003
	肉与肉制品　胆固醇含量的测定	GB/T 9695.24—2008
糖	食品中还原糖的测定	GB/T 5009.7—2008
	食品中蔗糖的测定	GB/T 5009.8—2008
	粮、油检验　粮食中还原糖和非还原糖测定	GB/T 5513—2008
	食品中葡萄糖的测定方法　酶-比色法和酶-电极法	GB/T 16285—2008
	蜂蜜中果糖、葡萄糖、蔗糖、麦芽糖含量的测定方法	GB/T 18932.22—2003
淀粉	食品中淀粉的测定	GB/T 5009.9—2008
	粮、油检验　粮食、油中淀粉含量的测定	GB/T 5514—2008
	肉制品　淀粉含量的测定	GB/T 9695.14—2008
	原淀粉　淀粉含量的测定　旋光法	GB/T 20378—2006
动植物油脂	食物中膳食纤维的测定	GB/T 5009.88—2008
动植物油脂	粮油检验　谷物不溶性膳食纤维的测定	GB/T 9822—2008
钠	食品中钾、钠的测定	GB/T 5009.91—2003
	水质　钾钠的测定　火焰原子吸收分光光度法	GB/T 11904—1989
	食品中氯化钠的测定方法	GB/T 12457—2008
	水果、蔬菜及其制品　钠、钾含量的测定	GB/T 15402—1994
	蜂蜜中钾、磷、铁、钙、锌、铝、钠、镁、硼、锰、铜、钡、钛、钒、镍、钴、铬含量的测定方法　电感耦合等离子体源自发射光谱(ICP-AES)法	GB/T 18932.11—2002
	蜂蜜中钾、钙、铁、锌、钠、镁、锰、铜、铅、钛、镉含量的测定方法　原子吸收光谱法	GB/T 18932.12—2002
钙	食品中钙的测定	GB/T 5009.92—2003
	水质　钙的测定 EDTA 滴定法	GB/T 7476—1987
	水质　钙和镁总量的测定　EDTA 滴定法	GB/T 7477—1987
	肉与肉制品　钙含量测定	GB/T 9695.13—2009
	水质　钙和镁的测定　原子吸收分光光度法	GB/T 11905—1989
	粮油检验　谷物及其制品中铜、铁、锰、锌、钙、镁的测定　火焰原子吸收光谱法	GB/T 14609—2008
	谷物及其制品中钙含量的测定	GB/T 14610—2008

续表 3-4

营养成分	标准名称	标准号
钙	蜂蜜中钾、磷、铁、钙、锌、铝、钠、镁、硼、锰、铜、钡、钛、钒、镍、钴、铬含量的测定方法　电感耦合等离子体源自发射光谱(ICP-AES)法	GB/T 18932.11—2002
	蜂蜜中钾、钙、铁、锌、钠、镁、锰、铜、铅、钛、镉含量的测定方法　原子吸收光谱法	GB/T 18932.12—2002
维生素 A	食品中维生素 A 和维生素 E 的测定	GB/T 5009.82—2003
	肉与肉制品维生素 A 含量的测定	GB/T 9596.26—2008
	食品中胡萝卜素的测定	GB/T 5009.83—2003

(二)食品添加剂检测标准

食品添加剂的种类繁多,不可能一一规范其检测方法,不论是国内还是国际,都还没有达到这种完善程度,只是对一些常见的添加剂类型中的常用添加剂进行规范。食品中具体的添加剂部分检测标准见表 3-5。

表 3-5　食品中常见添加剂测定部分国家标准

序号	国家标准名称	标准编号
1	食品中苯甲酸、山梨酸和糖精钠的测定	GB/T 23495—2009
2	食品中叔丁基茴香醚(BHA)与 2,6-二叔丁基对甲酚(BHT)的测定	GB/T 5009.30—2003
3	食品中对羟基苯甲酸酯类的测定	GB/T 5009.31—2003
4	油脂中没食子酸丙酯(PG)测定	GB/T 5009.32—2003
5	食品安全国家标准　食品中亚硝酸盐和硝酸盐的测定	GB/T 5009.33—2010
6	食品中亚硫酸盐的测定	GB/T 5009.34—2003
7	食品中合成着色剂的测定	GB/T 5009.35—2003
8	食品中丙酸钠、丙酸钙的测定	GB/T 23382—2009
9	食品中脱氢乙酸的测定	GB/T 5009.121—2003
10	饮料中咖啡因的测定	GB/T 5009.139—2003
11	食品中栀子黄的测定	GB/T 5009.149—2003
12	食品中红曲色素的测定	GB/T 5009.150—2003
13	小麦中过氧化苯甲酰的测定方法	GB/T 18415—2001
14	蜂王浆中苯甲酸、山梨酸、对羟基苯甲酸酯类检验方法 液相色谱法	SN/T 1303—2003

(三)食品中有毒有害成分检测方法标准

食品中的有毒有害成分主要来源于 5 个方面:工业“三废”和化肥、农药、兽药等对食品生产原料的污染;加工过程中添加材料中含有微量的有害元素;食品包装材料中的有害元素渗入到食品中;在食品加工、包装、贮运中受到污染;非法生产者使用国家明令禁止使用的添加材料和包装材料而生产。食品中有毒有害成分的部分检测标准见表 3-6。

表 3-6　有毒有害成分的部分检测标准

类别	标准名称	标准编号
有害成分	食品中总砷及无机砷的测定	GB/T 5009.11—2003
	食品安全国家标准　食品中铅的测定	GB/T 5009.12—2003
	食品中镉的测定	GB/T 5009.15—2003
	食品中总汞及有机汞的测定	GB/T 5009.17—2003
	食品中黄曲霉毒素 B1 的测定	GB/T 5009.22—2003
	食品中 N-亚硝胺类的测定	GB/T 5009.26—2003
	食品中苯并(α)芘的测定	GB/T 5009.27—2003
	植物性食品中游离棉酚的测定	GB/T 5009.148—2003
	火腿中三甲胺氮的测定	GB/T 5009.179—2003
	食品中氯丙醇含量的测定	GB/T 5009.191—2006
	食品中苏丹红染料的检测方法　高效液相色谱法	GB/T 19681—2005
	酱油中乙酰丙酸的测定方法	SB/T 10417—2007
农药残留	食品中有机氯农药多组分残留量的测定	GB/T 5009.19—2003
	食品中有机磷农药残留量的测定	GB/T 5009.20—2003
	植物性食品中甲胺磷和乙酰甲胺磷农药残留量的测定	GB/T 5009.103—2003
	水果中乙氧基喹残留量的测定	GB/T 5009.129—2003
	蔬菜、水果、食用油中双甲脒残留量的测定	GB/T 5009.143—2003
	植物性食物中有机氯和拟除虫菊酯类农药多种残留的测定	GB/T 5009.146—2003
	蔬菜、水果中甲基托布津、多菌灵的测定	GB/T 5009.188—2003
	蔬菜中有机磷和氨基甲酸酯类浓烟残留量快速检测	GB/T 5009.199—2003
	水果和蔬菜中 500 种农药及相关化学品残留量测定　气相色谱-质谱法	GB/T 19648—2006
	粮谷中 475 种农药及相关化学品残留量的测定　气相色谱-质谱法	GB/T 19659—2006
	动物肌肉中 478 种农药及相关化学品残留量的测定　气相色谱-质谱法	GB/T 19650—2006
兽药残留	蜂蜜中四环素族抗生素残留量的测定	GB/T 5009.95—2003
	畜禽肉中己烯雌酚的测定	GB/T 5009.108—2003
	畜禽肉中土霉素、四环素、金霉素残留量的测定(高效液相色谱法)	GB/T 5009.116—2003
	动物性食品中克伦特罗残留量的测定	GB/T 5009.192—2003
	水产品中孔雀石绿和结晶紫残留量的测定　高效液相色谱荧光检测法	GB/T 20361—2006
	畜禽肉中 9 种青霉素类药物残留量的测定　液相色谱-串联质谱法	GB/T 20755—2006
	牛肝和牛肉中睾酮、表睾酮、孕酮残留量的测定　液相色谱-串联质谱法	GB/T 20758—2006
	畜禽肉中 16 种磺胺类药物残留量的测定　液相色谱-串联质谱法	GB/T 20759—2006
	可食动物肌肉中土霉素、四环素、金霉素、强力霉素残留量的测定　液相色谱-紫外检测法	GB/T 20764—2006

(四)其他检测方法标准

在食品卫生标准中所规定的每个项目,为保证检验结果对评价食品卫生质量有可比性、准确性、统一性和权威性,使之具有科学的评价意义,都必须规定统一的检验方法和条件。在监测和试验工作中必须按照这些规定的方法和程序进行,才能使得结果作为评价的依据。有关食品卫生标准部分分析方法标准见表3-7。

表3-7 各类食品卫生标准的分析方法及食品包装材料卫生标准一览表

序号	标准名称	标准编号
1	粮食卫生标准的分析方法	GB/T 5009.36—2003
2	食用植物油卫生标准的分析方法	GB/T 5009.37—2003
3	蔬菜、水果标准的分析方法	GB/T 5009.38—2003
4	酱油卫生标准的分析方法	GB/T 5009.39—2003
5	食醋卫生标准的分析方法	GB/T 5009.41—2003
6	食盐卫生标准分析方法	GB/T 5009.42—2003
7	味精卫生标准的分析方法	GB/T 5009.43—2003
8	肉与肉制品卫生标准的分析方法	GB/T 5009.44—2003
9	水产品卫生标准的分析方法	GB/T 5009.45—2003
10	乳与乳制品卫生标准的分析方法	GB/T 5009.46—2003
11	蛋与蛋制品卫生标准的分析方法	GB/T 5009.47—2003
12	蒸馏酒与配制酒卫生标准的分析方法	GB/T 5009.48—2003
13	发酵酒与配制酒卫生标准的分析方法	GB/T 5009.49—2003
14	冷饮食品卫生标准的分析方法	GB/T 5009.50—2003
15	非发酵性豆制品及面筋卫生标准的分析方法	GB/T 5009.51—2003
16	发酵性豆制品卫生标准的分析方法	GB/T 5009.52—2003
17	淀粉类制品卫生标准的分析方法	GB/T 5009.53—2003
18	酱腌菜卫生标准的分析方法	GB/T 5009.54—2003
19	食糖卫生标准的分析方法	GB/T 5009.55—2003
20	糕点卫生标准的分析方法	GB/T 5009.56—2003
21	茶叶卫生标准的分析方法	GB/T 5009.57—2003
22	食品包装用聚乙烯树脂卫生标准的分析方法	GB/T 5009.58—2003
23	食品包装用聚苯乙烯树脂卫生标准的分析方法	GB/T 5009.59—2003
24	食品包装用聚乙烯、聚苯乙烯、聚丙烯成型品卫生标准的分析方法	GB/T 5009.60—2003
25	食品包装用三聚氰胺成型品卫生标准的分析方法	GB/T 5009.61—2003
26	陶瓷制食具容器卫生标准的分析方法	GB/T 5009.62—2003
27	搪瓷制食具容器卫生标准的分析方法	GB/T 5009.63—2003
28	食品用橡胶片(圈)卫生标准的分析方法	GB/T 5009.64—2003
29	食品用高压锅密封圈卫生标准的分析方法	GB/T 5009.65—2003

(五)食品中放射性物质检验标准

天然放射性物质广泛存在于自然界中,近几十年来,利用原子能辐射抑制发芽、杀虫灭菌、延长货架期和检疫处理等食品辐照保藏技术广泛应用,使人类环境中的放射性物质的污染急剧增加。环境中的放射性物质通过水及土壤污染农作物、水产品、饲料等,再经过生物圈进入食品,并通过食物链转移富集。动植物组织特别是鱼贝类等水产品对这些放射性元素有很强的富集作用,使得食品中放射性元素的含量可能显著超过周围环境。食品放射性污染对人体的危害主要是由于摄入污染食品后放射性物质对人体内各组织、器官和细胞产生的低剂量长期内照射效应,表现为对免疫系统、生殖系统的损伤和致癌、致畸、致突变作用。相关检验部分标准如GB/T 14883.1—1994《食品中放射性物质检验　总则》、GB/T 14883.3—1994《食品中放射性物质检验　锶-89和锶-90的测定》等。

三、食品微生物学检验方法标准

微生物是导致食品腐败变质和食物中毒的重要原因,食品微生物检验是食品质量监督与控制的重要手段,其方法标准包括总则、菌落总数、大肠杆菌测定和各类致病菌的检验、常见产毒霉菌的鉴定、各类食品检验等,部分检验标准见表3-8。

表3-8　食品微生物检验标准

序号	国家标准名称	标准标号
1	食品安全国家标准　食品微生物学检验　总则	GB 4789.1—2010
2	食品安全国家标准　食品微生物学检验　菌落总数测定	GB 4789.2—2010
3	食品安全国家标准　食品微生物学检验　大肠菌群测定	GB 4789.3—2010
4	食品安全国家标准　食品微生物学检验　沙门氏菌检验	GB 4789.4—2010
5	食品微生物学检验　志贺氏菌检验	GB 4789.5—2010
6	食品安全国家标准　食品微生物学检验　金黄色葡萄球菌检验	GB 4789.10—2010
7	食品卫生微生物学检验　溶血性链球菌检验	GB/T 4789.11—2003
8	食品卫生微生物学检验　肉毒梭菌及肉毒毒素检验	GB/T 4789.12—2003
9	食品安全国家标准　食品微生物学检验　霉菌及酵母菌计数	GB/T 4789.15—2010
10	食品卫生微生物学检验　常见产毒霉菌的鉴定	GB/T 4789.16—2003
11	食品卫生微生物学检验　肉与肉制品检验	GB/T 4789.17—2003
12	食品安全国家标准　食品微生物学检验　乳与乳制品检验	GB/T 4789.18—2010
13	食品卫生微生物学检验　蛋与蛋制品检验	GB/T 4789.19—2003
14	食品卫生微生物学检验　水产食品检验	GB/T 4789.20—2003
15	食品卫生微生物学检验　罐头食品商业无菌检验	GB/T 4789.26—2003
16	食品安全国家标准　食品微生物学检验　乳酸菌检验	GB/T 4789.39—2010
17	食品卫生微生物学检验　双歧杆菌检验	GB/T 4789.34—2008

［练一练］

1. 食品检验标准是如何分类的，都有哪些种类？

2. 食品理化检验标准包括哪些内容？

【导入案例评析】

该案例讲述的是标准的具体应用，国家药监局没能正确地应用《保健(功能)食品通用标准(GB 16740—1997)》，导致对媒体对绿A牌螺旋藻精片、汤臣倍健牌螺旋藻片和金奥力牌三达紫光螺旋藻片等其他产品铅含量的错误报道。后来记者采访曾在多家权威第三方检测机构负责消费品食品技术检测工作和市场推广工作的张先生。张先生表示：严格来讲，既然片剂藻类产品未明确标注于“个别产品”中，则应当用“一般产品”的0.5 mg/kg来作判定依据。用2.0 mg/kg是不严谨的。因此，在应用标准时要准确，不能因任何原因而使消费者权益受到损害。

【本项目小结】

本项目主要对中国食品标准概况、食品基础标准、食品产品标准、食品安全卫生标准、食品包装与标签标准、食品检验方法标准等几个方面做了简要介绍。

食品基础标准由名词术语、图形符号、代号类标准和食品分类标准两部分组成。食品产品标准介绍了食用植物油标准、保健食品标准、辐照食品标准、超市食品标准、快餐食品标准、转基因食品标准。食品安全卫生标准是对涉及食品安全、卫生、营养和保健功能的技术要求及其检验方法、食品安全性评价程序、食品生产加工的卫生要求、食物中毒的预防诊断等做出的技术规定。

食品包装与标签标准由食品包装标准、标签标准和接触材料标准组成。食品包装是食品商品的组成部分。食品包装材料、食品的容器和食品包装用工具、设备必须符合卫生标准和卫生管理办法要求，我国已颁布一系列食品包装标准。

食品检验标准是对食品的质量要素进行测定、试验、计量所做的统一规定，包括感官、理化和微生物检测等。

【同步练习】

1. 我国食品标准的现状如何？

2. 我国食品标准体系相对于国外先进标准体系还存在哪些方面的差异??

3. 名词术语、图形符号、代号类标准包括哪些内容？

4. 食品分类标准有哪些？

5. 转基因食品存在的安全问题是什么？

6. 我国食品安全卫生标准包括哪些方面，并就各方面展开说明。

7. 食品安全生产控制标准有哪些？

8. 食品检验标准是如何分类的，都有哪些种类？

9. 食品理化检验标准包括哪些内容？

项目四

食品法律法规基础知识

【学习目标】

知识目标

1. 掌握食品法律法规在实施中的适用、食品行政执法监督的内容、食品安全监督管理制度；
2. 熟悉食品法律法规制定的程序、行政执法监督的特征与依据、行政执法的主体；
3. 了解食品法律法规制定的基本原则与依据。

技能目标

1. 能理解食品法律法规在实施中的适用，并能根据实际情况进行分析；
2. 掌握食品安全监督管理制度的主要内容，并能在实际生产中进行综合运用。

【导入实例】

食品法律法规是由国家制定的适用于食品从农田到餐桌各个环节的一整套法律规定。食品法律和由职能部门制定的规章是食品生产、销售企业必须执行的，而有些标准、规范是推荐使用的。食品法律法规是国家对食品行业进行有效监督管理的基础。自20世纪80年代以来，我国以宪法为依据，制定了一系列与食品质量与安全有关的法规和国际条约，目前已形成了以《中华人民共和国食品安全法》、《中华人民共和国产品质量法》、《中华人民共和国农产品质量安全法》、《中华人民共和国农业法》、《中华人民共和国标准化法》等法律为基础，以《食品生产加工企业质量安全监督管理办法》、《食品添加剂卫生管理办法》、《保健食品管理办法》及涉及食品质量与安全要求的大量技术标准等法规为主体，以各省及地方政府关于食品质量与安全的规章为补充的食品质量与安全法规体系。在立法过程中，应尽量避免法律冲突，但由于国家法律的多层级性、多样性，法律规范的冲突是不可避免的。在现实生活中，执法者该如何确定法律依据，当法律冲突已既成事实时，执法者如何面对？请你通过本项目的学习分析以下这个案例。

某市食品药品监督管理局在执法检查中发现辖区内的一家餐饮店卫生不符合规范，依据《食品安全法》进行处理，但是该餐饮店负责人说，所售的食品也是产品，为什么不依据《产品质量法》来处理呢？请你通过本项目的学习分析该餐饮店负责人说法是否有道理，并指出法律依据。

任务一　食品法律法规的制定和实施

[任务目标]

掌握食品法律法规的实施，熟悉食品法律法规制定的程序了解食品法规法规制定的基本原则与依据。

[技能训练]

食品法律法规的制定和实施的掌握程度。

[知识链接]

一、食品法律法规的制定

食品法的制定是指有权的国家机关依照法定的权限和程序，制定、认可、修改、补充或废止规范性食品相关法律文件的活动，又称为食品立法活动。食品法的制定有广义和狭义之分。狭义的食品法专指全国人大及其常委会制定食品法律的活动。广义的食品法制定，不仅包括狭义的食品法的制定，还包括国务院、国务有关部门、地方人大及其常委会制定的规章法规等活动。

二、食品法律法规制定的基本原则

食品法律法规制定的基本原则是指食品立法主体进行食品立法活动所必须遵循的基本行为准则，是立法指导思想在立法实践中的重要体现。根据立法法的规定，食品立法活动必须遵循以下基本原则。

1.遵循宪法的基本原则

遵循宪法的基本原则，即以经济建设为中心、坚持社会主义道路，坚持人民民主专政，坚持中国共产党的领导，坚持马克思列宁主义、毛泽东思想、邓小平理论，坚持改革开放。“一个中心、两个基本点”是党在社会主义初级阶段的基本路线的核心内容，是实现国家长治久安的根本保证，是我们的立国之本，是人民群众根本利益和长远利益的集中反映，理所当然地成为我国所有立法的最根本的指导思想，当然也是食品立法所必须遵循的基本原则。

2.依照法定的权限和程序的原则

国家机关应当在宪法和法律规定的范围内行使职权，立法活动也不例外。这是社会主义法治的一项重要原则。依法进行立法，即立法应当遵循法定权限和法定程序进行，不得随意立法。

3.从国家整体利益出发，维护社会主义法制的统一和尊严的原则

我国是统一的多民族国家。食品立法活动应站在国家和全局利益的高度，从国家的整体利益出发，从长远的、根本的利益出发，防止出现只顾部门利益和地方保护主义的倾向，维护国家的整体利益、维护社会主义法制的统一和尊严。这是依法治国，建设社会主义法治国家的必

然要求。

4. 坚持民主立法的原则

食品法律的制定要坚持群众路线，采取各种行之有效的措施，广泛听取人民群众的意见，集思广益，在充分民主的基础上高度集中。这样也有利于加强食品立法的民主性、科学性。广泛吸收广大人民群众参与食品立法工作，调动他们的积极性和主动性，不仅使食品立法更具民主性，而且有利于食品法律在现实生活中得到遵守。

5. 从实际出发的原则

食品法律法规的制定，必须从我国的基本国情出发，深入实际，调查研究，充分考虑我国的社会经济基础、生产力水平、各地域的生活条件、饮食习惯、人员素质等状况，科学合理地规定公民、法人和其他组织的权利和义务，以及国家机关的权力和责任。在坚持从实际出发，综合考虑我国基本国情的前提下，适当借鉴、吸收国外和本国历史上食品立法的有益经验，注意保持与国际接轨。

6. 对人民健康高度负责的原则

保证食品安全，防止食品污染和有害因素对人体健康的影响，是判断和执行各项食品标准、管理办法的出发点。只有这样，才能充分体现出宪法的基本精神。食品安全有以下两方面内容：第一，人人有获得食品安全性保护的权利。任何人不分种族、民族、性别、职业、社会出身、宗教信仰、受教育程度、财产状况等都有权获得食品安全性保护，同时他们依法所取得的食品安全性保护权益都受到同等的法律保护。第二，人人有获得优质食品安全性保护的权利。这一权利要求食品安全性保护的质量水平应达到一定的专业标准。食品安全性保护的质量是每一个人所关心的问题，一般来说，消费者本人并不能全部判断食品安全性保护质量的高低、优劣，这就需要政府加以监督。

7. 预防为主的原则

食品污染和有害因素对人体所造成的危害，有些是急性的，例如食物中毒等；有些是慢性的，甚至是具有潜在危害性的，例如致癌、致畸、致突变等。急性的疾病可以通过急救、治疗使患者痊愈，但是，一些慢性的却很难治愈，有的甚至危及子孙后代。其后果不堪设想。所以，必须防患于未然，把食品的立法，放到以预防为主的方针上。

三、食品法律法规制定的依据

1. 宪法是食品立法的法律依据

宪法是国家的根本大法，具有最高法律效力，是其他法律、法规的立法依据。宪法有关保护人民健康的规定是食品法律法规制定的来源和法律依据。

2. 保护人体健康是食品立法的思想依据

健康是人类生存和发展的基本条件，人民的健康状况是衡量一个国家或地区发展水平和文明程度的重要标志。国家的富强和民族的进步，包含人民健康素质的提高。保障公众身体健康，提高中华民族的健康素质，是促进经济发展和社会可持续发展的重要保障。

食品是指各种供人食用或者饮用的成品和原料，以及按照传统既是食品又是药品但是不以治疗为目的的物品。食品是人类生存和发展最重要的物质基础。无毒、无害、符合应当有的营养要求，对人体健康不造成任何急性、亚急性或者慢性危害是食品安全的基本要求。以食品生产经营和食品安全监督管理活动中产生的各种社会关系为调整对象的食品法律法规要把保护和增进人体健康作为其立法的思想依据、立法工作的出发点和落脚点。

3.食品科学是食品立法的自然科学依据

食品行业是以生物学、化学、工程学、农学、畜牧学等为核心的综合性科技密集型行业，是在现代自然科学及其应用工程技术高度发展的基础上展开的，因此食品立法工作在遵循法律科学的基础上，必须遵循食品科学的客观规律。也就是必须把化学、生物学、食品工程和食品技术知识等自然科学的基本规律作为食品法律法规制定的科学依据，使法学和食品科学紧密联系在一起，科学地立法，促进食品科技进步。只有这样才能达到有效保护人体健康的立法目的。

4.社会经济条件是食品立法的物质依据

改革开放以来，我国社会主义建设取得了重大成就，生产力有了极大的发展，综合国力不断增强，社会经济水平得到了很大的提高，为新时期的食品立法工作提供了牢固的物质基础。我国是发展中国家，与世界发达国家相比，我国的综合国力、生产力和人民生活水平都不高，地区间发展又严重不平衡，这些都是食品立法的制约因素。因此，食品法律法规的制定必须着眼于我国实际情况，正确处理好食品立法与现实条件、经济发展之间的关系，以适应社会主义市场经济的需要，达到满足人民群众不断增长的多层次的需求，保护人体健康、保障经济和社会可持续发展的目的。另外，作为法律，制定过程中还受经济及政治、思想、道德、文化、历史传统、民族、宗教、习惯等因素的影响。

5.食品政策是食品立法的政策依据

食品政策是党领导国家食品工作的基本方法和手段。它是以科学的世界观、方法论作为理论基础，正确反映了食品科学的客观规律、社会经济与食品发展的客观要求，是对人民共同意志的高度概括和集中体现，是食品法律法规制定的政策依据。食品立法以食品政策为指导，有助于使食品法律法规反映客观规律和社会发展要求，使食品法律法规能够在现实生活中得到普遍遵守和贯彻，最终形成良好的食品法律秩序。因此，党的食品政策是食品法律法规的灵魂，食品立法要充分体现党的政策的精神和内容。

此外，食品法律法规在制定过程中，还应该体现和履行我国已参加的国际食品条约、惯例的有关规定。同时，对外国食品法律、立法经验及立法技术加以研究、分析，对有益的地方进行借鉴，使我国食品法律法规适应我国与国际交往的需要。

四、食品法律法规制定的程序

食品法律法规的制定程序是指有立法权的国家机关制定食品法律法规所必须遵循的方式、步骤、顺序等的总和，是有立法权的国家机关按照法定的权限和程序，制定、修改、补充和废止相关食品法律文件的活动，主要是指全国人大及其常委会制定食品法律的活动，但也包括国家有关部门制定食品部门规章、地方性食品法规等活动。根据《中华人民共和国立法法》和国务院《行政法规制定程序条例》的规定，食品法律法规制定一般须遵循立项、起草、审查、决定、公布、修改等基本程序。

1.立项

立项意指立法主体将需要制定的食品法律法规项目列入国家立法工作计划以内，以克服食品法律法规立法中的盲目性，是食品法律法规制定程序中的第一个环节。

2.起草

起草是提出食品法律法规初期方案和草稿的程序，是接下来一系列程序的基础。为了确保食品法律法规的质量，起草食品法律法规除了要遵循《立法法》确定的立法原则，并符合宪法和法律的规定外，应当深入调查研究，总结实践经验，广泛听取有关机关、组织和公民的意见。听取意见可以采取召开座谈会、论证会、听证会等多种形式。起草部门应当就涉及其他部门的职责或者与其他部门关系紧密的规定，与有关部门协商，力求达成一致意见。经过充分协商不能取得一致意见的，应当在上报食品法律法规草案送审稿时说明情况和理由。食品法律法规送审稿的说明应当对立法的必要性，确立的主要制度，各方面对送审稿主要问题的不同意见，征求有关机关、组织和公民意见的情况等做出说明。

3.审查

食品法律法规起草工作结束后，起草部门要将食品法律法规草案送审稿报送相应的法制机构审查。审查内容主要包括：是否符合宪法、立法法以及其他法律的规定和国家的方针政策；是否正确处理有关机关、组织和公民对送审稿主要问题的意见。如果是食品行政法规，则要审查是否符合《行政法规制定程序条例》第十一条的规定、是否与有关行政法规协调、衔接；审查工作中应当广泛地征求各方意见，召开有关单位、专家参加的座谈会、论证会，听取意见，研究论证。法制机构应当就食品法律法规送审稿涉及的主要问题，深入基层进行实地调查研究，听取基层有关机关、组织和公民的意见。

4.决定与公布

食品法律法规签署公布后，要及时在国务院公报和在全国范围内发行的报纸上刊登；国务院法制机构应当及时汇编出版行政法规的国家正式版本，在国务院公报上刊登的行政法规文本，才能成为标准文本。食品行政法规一般应当自公布之日起30日后施行，公布后的30日内还需由国务院办公厅报全国人民代表大会常务委员会备案。

五、食品法律法规的实施

(一)食品法律法规实施的概念

食品法律法规的实施是指通过一定的方式使食品法律规范在社会生活中得到贯彻和实现的活动。食品法律法规的实施过程，是把食品法的规定转化为主体行为的过程，是食品法律法规作用于社会关系的特殊形式。食品法律法规的实施主要有食品法律法规的遵守和食品法律法规的适用两种方式。

(二)食品法律法规的适用

1.食品法律法规适用的概念

食品法律法规的适用是指国家机关和法律、法规授权的社会组织依照法定的职权和程序，行使国家权力，将食品法律法规创造性地运用到具体人或组织，用来解决具体问题的一种专门活动。它包括食品行政管理部门以及法律、法规授权的组织依法进行的食品质量安全执法活动和司法机关依法处理有关食品违法和犯罪案件的司法活动。

2.食品法律法规的适用范围

食品法律法规的适用范围是指食品法律法规的效力范围，它由食品法律法规的时间效力、空间效力和对人的效力3个部分组成。

(1)食品法律法规的时间效力　食品法律法规的时间效力是指食品法律法规何时生效、何时失效，以及对食品法律法规生效前所发生的行为和事件是否具有溯及力的问题。食品法律法规的生效时间通常有以下几种情况：

①在食品法律法规文件中明确规定“本法自公布之日起施行”。

②在公布的法律法规文件中明确规定由其颁布后的某一具体时间生效。

③食品法律法规公布后先予以试行或者暂行，而后由立法机关加以补充修改，再通过为正式法律法规公布施行，在试行期间也具有法律效力。

④在食品法律法规中没有规定其生效时间，但实践中均以该法公布的时间为其生效的时间。

关于食品法律法规的失效时间主要有以下几种情况：

①由法律规定自新法生效之日起旧法废止。

②由国家立法机关决定批准失效的法律目录。

③采用新法优于旧法的原则，凡新法颁布后，旧法的规定与新法的规定相抵触的，自行失效。

食品法律法规的溯及力，也称食品法律法规溯及既往的效力，是指新的法律颁布后，对其生效前发生的法律事实、法律事件和法律行为是否适用，如果适用，该食品法律法规就有溯及力，如果不适用，就不具有溯及力。我国食品法律法规一般不溯及既往，但为了更好地保护公民、法人和其他组织的权利和利益而做的特别规定除外。

(2)食品法律法规的空间效力　空间效力是指食品法律法规生效的地域范围，即食品法律法规在哪些地方具有约束力。在我国，全国人大及其常委会制定地食品法律，国务院及其各部门发布的食品行政法规、规章等规范性文件，在全国范围内有效；地方人大及其常委会、民族自治机关颁布的地方性食品法规、自治条例、单行条例，以及地方人民政府制定的政府食品规章，只在其行政管辖区域范围内有效；中央国家机关制定的食品法律、法规，明确规定了特定的适用范围的，即在其规定的范围内有效；某些食品法律、法规还有域外效力。

(3)食品法律法规对人的效力　对人的效力，是指食品法律法规对哪些人具有约束力。概括起来，主要有以下几种情况：

①属地原则。即以地域为标准，在我国领域内，我国公民、外国人和无国籍人都适用我国食品法律法规，一律不享有食品特权或豁免权；

②属人原则。即以当事人的国籍为标准，在我国领域以外，我国公民原则上适用我国食品法律法规；

③保护主义。即以国家利益为标准，外国人、无国籍人如果侵害了我国国家或公民、法人的权益，或者与我国公民、法人发生食品法律关系，可以适用我国食品法律。

《中华人民共和国食品安全法》(以下简称《食品安全法》)规定：凡在中华人民共和国境内从事下列活动，应当遵守本法。

①食品生产和加工(以下称食品生产)，食品流通和餐饮服务(以下称食品经营)；

②食品添加剂的生产经营；

③用于食品的包装材料、容器、洗涤剂、消毒剂和用于食品生产经营的工具、设备(以下称食品相关产品)的生产经营；

④食品生产经营者适用食品添加剂、食品相关产品；

⑤对食品、食品添加剂和食品相关产品的安全管理。

供适用的源于农业的初级产品(以下称食用农产品)的质量安全管理，遵守《中华人民共和国农产品质量安全法》的规定。但是，制定有关食用农产品的质量安全标准、公布食用农产品安全有关信息，应当遵守本法的有关规定。据此，食品安全法对人采用的是属地原则，其具体应用对象为：在中华人民共和国境内从事食品、食品添加剂、食品容器、包装材料和食品用工具、设备、洗涤剂、消毒剂的生产经营场所、设施和有关环境是否符合国家卫生要求负有直接责任的一切单位和个人，包括职工食堂、食品摊贩等。

3. 食品法律法规的适用规则

食品法律法规的适用规则是指食品法律法规之间发生冲突时如何选择适用食品法律法规的问题。食品法律法规的适用规则主要有以下 5 个方面。

(1)上位法优于下位法　法的位阶是指法的效力等级。效力等级高的是上位法，效力等级低的就是下位法。不同位阶的食品法律法规发生冲突时，应当选择适用位阶高的食品法律法规。

(2)同位阶的食品法律法规具有同等法律效力，在各自权限范围内适用　食品部门规章之间、食品部门规章与地方政府食品规章之间具有同等效力，在各自的权限范围内施行。

(3)特别规定优于一般规定　即“特别法优于一般法”。同一机关制定的食品法律、食品行政法规、地方性食品法规、食品自治条例和单行条例、食品规章，特别规定与一般规定不一致的适用特别规定。

(4)新的规定优于旧的规定　即“新法优于旧法”。同一机关制定的食品法律、食品行政法规、地方性食品法规、食品自治条例和单行条例、食品规章，新的规定与旧的规定不一致的，适用新的规定。前提是新旧规定都是现行有效的，采取从新原则。这与法的溯及力的从旧原则是有区别的。法的溯及力解决的是新法对其生效以前发生的事件和行为是否适用的问题。

(5)不溯及既往原则　任何食品法律法规都没有溯及既往的效力，但为了更好地保护公民、法人和其他组织地权利和利益而作的特别规定除外。

(三)食品法律法规的解释

食品法律法规的解释是指有关国家机关、组织或个人，为适用或遵守食品法规，根据立法原意对食品法律法规的含义、内容、概念、术语以及适用的条件等所做的分析、说明和解答。食品法律法规的解释是完备食品立法和正确实施食品法所必需的。按照解释的主体和解释的法律效力的不同，食品法律法规的解释可以分为正式解释和非正式解释。

1. 正式解释

又称有权解释、法定解释、官方解释，是指有解释权的国家机关按照宪法和法律所赋予的权限对食品法律法规所做的具有法的效力的解释。正式解释是一种创造性的活动，是立法活动的继续，是对立法意图的进一步说明，具有填补法的漏洞的作用，通常分为立法解释、司法解释和行政解释。

2. 非正式解释

又称作非法定解释、无权解释。分为学理解释和任意解释。学理解释一般是指宣传机构、文化教育机关、科研单位、社会组织、学者、专业工作者和报刊等对食品法律法规所进行的理论性、知识性和常识性解释。任意解释是指一般公民、当事人、辩护人对食品法律法规所做的理解和说明。非正式解释虽不具有法律效力,但对法律适用有参考价值,对食品法律法规的遵守有指导意义。

[练一练]

分组讨论食品法律法规的制定和实施,并思考下列问题:

1. 以下属于法律的是:《宪法》、《刑法》、《未成年人保护法》、《刑事诉讼法》、《行政法》、《中国共产党章程》、《中小学守则》、《生产安全纪律》。

2. 请思考《食品安全法》、《中华人民共和国食品安全法实施条例》、《国务院关于进一步加强食品安全工作的决定》、《食品标签管理规定》、《食品召回管理规定》、《食品卫生许可证管理办法》、《食品添加剂卫生管理办法》、《食物中毒事故处理办法》、《餐饮业食品卫生管理办法》、《无公害农产品标志管理办法》等法律法规之间的关系。

任务二　食品行政执法与监督

[任务目标]

掌握食品行政执法监督的内容及食品安全监督管理制度,熟悉行政执法监督的特征与依据、行政执法的主体。

[技能训练]

训练食品行政执法与监督的掌握程度。

[知识链接]

一、认识食品行政执法

(一)食品行政执法的概念

食品行政执法是指国家食品行政机关、法律法规授权的组织依法执行适用法律,实现国家食品管理的活动。食品行政执法是食品行政机关进行食品管理、适用食品法律法规的最主要的手段和途径。

国家行政机关行使职权、实施行政管理时依法所做出的直接或间接产生行政法律后果的行为,称为行政行为。行政行为可以分为抽象行政行为和具体行政行为。抽象行政行为是指行政机关针对不特定的行政相对人制定或发布的具有普遍约束力的规范性文件的行政行为。如卫生部根据法律、法规的规定,在本部门的权限内,发布命令、指示和规章的行为。具体行政行为是指行政机关对特定的、具体的公民、法人或者其他组织,就特定的具体事项,做出有关该公民、法人或者组织权利义务的单方行为。如食品行政执法即指具体食品行政行为。

(二)食品行政执法的特征

1.执法的主体是特定的

食品行政执法的主体只能是食品行政管理机关，以及法律、法规授权的组织。不是食品行政主体或者没有依法取得执法权的组织不得从事食品行政执法。

2.执法是一种职务性行为

食品行政执法是执法主体代表国家进行食品管理的活动，是行使职权的活动。即行政主体在行政管理过程中，处理行政事务的职责权力。因此，执法主体只能在法律规定的职权范围内履行其责任，不得越权或者滥用职权。

3.执法的对象是特定的

食品行政执法行为针对的对象是特定的、具体的公民、法人或其他组织，称为食品行政相对人。

4.执法行为的依据是法定的

食品行政机关做出具体行政行为的过程，实际上也是适用食品法律法规的过程。食品行政执法的依据只能是国家现行有效的食品法律、法规、规章以及上级食品行政机关的措施、发布的决定、命令、指示等。

5.执法行为是单方法律行为

食品行政执法过程中，执法主体与相对人之间所形成的行政法律关系，是领导与被领导、管理与被管理的行政隶属关系。食品行政执法主体依自己一方的意思表示，无须征得相对人的同意就做出一定法律后果的行为。行为成立的唯一条件是其合法性。

6.执法行为必然产生一定的法律后果

食品行政执法行为是确定特定人某种权利或义务，剥夺、限制其某种权利，拒绝或拖延其要求，行政执法主体履行某种法定职责等。因此，必然会直接或者间接地产生相关的权利义务关系，产生相应的、现实的法律后果。

(三)食品行政执法的依据

食品行政执法活动，是食品行政机关依法对食品进行管理，贯彻落实法律、法规等规范性文件的具体方法和手段。因此，食品行政执法的依据主要是现行有效的有关食品方面的规范性文件。我国行政诉讼法规定，人民法院审理行政案件，以法律和行政法规、地方性法规为依据，地方性法规适用于本行政区域内发生的行政案件；人民法院审理民族自治地方的行政案件，并以该民族自治地方的自治条例和单行条例为依据；人民法院审理行政案件，参照国务院部、委根据法律和国务院的行政法规制定、发布的规章；人民法院认为地方人民政府制定、发布的规章与国务院部、委制定、发布的规章不一致的，以及国务院部、委制定、发布的规章之间不一致的，由最高人民法院送国务院做出解释或者裁决。按照法院审理行政案件所依据的法律和参照的法规等规定，上述法律、法规、规章等，就应当是行政执法的依据。此外凡是我国承认或者参加的国际食品方面的条例、公约或者签署的双边或多边协议等，也是我国食品行政执法的依据。

二、食品行政执法主体

(一)食品行政执法主体的概念

食品行政执法主体是指依法享有国家食品行政执法权力，以自己的名义实施食品行政执法活动并独立承担由此引起的法律责任的组织。

食品行政执法的主体是组织而非个人。尽管具体的执法行为是由行政机关的工作人员来行使，但是工作人员不是行政执法主体。在有些情况下，食品行政机关依法委托其他单位或组织行使执法权力，但受委托的单位或组织并不以自己的名义进行执法，执法后果也仍然由食品行政机关承担，因此，受委托的单位或组织也不是食品行政执法主体。

(二)食品行政执法主体的分类

根据执法主体资格取得的法律依据不同。食品行政执法主体可以分为职权性执法主体和授权性执法主体。

职权性执法主体是指根据宪法和行政组织法的规定，在机关依法成立时就拥有相应行政职权并同时获得行政主体资格的行政组织。也就是说，职权性执法主体资格的获得，是依据宪法和有关的组织法，是国家设立的专门履行行政职能的国家行政组织，是以完成一定的国家行政职能为设立要素的，因此宪法和有关组织对其行政职权与职责的规定有一定的原则性和概括性。职权性执法主体只能是国家行政机关，包括各级人民政府及其职能部门以及县级以上地方政府的派出机关。

授权性执法主体是指根据宪法和行政组织法以外的单行法律、法规的授权规定而获得行政执法资格的组织。也就是说，授权性执法资格的获得，是依据宪法和行政组织法以外的单行法律、法规，其职权的内容、范围和方式是专项的、单一的、具体的，必须按照授权规范所规定的职权标准去行使。

我国食品行政执法的主体主要有农业行政部门、食品药品安全监督管理部门、质量技术监督检验部门、法律法规授权的其他组织及联合执法主体。

三、食品行政执法监督

(一)食品行政执法监督的概念

食品行政执法监督是指有权机关、社会团体和公民个人等，依法对食品行政机关及其执法人员的行政执法活动是否合法、合理进行监督的法律制度。

我国宪法明确规定，国家的一切权力属于人民。人民并不直接进行国家事务的管理，而是通过人民代表大会等形式和途径，授权国家机关或组织行使管理国家事务和社会事务的权力。因此，国家机关及其工作人员的行政活动必须依法而行，并且受到有关机关和广大人民群众的监督。食品行政执法是否公正、合理、合法，关系到食品法律法规的贯彻执行，关系到整个食品行业能否健康发展。对食品行政执法活动进行监督，是提高执法主体工作效率，克服官僚主义、防止腐败的有力武器,同时也是保护公民、法人和其他组织的合法权益,实行人民当家做主权利的重要保证。

(二)食品行政执法监督的特征

1.监督主体的广泛性

广义上的执法监督是指全社会的监督。包括特定的国家权力机关、行政机关、司法机关等直接产生法律效力的监督,也包括社会团体和公民个人等不直接产生法律效力的民主监督。

2.监督对象的确定性

食品行政执法监督的对象是食品行政执法机关和执法人员。

3.监督内容的完整性、法定性

监督主体对食品执法主体及执法人员行使职权、履行职责的一切执法活动都实行监督;对执法行为的合法性、合理性、公正性等也都进行监督。

(三)食品行政执法监督的种类

1.权力机关的监督

国家权力机关的监督也称为代表机构的监督或立法监督,即人民代表大会的监督。我国宪法规定国家的一切权力属于人民,人民行使国家权力的机关是全国人民代表大会和地方各级人民代表大会。国家行政机关由人民代表大会产生,对它负责,受它监督。

权力机关对食品行政机关的监督,属于全面性的监督,不仅能监督食品行政行为是否合法,而且监督其工作是否有成效。监督的方式有:听取和审议工作报告;审查和批准财政预决算;质询和询问;视察和检查;调查、受理申诉、控告和检举;罢免和撤职等。

2.司法机关的监督

司法机关的监督是指人民检察院和人民法院依法对食品行政行为实施的监督。检察机关的监督主要是对食品行政机关的工作人员职务违法犯罪行为进行监督。人民法院的监督主要通过对行政诉讼案件的审判,对食品行政机关的执法活动进行监督。

3.食品行政机关的监督

食品行政机关的监督是指食品行政机关内部、上级行政机关对下级行政机关的监督。食品行政机关内部的监督是经常、直接的监督,监督的方式包括:工作报告;调查和检查;审查和审批;考核;批评和处置等。

4.非国家监督

上述三种情况下的监督一般称为国家监督,非国家监督是指除国家监督以外的监督,包括执政党的监督、社会团体和组织监督、社会舆论监督、公民个人的监督等。

(四)食品行政执法监督的内容

食品行政执法监督的内容主要包括两个方面:①对实施宪法、法律和行政法规等情况进行监督。监督主体对各级食品行政执法机关的执法活动是否合法、适当进行监督。②对执法人员的执法活动等情况进行监督。监督主体对食品行政执法人员在执法过程中,是否行政失职、行政越权和滥用职权等进行监督。

四、食品行政执法与监督行为

(一)食品行政执法与监督行为的分类

从不同的角度,可以对食品行政执法行为进行不同的分类。根据行为方式的不同,行政执法可分为:行政监督、行政处理、行政处罚和行政强制执行 4 类。从执法行为的直接法律功能出发,食品执法行为可以分为行政赋权行为、行政限权行为、行政确认行为、行政裁决行为和行政救济行为。

(二)食品安全监督管理制度

1.食品生产经营许可制度

食品生产许可制度是工业产品许可证制度的一个组成部分,是为保证食品的质量安全,由国家食品生产领域质量监督工作的行政部门制定并实施的一项旨在控制食品生产加工企业生产条件的监控制度,是国家食品安全监督制度中的根本制度。

《食品安全法》第二十九条规定:“国家对食品生产经营实行许可制度。从事食品生产、食品流通、餐饮服务,应当依法取得食品生产许可、食品流通许可、餐饮服务许可。”

“取得食品生产许可的食品生产者在其生产场所销售其生产的食品,不需要取得食品流通的许可;取得餐饮服务许可的餐饮服务提供者在其餐饮服务场所出售其制作加工的食品,不需要取得食品生产和流通的许可;农民个人销售其自产的食用农产品,不需要取得食品流通的许可。”

“食品生产加工小作坊和食品摊贩从事食品生产经营活动,应当符合本法规定的与其生产经营规模、条件相适应的食品安全要求,保证所生产经营的食品卫生、无毒、无害,有关部门应当对其加强监督管理,具体管理办法由省、自治区、直辖市人民代表大会常务委员会依照本法制定。”

第四十三条规定:“国家对食品添加剂的生产实行许可制度。申请食品添加剂生产许可的条件、程序,按照国家有关工业产品生产许可证管理的规定执行。”

2.产品质量监督抽查制度

国家对产品质量实行以抽查为主要方式的监督检查制度,对可能危及人体健康和人身、财产安全的产品,影响国计民生的中药工业产品以及消费者、有关组织反映有质量问题的产品进行抽查。监督抽查工作由国务院产品质量监督管理部门规划和组织。县级以上地方产品质量监督部门在本行政区域内也可以组织监督抽查。国家监督抽查的产品,地方不得另行重复抽查;上级监督抽查的产品,下级不得另行重复抽查。对依法进行的产品质量监督检查,生产者、销售者不得拒绝。国务院和省、自治区、直辖市人民政府的产品质量监督检查部门应当定期发布其监督抽查的产品的质量状况公告。

抽查的样品应当在市场上或者企业成品仓库内的待销产品中随机抽取,根据监督抽查的需要,可以对产品进行检验。检验抽取样品的数量不得超过检验的合理需要,并不得向被检查人收取检验费用。抽查的产品质量不合格的,由实施监督检查的产品质量监督部门责令其生产者、销售者限期改正。预期不改正的,由省级以上人民政府产品质量监督部门予以公告;公告后经复查仍不合格的，责令停业，限期整顿；整顿期满后经复查产品质量仍不合格的，吊销营业执照。

3.缺陷食品召回制度

食品召回制度是指食品的生产商、进口商或者经销商在获悉其生产、进口或经销的食品存在可能危害消费者健康、安全的缺陷时，依法向政府部门报告，及时通知消费者，并从市场和消费者手中收回问题产品，予以置换、赔偿的积极有效补救措施，以消除缺陷产品危害风险的制度。食品召回制度是食品监管中很重要的一环，也是食品监管中对发现问题食品的一个必要的处理环节。实施食品召回制度的目的就是及时收回缺陷食品，避免流入市场的缺陷食品对大众人身安全损害的发生或扩大，维护消费者的利益，这也直接影响到民众对食品监管体系的信任。

“食品生产者应当对召回的食品采取补救、无害化处理、销毁等措施，并将食品召回和处理情况向县级以上质量监督部门报告”。

“食品生产经营者未依照本条规定召回或者停止经营不符合食品安全标准的食品的，县级以上质量监督、工商行政管理、食品药品监督管理部门可以责令其召回或者停止经营。”

4.商品计量监督管理规定

为维护社会主义市场经济秩序，制止利用计量手段欺骗消费者的不法行为，保护消费者的合法权益，根据《中华人民共和国计量法》及实施细则的规定，国家质检总局于 1995 年 12 月 8 日颁布了《定量包装商品计量监督管理规定》，于 1996 年 1 月 1 日开始生效；《定量包装商品计量监督管理规定》的颁布，填补了我国定量包装商品计量监督管理法规上的空白，为各级质量技术监督部门开展工作提供了依据，有效地促进了我国定量包装商品计量工作的开展。

本规定的内容适应范围是以销售为目的、与消费者利益密切相关，在一定量限范围内具有统一的质量、体积、长度标注的预包装商品。

违反本规定的一些法律责任有：第十五条规定生产、经销定量包装商品没有按本规定正确、清晰地标注净含量的，责令予以改正；对于没有标注净含量的，限期改正；逾期不改正的，可处一千元以下罚款。第十六条规定生产、经销定量包装商品，按本规定第六条规定抽样方法检验，平均偏差或者单件定量包装商品超出计量负偏差件数违反第六条规定的，比照《中华人民共和国计量法实施细则》第五十一条给予行政处罚。

5.食品质量安全市场准入制度

食品质量安全市场准入制度是国家质检总局按照国务院批准的“三定”方案确定的职能，依据《产品质量法》、《标准化法》、《工业产品生产许可证试行条例》等法律、法规以及《国务院关于进一步加强产品质量工作若干问题的决定》的有关规定，为保证食品的质量安全，制定的对食品及其生产加工企业的监管制度，具备规定条件的生产才允许进行经营活动、具备规定条件的食品才允许生产销售。因此，实行食品质量安全市场准入制度是一种政府行为，是一项行政许可制度。

食品质量安全市场准入制度包括 3 项具体内容：

(1)对食品生产企业实施生产许可证制度，对于具备基本生产条件、能够保证食品质量安全的企业，发放《食品生产许可证》，准予生产获证范围内的产品；未取得《食品生产许可证》的企业不准生产食品。

(2)对企业生产的食品实施强制检验制度，未经检验或经检验不合格的食品不准出厂销售。

(3)对于实施食品生产许可证制度的产品实行市场准入标志制度，对检验合格的食品要加印(贴)市场准入标志(QS标志)，没有加贴QS标志的食品不准进入市场销售。

实行食品质量安全市场准入制度是提高食品质量、保证食品安全所采取的一项重要措施，是保证消费者安全健康的需要；是保证食品生产加工企业达到其生产食品安全的基本条件，强化食品生产法制管理的需要；是适应改革开放，创造良好经济运行环境的需要。

[练一练]

分组讨论我国的食品安全监督管理制度。

【导入案例评析】

食品药品监督管理局在执法检查中发现辖区内的一家餐饮店卫生不符合规范，应该依据《食品安全法》还是《产品质量法》来进行处理，这实际上是涉及法律法规的适用规则问题，即法律法规之间发生冲突时应如何选择适用法律法规。我国食品法律法规的适用规则主要有5个方面：①上位法优于下位法；②同位阶的食品法律法规具有同等法律效力，在各自权限范围内适用；③特别规定优于一般规定；④新的规定优于旧的规定；⑤不溯及既往原则。在本案例中餐饮店负责人说，所售的食品也是产品，应该按照产品质量法来进行处理是没有道理的，因为产品是一个广义的概念，所有销售的物品都可以称为产品，《产品质量法》属于“一般法”，而《食品安全法》是专门针对食品的法律，属于“特别规定”，按照食品法律法规“特别法优于一般法”的适用规则，不能按照《产品质量法》处理，必须按照《食品管理法》处理。

【本项目小结】

食品法的制定是指有权的国家机关依照法定的权限和程序，制定、认可、修改、补充或废止规范性食品相关法律文件的活动，又称为食品立法活动。食品立法活动必须遵循宪法的基本原则、依照法定的权限和程序、从国家整体利益出发，维护社会主义法制的统一和尊严、坚持民主立法、从实际出发、对人民健康高度负责、预防为主的原则。宪法是食品立法的法律依据，保护人体健康是食品立法的思想依据，食品科学是食品立法的自然科学依据，社会经济条件是食品立法的物质依据，食品政策是食品立法的政策依据。食品法律法规制定一般须遵循立项、起草、审查、决定、公布、修改等基本程序。食品法律法规的实施主要有食品法律法规的遵守和食品法律法规的适用两种方式，食品法律法规的适用范围是指食品法律法规的效力范围，它由食品法律法规的时间效力、空间效力和对人的效力3个部分组成。食品法律法规的适用规则主要有5个方面：①上位法优于下位法；②同位阶的食品法律法规具有同等法律效力，在各自权限范围内适用；③特别规定优于一般规定；④新的规定优于旧的规定；⑤不溯及既往原则。

食品行政执法是指国家食品行政机关、法律法规授权的组织依法执行适用法律，实现国家食品管理的活动。我国食品行政执法的主体主要有：①食品卫生行政部门；②食品安全监督管理部门；③食品质量技术监督检验部门；④工商行政管理部门；⑤法律、法规授权的其他组织；⑥联合执法主体。我国食品安全监督管理制度主要包括：①食品生产经营许可制度；②产品质量监督抽查制度；③缺陷食品召回制度；④商品计量监督管理规定；⑤食品质量安全市场准入制度。

【同步练习】

1. 简述食品法律法规制定的程序。
2. 简述食品法律法规在实施中的使用范围及适用原则。
3. 食品生产许可证与工业产品许可证有何区别?
4. 我国食品市场准入的主要内容是什么?简述食品质量安全市场准入标志的作用。
5. 食品安全监督管理制度主要包含哪些内容?

项目五

中国食品法律法规体系

【学习目标】

知识目标

1. 了解产品质量法、食品安全法等相关法律的基本内容；
2. 掌握产品质量监督抽查制度、食品卫生监督管理制度、商品计量监督管理制度；
3. 掌握产品质量仲裁检验管理办法、食品质量检测实验室计量认证规定等规定。

技能目标

1. 掌握违反食品法规事件的处罚方法和处罚程序；
2. 学会依法处理食品违法事件。

【导入实例】

2002年10月，上海一对外贸易有限公司(简称外贸公司)代理浙江某花卉种苗发展有限公司(简称货主公司)从台湾地区进口的1批蝴蝶兰小苗，于10月29日向上海检验检疫局某分支机构申报，查验时发现单证中缺少引进植物种苗的检疫审批单及相应的备案材料，即要求报检人补充提供。11月1日，报检人补充提供了1份盖有浙江省林业种苗管理总站印章及检疫员吴某签名的《引进林业种子、种苗和其他繁殖材料检疫审批单》。检验检疫人员发现外贸公司提供的检疫审批单有伪造嫌疑，该分支机构随即立案调查。发现并确认货主公司提供的检疫审批单为无效单证；外贸公司提供的该批种苗的植物介质(苔藓)《进境动植物检疫许可证》也与货物实际情况不相符合。

任务一　中国食品法律

[任务目标]

掌握中国食品法律的基本内容。

[技能训练]

训练学生运用食品法律解决实际问题。

[知识链接]

一、产品质量法

(一)《产品质量法》的概念

《产品质量法》是指调整产品的生产者、销售者、用户及消费者以及政府有关行政管理部门之间,因产品质量问题而形成的权利义务关系的法律规范的总称。产品质量法调整的社会关系主要有两方面:一是在国家对企业的产品质量进行监督管理过程中所产生的产品质量管理关系;二是产品的生产者、销售者与产品的用户和消费者之间因产品不合格或者产品缺陷而产生的产品质量责任关系。

1993 年 2 月 22 日,第七届全国人大常委会第三十次会议审议、通过了《中华人民共和国产品质量法》,该法于 1993 年 9 月 1 日起施行。2000 年 7 月 8 日,第九届全国人大常委会第十六次会议通过《关于修改产品质量法的决定》,修改后的《产品质量法》自 2000 年 9 月 1 日起施行。《产品质量法》的内容包括总则、产品质量的监督管理、生产者和销售者的产品质量责任和义务、损害赔偿、罚则、附则等。广义的《产品质量法》还包括其他法律、行政法规中有关产品质量的法律规范。

(二)产品质量监督管理

1.产品质量监督管理的含义

产品质量监督管理是指国家产品质量管理机关依法对产品质量进行监督、检查、管理活动,社会各界对产品质量的监督活动,以及产品生产者、销售者按照产品质量法要求进行产品的生产和经营活动的总和。对企业来说,产品质量监督管理是外部监督管理和内部监督管理的结合。

2.产品质量监督管理主体

(1)国家产品质量监督管理机关　我国实行统一管理、分工负责的产品质量监督管理体制。国务院产品质量监督管理部门(质量监督检验检疫总局)主管全国产品质量监督工作,县级以上地方各级人民政府管理产品质量工作的部门主管本行政区域内的产品质量监督管理工作;产品质量法规定,县级以上地方各级人民政府有关部门在各自的职责范围内负责产品质量监督管理工作。一般来说,主要包括工商行政管理机关、企业的主管机关、行业主管机关,有权在各自的职责范围内对企业产品质量进行监督管理。

(2)社会对产品质量的监督　社会对产品质量的监督管理包括社会团体(如质量协会、企业管理协会、用户委员会等)、消费者(包括消费者协会)、新闻舆论等方面的监督。其中,从事产品质量检验、认证的社会中介机构必须依法设立,不得与行政机关和其他国家机关存在隶属关系或者其他利益关系。产品质量检验机构、认证机构必须依法按照有关标准,客观、公正地出具检验结果或者认证证明。

《产品质量法》规定,消费者有权就产品质量问题,向产品生产者、销售者查询;向产品质量监督管理部门、工商行政管理部门及有关部门申诉，接受申诉的部门应当负责处理；保护消费者权益的社会组织可以就消费者反映的产品质量问题建议有关部门负责处理，支持消费者对产品质量造成的损害向人民法院起诉。

(3)生产者、销售者的自律管理　生产者、销售者应当重视企业的产品质量，维护企业信誉。生产者、销售者应当建立健全内部产品质量管理制度，严格实施岗位质量规范、质量责任以及相应的考核办法。

(三)产品质量监督管理制度

1.标准化管理制度

《产品质量法》规定，产品质量应当检验合格，不得以不合格产品冒充合格产品。可能危及人体健康和人身、财产安全的工业产品，必须符合保障人体健康，人身、财产安全的国家标准、行业标准；未规定国家标准、行业标准的，必须符合保障人体健康，人身、财产安全的要求。禁止生产、销售不符合保障人体健康和人身、财产安全的标准和要求的工业产品。

2.企业质量体系认证制度

企业质量体系认证制度是一种对产品质量进行科学管理的制度。它通过一定的方法和程序，把企业的质量保证工作加以标准化和制度化，以达到保证产品质量的目标。质量保证体系由国际标准化组织提出，在国际上已被广泛接受，如国际标准化组织的 ISO 9000 系列国际标准等，具有世界公认的通向国际市场的“通行证”性质。经认证，可以提高企业信誉，增强市场竞争力。

《产品质量法》规定，国家根据国际通行的质量管理标准，推行企业质量体系认证制度。企业可以向国务院产品质量监督管理部门或者国务院产品质量监督管理部门授权的部门认可的认证机构申请企业质量体系认证。经认证合格者，由认证机构颁发企业质量体系认证证书。

3.产品质量认证制度

产品质量认证制度是指用合格证书或合格标准证明某一产品或服务符合特定标准或其他技术规范的活动。企业根据自愿原则，可以向国务院产品质量监督管理部门或者国务院产品质量监督管理部门授权的部门认可的认证机构申请产品质量认证。经认证合格者，由认证机构颁发产品质量体系认证证书。准许企业在产品或者其包装上使用产品质量认证标志。

(四)生产者、销售者的产品质量责任和义务

1.生产者、销售者的产品质量责任和义务的含义

生产者、销售者的产品质量责任和义务，是指根据《产品质量法》规定，在产品生产和销售过程中应当履行的保证产品质量的法定责任和义务。

《产品质量法》对生产者、销售者的产品质量责任和义务规定主要有两类，即积极责任和消极责任，或者称作为义务和不作为义务，前者要求做出一定的行为，而后者则禁止特定的行为。由于许多产品质量问题源于产品设计、制造缺陷或者产品质量本身缺陷，因此，《产品质量法》对生产者、销售者的产品质量责任和义务做了规定。

2.生产者的产品质量责任和义务

(1) 生产者应当对其生产的产品质量负责。

(2) 产品及其包装上的标识必须真实。产品包装上的标示内容：产品质量检验合格证，中

文标明的产品名称、生产厂厂名和厂址，产品的特点和使用要求，生产日期和安全使用期或者失效日期，中文警示说明。

(3) 不得违反法律规定的禁止性规定。不得生产国家明令淘汰的产品；不得伪造产地，伪造或者冒用他人的厂名、厂址；不得伪造或者冒用认证标志、名优标志等质量标志；生产产品不得掺杂、掺假、以假充真、以次充好。

3.销售者的产品质量责任和义务

(1)执行进货检查验收制度，保持销售产品的质量。

(2)执行产品质量标示制度。

(3)不得违反法律规定的禁止性规定。

①不得销售国家明令淘汰并停止销售的产品和失效、变质的产品；

②不得伪造产品、伪造或者冒用他人的厂名、厂址；

③不得伪造或者冒用认证标志、名优标志等质量标志；

④销售产品，不能掺杂、掺假、不得以假充真，不得以不合格产品冒充合格产品。

二、食品安全法

(一)《食品安全法》的概念

《中华人民共和国食品安全法》(以下简称《食品安全法》)是关于食品安全的内容、标准、管理、监督和实施的法律规范。食品安全法所调整的对象是国家食品卫生行政机关在食品卫生管理过程中所发生的社会关系。食品安全法规定了国家的食品卫生管理体制、原则、食品卫生监督、管理机构的设置、人员任命和使用，这些机构及其人员从事食品卫生工作中的权利、义务，与食品卫生有关行业的生产经营管理机构和人员的权利、义务。《食品安全法》将国家有关食品安全的方针、政策和行之有效的经验，以法律的形式确定下来，使各有关方面有共同遵循的依据，使食品卫生置于国家和群众的严格监督之下，以保障人民的饮食安全和身体健康。

《食品安全法》的发展可以追溯到1965年国务院颁发的《中华人民共和国食品卫生管理试行条例》，1979年修订成正式条例，1983年正式成为《中华人民共和国食品卫生法试行法》，并正式实施，于1995年10月30日由第八届全国人大常委会第十次会议通过，并予以公布、施行。《食品安全法》是在总结试行的《食品卫生法》的基础上，针对当前我国食品市场出现的影响《食品安全法》的新情况、新问题制定的，旨在加强食品卫生监督管理，规范食品生产活动的重要法律。本法吸收了试行法实施的经验，保留了其中行之有效的条款，同时针对新情况做了必要的修改和补充，使我国食品卫生法律制度更加完善。《食品安全法》是我国批准实施的第一部卫生法范畴的正式法律。它的颁布实施，标志着我国食品安全管理工作正式纳入法制轨道，是我国社会主义卫生法制建设的重大发展。

(二)《食品安全法》的基本内容

《食品安全法》共十章一百零四条；分别对食品安全风险监测和评估、食品安全标准、食品生产经营等内容进行法律上的规定。

1.食品生产要求

(1)具有与生产经营的食品品种、数量相适应的食品原料处理和食品加工、包装、贮存等场所,保持该场所环境整洁,并与有毒、有害场所以及其他污染源保持规定的距离。

(2)具有与生产经营的食品品种、数量相适应的生产经营设备或者设施,有相应的消毒、更衣、盥洗、采光、照明、通风、防腐、防尘、防蝇、防鼠、防虫、洗涤以及处理废水、存放垃圾和废弃物的设备或者设施。

(3)有食品安全专业技术人员、管理人员和保证食品安全的规章制度。

(4)具有合理的设备布局和工艺流程,防止待加工食品与直接入口食品、原料与成品交叉污染,避免食品接触有毒物、不洁物。

(5)餐具、饮具和盛放直接入口食品的容器,使用前应当洗净、消毒,炊具、用具用后应当洗净,保持清洁。

(6)贮存、运输和装卸食品的容器、工具和设备应当安全、无害,保持清洁,防止食品污染,并符合保证食品安全所需的温度等特殊要求,不得将食品与有毒、有害物品一同运输。

(7)直接入口的食品应当有小包装或者使用无毒、清洁的包装材料、餐具。

(8)食品生产经营人员应当保持个人卫生,生产经营食品时,应当将手洗净,穿戴清洁的工作衣、帽;销售无包装的直接入口食品时,应当使用无毒、清洁的售货工具。

(9)用水应当符合国家规定的生活饮用水卫生标准。

(10)使用的洗涤剂、消毒剂应当对人体安全、无害。

(11)法律、法规规定的其他要求。

2.食品用具、用品要求

(1)食品容器、包装材料、工具、设备的卫生 《食品安全法》第2条分别规定了食品容器、包装材料和食品用工具、设备的原材料的卫生要求。

(2)用于清洗食品和食品用工具、设备的洗涤剂和消毒剂的卫生 《食品安全法》第2条明确规定了用于清洗食品和食品用工具、设备的洗涤剂、消毒剂的卫生标准、卫生要求和审批程序。

3.食品经营管理要求

禁止经营下列商品:

(1)用非食品原料生产的食品或者添加食品添加剂以外的化学物质和其他可能危害人体健康物质的食品,或者用回收食品作为原料生产的食品。

(2)致病性微生物、农药残留、兽药残留、重金属、污染物质以及其他危害人体健康的物质含量超过食品安全标准限量的食品。

(3)营养成分不符合食品安全标准的专供婴幼儿和其他特定人群的主辅食品。

(4)腐败变质、油脂酸败、霉变生虫、污秽不洁、混有异物、掺假掺杂或者感官性状异常的食品。

(5)病死、毒死或者死因不明的禽、畜、兽、水产动物肉类及其制品。

(6)未经动物卫生监督机构检疫或者检疫不合格的肉类,或者未经检验或者检验不合格的肉类制品。

(7)被包装材料、容器、运输工具等污染的食品。

(8)超过保质期的食品。

(9)无标签的预包装食品。

(10)国家为防病等特殊需要明令禁止生产经营的食品。

(11)其他不符合食品安全标准或者要求的食品。

4.食品安全标准内容的要求

食品安全标准应当包括下列内容：

(1)食品、食品相关产品中的致病性微生物、农药残留、兽药残留、重金属、污染物质以及其他危害人体健康物质的限量规定。

(2)食品添加剂的品种、使用范围、用量。

(3)专供婴幼儿和其他特定人群的主辅食品的营养成分要求。

(4)对与食品安全、营养有关的标签、标识、说明书的要求。

(5)食品生产经营过程的卫生要求。

(6)与食品安全有关的质量要求。

(7)食品检验方法与规程。

(8)其他需要制定为食品安全标准的内容。

三、农产品质量安全法

(一)《农产品质量安全法》的颁布及意义

《中华人民共和国农产品质量安全法》已由中华人民共和国第十届全国人民代表大会常务委员会第二十一次会议于2006年4月29日通过，自2006年11月1日起施行。

《农产品质量安全法》的重要意义有：

(1)农产品质量安全法是提高我国农产品质量的需要　改革开放以来，我国的农产品质量有了很大程度的提高。但是产品质量差、农药残留、兽药残留等仍是我国农产品质量不高、缺乏国际竞争力的一个突出问题。

(2)农产品质量安全立法是规范社会经济秩序的需要　市场经济要求有完善的法制加以规范和保证。农产品质量安全立法就是要禁止各种不正当的竞争行为，规范社会经济秩序，保护公平竞争。

(3)农产品质量安全立法是保护消费者合法权益的需要　农产品质量安全立法明确了农产品质量安全责任，规定了民事赔偿，提供法律保障。消费者可以运用法律武器，维护自身的合法权益。

(4)农产品质量安全立法是建立和完善我国农产品质量法制的需要　完善的法制是社会主义市场经济体制完善、社会发展成熟的标志，为了适应社会主义市场经济发展的需要，国家需要建立健全农产品质量安全的法规体系。

(二)《农产品质量安全法》的基本内容

《农产品质量安全法》共八章五十六条，分别对农产品的概念、农产品质量安全标准、农产品产地、农产品生产、农产品包装和标识、农产品监督检查等进行法律上的规定。

1.农产品质量安全标准

(1)国家建立健全农产品质量安全标准体系。农产品质量安全标准是强制性的技术规范。农产品质量安全标准的制定和发布,依照有关法律、行政法规的规定执行。

(2)制定农产品质量安全标准应当充分考虑农产品质量安全风险评估结果,并听取农产品生产者、销售者和消费者的意见,保障消费安全。

(3)农产品质量安全标准应当根据科学技术发展水平以及农产品质量安全的需要,及时修订。

(4)农产品质量安全标准由农业行政主管部门商有关部门组织实施。

2.农产品产地

(1)县级以上地方人民政府农业行政主管部门按照保障农产品质量安全的要求,根据农产品品种特性和生产区域大气、土壤、水体中有毒有害物质状况等因素,认为不适宜特定农产品生产的,提出禁止生产的区域,报本级人民政府批准后公布。具体办法由国务院农业行政主管部门商国务院环境保护行政主管部门制定。

农产品禁止生产区域的调整,依照前款规定的程序办理。

(2)县级以上人民政府应当采取措施,加强农产品基地建设,改善农产品的生产条件。

县级以上人民政府农业行政主管部门应当采取措施,推进保障农产品质量安全的标准化生产综合示范区、示范农场、养殖小区和无规定动植物疫病区的建设。

(3)禁止在有毒有害物质超过规定标准的区域生产、捕捞、采集食用农产品和建立农产品生产基地。

(4)禁止违反法律、法规的规定向农产品产地排放或者倾倒废水、废气、固体废物或者其他有毒有害物质。

农业生产用水和用作肥料的固体废物,应当符合国家规定的标准。

(5)农产品生产者应当合理使用化肥、农药、兽药、农用薄膜等化工产品,防止对农产品产地造成污染。

3.农产品生产

(1)国务院农业行政主管部门和省、自治区、直辖市人民政府农业行政主管部门应当制定保障农产品质量安全的生产技术要求和操作规程。县级以上人民政府农业行政主管部门应当加强对农产品生产的指导。

(2)对可能影响农产品质量安全的农药、兽药、饲料和饲料添加剂、肥料、兽医器械,依照有关法律、行政法规的规定实行许可制度。

国务院农业行政主管部门和省、自治区、直辖市人民政府农业行政主管部门应当定期对可能危及农产品质量安全的农药、兽药、饲料和饲料添加剂、肥料等农业投入品进行监督抽查,并公布抽查结果。

(3)县级以上人民政府农业行政主管部门应当加强对农业投入品使用的管理和指导,建立健全农业投入品的安全使用制度。

(4)农业科研教育机构和农业技术推广机构应当加强对农产品生产者质量安全知识和技能的培训。

(5)农产品生产企业和农民专业合作经济组织应当建立农产品生产记录,如实记载下列事项:①使用农业投入品的名称、来源、用法、用量和使用、停用的日期;②动物疫病、植物病虫草害的发生和防治情况；③收获、屠宰或者捕捞的日期。

农产品生产记录应当保存二年。禁止伪造农产品生产记录。

国家鼓励其他农产品生产者建立农产品生产记录。

(6)农产品生产者应当按照法律、行政法规和国务院农业行政主管部门的规定，合理使用农业投入品，严格执行农业投入品使用安全间隔期或者休药期的规定，防止危及农产品质量安全。

禁止在农产品生产过程中使用国家明令禁止使用的农业投入品。

(7)农产品生产企业和农民专业合作经济组织，应当自行或者委托检测机构对农产品质量安全状况进行检测；经检测不符合农产品质量安全标准的农产品，不得销售。

(8)农民专业合作经济组织和农产品行业协会对其成员应当及时提供生产技术服务，建立农产品质量安全管理制度，健全农产品质量安全控制体系，加强自律管理。

4.农产品包装和标识

(1)农产品生产企业、农民专业合作经济组织以及从事农产品收购的单位或者个人销售的农产品，按照规定应当包装或者附加标识的，须经包装或者附加标识后方可销售。包装物或者标识上应当按照规定标明产品的品名、产地、生产者、生产日期、保质期、产品质量等级等内容；使用添加剂的，还应当按照规定标明添加剂的名称。具体办法由国务院农业行政主管部门制定。

(2)农产品在包装、保鲜、贮存、运输中所使用的保鲜剂、防腐剂、添加剂等材料，应当符合国家有关强制性的技术规范。

(3)属于农业转基因生物的农产品，应当按照农业转基因生物安全管理的有关规定进行标识。

(4)依法需要实施检疫的动植物及其产品，应当附具检疫合格标志、检疫合格证明。

(5)销售的农产品必须符合农产品质量安全标准，生产者可以申请使用无公害农产品标志。农产品质量符合国家规定的有关优质农产品标准的，生产者可以申请使用相应的农产品质量标志。

禁止冒用前款规定的农产品质量标志。

5.农产品监督检查

(1)有下列情形之一的农产品，不得销售：

①含有国家禁止使用的农药、兽药或者其他化学物质的；

②农药、兽药等化学物质残留或者含有的重金属等有毒有害物质不符合农产品质量安全标准的；

③含有的致病性寄生虫、微生物或者生物毒素不符合农产品质量安全标准的；

④使用的保鲜剂、防腐剂、添加剂等材料不符合国家有关强制性的技术规范的；

⑤其他不符合农产品质量安全标准的。

(2)国家建立农产品质量安全监测制度。县级以上人民政府农业行政主管部门应当按照保障农产品质量安全的要求，制定并组织实施农产品质量安全监测计划，对生产中或者市场上销售的农产品进行监督抽查。监督抽查结果由国务院农业行政主管部门或者省、自治区、直辖市人民政府农业行政主管部门按照权限予以公布。

监督抽查检测应当委托符合本法第三十五条规定条件的农产品质量安全检测机构进行，

不得向被抽查人收取费用，抽取的样品不得超过国务院农业行政主管部门规定的数量。上级农业行政主管部门监督抽查的农产品，下级农业行政主管部门不得另行重复抽查。

(3)农产品质量安全检测应当充分利用现有的符合条件的检测机构。

从事农产品质量安全检测的机构，必须具备相应的检测条件和能力，由省级以上人民政府农业行政主管部门或者其授权的部门考核合格。具体办法由国务院农业行政主管部门制定。

农产品质量安全检测机构应当依法经计量认证合格。

(4)农产品生产者、销售者对监督抽查检测结果有异议的，可以自收到检测结果之日起五日内，向组织实施农产品质量安全监督抽查的农业行政主管部门或者其上级农业行政主管部门申请复检。

采用国务院农业行政主管部门会同有关部门认定的快速检测方法进行农产品质量安全监督抽查检测，被抽查人对检测结果有异议的，可以自收到检测结果时起 4 小时内申请复检。复检不得采用快速检测方法。

因检测结果错误给当事人造成损害的，依法承担赔偿责任。

(5)农产品批发市场应当设立或者委托农产品质量安全检测机构，对进场销售的农产品质量安全状况进行抽查检测；发现不符合农产品质量安全标准的，应当要求销售者立即停止销售，并向农业行政主管部门报告。

农产品销售企业对其销售的农产品，应当建立健全进货检查验收制度；经查验不符合农产品质量安全标准的，不得销售。

(6)国家鼓励单位和个人对农产品质量安全进行社会监督。任何单位和个人都有权对违反本法的行为进行检举、揭发和控告。有关部门收到相关的检举、揭发和控告后，应当及时处理。

(7)县级以上人民政府农业行政主管部门在农产品质量安全监督检查中，可以对生产、销售的农产品进行现场检查，调查了解农产品质量安全的有关情况，查阅、复制与农产品质量安全有关的记录和其他资料；对经检测不符合农产品质量安全标准的农产品，有权查封、扣押。

(8)发生农产品质量安全事故时，有关单位和个人应当采取控制措施，及时向所在地乡级人民政府和县级人民政府农业行政主管部门报告；收到报告的机关应当及时处理并报上一级人民政府和有关部门。发生重大农产品质量安全事故时，农业行政主管部门应当及时通报同级食品药品监督管理部门。

(9)县级以上人民政府农业行政主管部门在农产品质量安全监督管理中，发现有本法第三十三条所列情形之一的农产品，应当按照农产品质量安全责任追究制度的要求，查明责任人，依法予以处理或者提出处理建议。

(10)进口的农产品必须按照国家规定的农产品质量安全标准进行检验；尚未制定有关农产品质量安全标准的，应当依法及时制定，未制定之前，可以参照国家有关部门指定的国外有关标准进行检验。

四、商标法

(一)《商标法》的概念

《商标法》是指在调整确认、保护商标专有权和商标使用过程中发生的社会关系的法律规范的总称。

为了加强商标管理,保护商标专有权,促使生产者保证商品质量和维护商标信誉,以保障消费者的利益,促进社会主义商品经济的发展,1982 年 8 月 23 日,第五届全国人民代表大会常务委员会第二十四次会议审议、通过了《中华人民共和国商标法》,1983 年 3 月 1 日起施行。1993 年 2 月 2 日第七届全国人民代表大会常务委员会第三十次会议对《商标法》进行了修改。与《商标法》配套的法规主要有国务院颁布的《商标法实施细则》。为完善我国商标专用权保护制度,适应我国加入 WTO(世贸组织)的需要,第九届全国人大常委会第二十四次会议于 2001 年 10 月 27 日通过了"全国人民代表大会常务委员会关于修改《中华人民共和国商标法》的决定",该决定自 2001 年 12 月 1 日起施行。与修改后的《商标法》相配套,2002 年 3 月 8 日,国务院发布第 358 号令,公布《中华人民共和国商标法实施条例》,该条例自 2002 年 9 月 15 日起施行,其主要内容包括:商标注册的申请、商标注册的审查和核准、注册商标的续展、转让和使用许可、注册商标争议的裁定、商标使用的管理、注册商标专用权的保护等。

(二)商标权的主体、客体和内容

1. 商标权的主体

商标权的主体是指有权申请商标注册并依法取得商标所有权的自然人、法人或其他组织。《商标法》第 4 条规定,自然人、法人或其他组织对其生产、制造、加工、拣选或者经销的商品,需要取得商标专用权的,应当向商标局申请商标注册。

另外,外国人或外国企业在中国申请商标注册的,应按其所属国和我国签订的协议或共同参加的国际条约办理,或者按对等原则办理。

2. 商标权的客体

商标权的客体,在我国是指经过国家商标局核准注册的商标,即注册商标。申请商标注册的商标必须符合以下条件:

(1)商标使用的文字、图形、字母、数字、三维标志和颜色组合,应当有显著特征,便于识别。

(2)下列标记不得作为商标使用(即商标禁用标志) 同中华人民共和国国家名称、国旗、国徽、军旗、勋章相同或者近似的,以及同中央国家机关所在地特定地点的名称或者标志性建筑物的名称、图形相同的;同外国的国家名称、国旗、国徽、军旗、相同或者近似的,但该政府同意的除外;同政府间国际组织的旗帜、徽记、名称相同或者近似的,但经该组织同意或不易误导公众的除外;与表示实施控制、予以保证的官方标志、检验印记相同或近似的,但经授权的除外;同"红十字"、"红新月"的标记、名称相同或相近似的;带有民族歧视性的;夸大宣传并带有欺骗性的;有害于社会主义道德风尚或者有其他不良影响的。另外,县级以上行政区划的地名或者公众知晓的外国地名,不得作为商标。但是,地名具有其他含义或作为集体商标、证明商标组成部分的除外;已经注册的使用地名的商标继续有效。

(3)商标权的内容,即商标法律关系的权利和义务。商标权人的主要权利:商标专用权、转让权、许可权、禁用权和收益权。

3. 商标权人的主要义务

(1)使用注册商标的义务　使用注册商标的,应当标明“注册商标”或者注册标记。商标注册后必须使用,连续3年停止使用的注册商标,任何人都可以向商标局申请予以撤销。

(2)确保商品质量的义务　商标注册人、受让人、被许可使用人应当保证注册商标的商品质量,不得粗制滥造,以次充好,欺骗消费者。

(3)交纳规费的义务　商标权人按规定在申请商标注册和办理其他商标事宜时,缴纳费用,否则,商标局不予注册。

(4)其他义务　商标权人负有遵守商标管理规定的义务,如不得自行改变注册商标、注册事项,不得自行转让注册商标的义务等。

4. 商标权的期限和续展

我国注册商标的有效期为10年,自核准注册之日起计算。注册商标期限届满,需要继续使用的,可以申请续展,且次数不受限制,每次续展注册的有效期为10年。

(三)商标使用管理和已注册商标发生争议的处理

1. 商标使用管理

(1)对注册商标的使用管理　国家规定必须使用商标注册的商品,未经核准注册,在市场上销售的,由工商行政管理部门责令限期申请注册,可以并处罚款。还规定了撤销注册商标的一些违规行为。

(2)对未注册商标的管理　使用未注册商标,由工商行政管理部门予以制止,限期改正,并可以予以通报或者处以罚款。

(3)对商标局撤销注册商标的决定　当事人不服商标局撤销注册商标的决定,可以在收到通知后15天内申请复审,由商标评审委员会做出决定,并书面通知申请人;对工商行政管理部门做出的罚款决定,当事人不服的,可以在收到通知后15天内,向人民法院起诉。期满不起诉又不履行的,由有关工商行政管理部门申请人民法院强制执行。

2. 对已经注册的商标发生争议时的处理

违反有关商标禁用标志规定或者是以欺骗手段或者其他不正当手段取得注册的商标,由商标局撤销该注册商标;其他单位或者个人可以请求商标评审委员会裁定撤销该注册商标。

除上述情形外,对已经注册的商标有争议的,可以在该商标经核准注册之日起一年内,向商标评审委员会申请裁定。

3. 注册商标专用权的保护

(1)商标权的保护范围　注册商标的专用权,以核准注册的商标和核定使用的商品为限。

(2)商标侵权行为　根据《商标法》第五十二条规定侵犯注册商标专用的行为。

(3)对商标侵权行为的处理　工商行政管理部门有权责令侵权人立即停止侵权行为,没收、销毁侵权商品和专门用于制造侵权商品、伪造注册商标标识的工具,并处以罚款。对侵犯注册商标专用权的,被侵权人也可以直接向人民法院起诉。制止侵权行为;假冒注册商标等行为,构成犯罪的,除赔偿损失外被侵权机关可依法追究刑事责任。

五、计量法

1.《计量法》的概念

《计量法》是1985年9月6日经第六届全国人民代表大会常务委员会第十二次会议通过，自1986年7月1日起正式施行。计量工作是经济建设中一项重要的技术基础，包括的内容相当广泛，涉及工农业生产、国防建设、科学实验、国内外贸易以及人民的生活、健康、安全等各个方面。经济越发展，越需要加强计量工作，加强计量法制监督，所以计量立法的宗旨，主要是为了加强计量监督管理，健全计量法制，解决国家计量单位制的统一和全国量值的准确可靠问题，《计量法》中的各项规定都围绕着这两个核心问题。但是《计量法》的最终目的，还是为了促进科学技术和国民经济的发展，保护消费者免受不准确或不诚实测量所造成的危害，保护国家权益不受侵犯。《计量法》的第二条中做了明确规定，即在中华人民共和国境内，所有国家机关、社会团体、中国人民解放军、企事业单位和个人，凡是建立计量基准、计量标准，进行计量检定，制造、修理、销售、进口、使用计量器具，以及《计量法》有关条款中规定的使用计量单位，开展计量认证，实施仲裁检定和调解计量纠纷，进行计量监督管理所发生的各种法律关系，都必须遵守《计量法》的规定。

2.计量法规主要内容

计量法规是指以《计量法》为母法及其从属于《计量法》的若干法规、规章所构成的有机联系的整体。计量法规体系主要包括以下3个方面的内容:第一是法律，即《计量法》;第二是法规，包括国务院依据《计量法》制定或批准的计量行政法规，如《计量法实施细则》。《计量监督管理条例》、《进口计量器具监督管理办法》等，迄今共有8件。其次还包括部分省、自治区、直辖市人大或常委会制定的地方性计量法规;第三是规章和规范性文件。包括国家技术监督局制定的有关计量的部门规章，如《计量法条文解释》、《计量基准管理办法》、《计量标准考核办法》、《修理计量器具许可监督管理办法》、《计量器具新产品管理办法》、《计量认证评审规范》等，迄今共有30多件。其次还包括国务院有关部门制定的计量管理办法，如《国家海洋局计量监督办法》等。此外，市县级以上地方人民政府及计量行政部门制定的地方计量管理规范性文件。

以上3个方面的计量法律、法规、规章及规范性文件，构成了我国计量法规体系，这些法规体系中的法律、法规和规章具有不同的层级效力，其中《计量法》是具有最高效力的。计量法律法规包括《计量法》，8个计量行政法规，22个计量部门规章，23个地方性计量法规，7个地方性计量规章。一些专业法规也对有关计量工作做出了规范。

六、进出口商品检验法

(一)《进出口商品检验法》的概念

1989年2月，第七届全国人大常委会第六次会议审议通过了《中华人民共和国进出口商品检验法》(以下简称《商检法》)，《中华人民共和国进出口商品检验法修正案》已于2002年4月28日经第九届全国人大常委会第二十七次会议审议通过，于2002年10月1日起正式施行。《商检法》规定了商品检验的宗旨是确保进出口商品质量，促进对外贸易的发展。它以法律的形式明确了：商检机构对进出口商品实施法定检验，办理进出口商品鉴定业务以及监督管理进出口商品检验工作等基本职责。《商检法》同时规定了法定检验的内容、标准，以及质量认证、质量许可、认可国内外检验机构等监管制度，并规定了相应的法律责任。

《商检法》实施后，国务院制定了《中华人民共和国进出口商品检验法实施条例》（以下简称《商检法实施条例》）。《商检法实施条例》经国务院批准，于 2005 年 12 月开始施行。《商检法实施条例》作为《商检法》的配套法规，具体规定了商检部门主管进出口商品检验工作的法律地位，规定了法定检验、鉴定业务的范围、监督管理的各项制度。并在符合《商检法》基本原则的基础上规定了商检部门可以制定行业标准、开展外商投资财产鉴定、质量体系评审等业务。《商检法》以及《商检法实施条例》的发布施行，对于进一步加强进出口商品检验把关，维护国家利益和信誉，促进外贸发展具有重大的作用。

(二)《进出口商品检验法》的内容

1. 进出口商品检验管理机构

国务院设立进出口商品检验部门（以下简称国家商检部门），主管全国进出口商品检验工作。国家商检部门设在各地的进出口商品检验机构（以下简称商检机构）管理所辖地区的进出口商品检验工作。

2. 商品检验管理的内容

(1)进口商品检验　列入《种类表》的进出口商品和其他法律、行政法规规定须经商检机构检验的进出口商品，必须经过商检机构或者国家商检部门、商检机构指定的检验机构检验。前款规定的进口商品未经检验的，不准销售、使用；前款规定的出口商品未经检验合格的，不准出口。

(2)出口商品检验　对装运出口易腐烂变质食品的船舱和集装箱，承运人或者装箱单位必须在装货前申请检验。未经检验合格的，不准装运。

(3)公证鉴定　商检机构和其指定的检验机构以及经国家商检部门批准的其他检验机构，可以接受对外贸易关系人或者外国检验机构的委托，办理进出口商品鉴定业务。进出口商品鉴定业务的范围包括：进出口商品的质量、数量、重量、包装鉴定，海损鉴定，集装箱检验，进口商品的残损鉴定，出口商品的装运技术条件鉴定、货载衡量、产地证明、价值证明以及其他业务。

3. 商品检验管理的方法

①法定检验、地方性法定检验和自行检验；②报验、检验与出证；③公证鉴定申请与鉴定证书；④派员驻厂；⑤处罚。

(三)《进出口商品检验法》的法律责任

(1)《商检机构实施检验的进出口商品类表》中的商品必须经商检机构检验的进口商品未报经检验而擅自销售或者使用的，出口商品未报经检验合格而擅自出口的，由商检机构处以罚款；情节严重，造成重大经济损失的，对直接责任人员比照刑法第一百八十七条的规定追究刑事责任。

(2)第二十九条规定国家商检部门、商检机构的工作人员和国家商检部门、商检机构指定的检验机构的检验人员，滥用职权，徇私舞弊，伪造检验结果的，或者玩忽职守，延误检验出证的，根据情节轻重，给予行政处分或者依法追究刑事责任。

七、进出境动植物检疫法

(一)《进出境动植物检疫法》的概念

《中华人民共和国进出境动植物检疫法》(以下简称《动植物检疫法》)于 1991 年经第七届全国人大常委会第二十二次会议审议通过，正式对外发布施行。

《动植物检疫法》是中国颁布的第一部动植物检疫法律，是中国动植物检疫史上一个重要的里程碑，它以法律的形式明确了动植物检疫的宗旨、性质、任务，为口岸动植物检疫工作提供了法律依据和保证。它的颁布实施，扩大了中国动植物检疫在国际上的影响，标志着中国动植物检疫事业进入一个新的发展时期。

1996 年 12 月，国务院颁布《动植物检疫法实施条例》，细化了动植物检疫法中的原则规定，如进一步明确了进出境动植物检疫的范围，确定了国家动植物检疫机关的职能，完善了检疫审批程序和检疫监督制度，进一步规范了实施行政处罚的规则和尺度。

《动植物检疫法》及其《实施条例》颁布施行后，农业部、国家动植物检疫局根据工作的需要，先后制定了一系列配套规章及规范性文件。如《进境动物一二类传染病、寄生虫病名录》、《禁止携带、邮寄进境的动物、动物产品和其他检疫物名录》、《进境植物检疫危险性病、虫、杂草名录》、《进境植物检疫禁止进境物名录》等。这些规章及规范性文件的执行，对于实现进出境动植物检疫“把关、服务、促进”的宗旨发挥了重要的作用。

(二)《进出境动植物检疫法》的内容

《进出境动植物检疫法》共八章五十条，主要内容有：

(1)总则　进出境的动植物、动植物产品和其他检疫物，装载动植物、动植物产品和其他检疫物的装载容器、包装物，以及来自动植物疫区的运输工具，依法实施检疫；禁止下列各物进境：动植物病原体(包括菌种、毒种等)、害虫及其他有害生物；动植物疫情流行的国家和地区的有关动植物、动植物产品和其他检疫物；动物尸体；国务院农业行政主管部门主管全国进出境动植物检疫工作；口岸动植物检疫机关实施检疫的职责等。

(2)进境检疫　输入动物、动物产品、植物种子、种苗、其他繁殖材料及部分粮食类必须提出申请，办理检疫审批手续，应当在进境口岸实施检疫；未经口岸动植物检疫机关同意，不得卸离运输工具；输入动植物、动植物产品和其他检疫物，经检疫合格的，准予进境；输入动植物、动植物产品和其他检疫物，需调离海关监管区检疫的，海关凭口岸动植物检疫机关签发的《检疫调离通知单》验放。

(3)出境检疫　输出动植物、动植物产品和其他检疫物，由口岸动植物检疫机关实施检疫，经检疫合格或者经除害处理合格的，准予出境；经检疫合格的动植物、动植物产品和其他检疫物，有下列情形之一的，货主或者其代理人应当重新报检：更改输入国家或者地区，更改好的输入国家或者地区又有不同检疫要求的；改换包装或者原未拼装后来拼装的；超过检疫规定有效期的。

(4)过境检疫　要求运输动物过境的,必须事先征得中国国家动植物检疫机关同意,并按照指定的口岸和路线过境。

(5)运输工具检疫　来自动植物疫区的船舶、飞机、火车抵达口岸时,由口岸动植物检疫机关实施检疫。

发现有本法第十八条规定的名录所列的病虫害的,作不准带离运输工具、除害、封存或者销毁处理。

(三)《进出境卫生检疫法》的法律责任

1. 违反进出境动植物检疫的法律责任

根据《中华人民共和国国境卫生检疫法》及其实施细则、《中华人民共和国进出境动植物检疫法》及其实施条例的规定,凡具有下列情形的,将被检验检疫机关处以最高可达 50 000 元人民币的罚款,情节严重者将被追究刑事责任:①携带动植物、动植物产品、废旧物品、微生物、人体组织、生物制品、血液及其制品入境,未主动申报或未依法办理检疫审批手续或未按检疫审批执行的;②拒绝接受检疫或者抵制卫生监督,拒不接受卫生处理的;③不如实申报疫情,伪造或者涂改检疫单证的;④隐瞒疫情或者伪造情节的。

2. 动植物检疫机关检疫人员的法律责任

第四十五条　动植物检疫机关检疫人员滥用职权,徇私舞弊,伪造检疫结果,或者玩忽职守,延误检疫出证,构成犯罪的,依法追究刑事责任;不构成犯罪的,给予行政处分。

第三百三十七条　违反进出境动植物检疫法的规定,逃避动植物检疫,引起重大动植物疫情的,处三年以下有期徒刑或者拘役,并处或者单处罚金。单位犯前款罪的,对单位判处罚金,并对其直接负责的主管人员和其他直接责任人员,依照前款的规定处罚。

八、境内卫生检疫法

(一)《境内卫生检疫法》的概念

1986 年 12 月 2 日,经第六届全国人大常委会第十八次会议审议通过,颁布了《中华人民共和国国境卫生检疫法》(以下简称《国境卫生检疫法》)。随后,卫生部根据《国境卫生检疫法》的授权,于 1989 年发布了《中华人民共和国国境卫生检疫法实施细则》。《国境卫生检疫法》及其实施细则以法律法规的形式规定了新形势下卫生检疫机构的职责、检疫对象、主要工作内容、疫情通报、发生疫情时的应急措施以及处理程序。同时,对入出境人员、运输工具检验检疫、物品检疫查验、临时检疫、国际传染病监测、卫生监督和法律责任也做了相应的规定。《国境卫生检疫法》的发布施行标志着中国国境卫生检疫工作进入了法制化管理的轨道。

1982 年 11 月,全国人大常委会公布了《食品卫生法(试行)》,1995 年 10 月又正式修订为《食品卫生法》,明确规定"出口食品卫生由商品检验机构监督检验"。国家商检局与卫生部于 1984 年 7 月联合发布《出口食品卫生管理办法》,使出口食品卫生监督检验完全步入正规发展的轨道。

(二)《境内卫生检疫法》的内容

境内卫生检疫法共六章二十八条,其主要内容是:

(1)总则　入境、出境的人员、交通工具、运输设备以及可能传播检疫传染病的行李、货物、邮包等物品和《食品卫生法》规定的出入境检疫对象有进口食品、食品添加剂、食品容器以及包装材料、工具设备,都应当接受检疫,经国境卫生检疫机关许可,方准入境或者出境;国境卫生检疫机关发现检疫传染病或者疑似检疫传染病时,除采取必要措施外,必须立即通知当地卫生行政部门,同时用最快的方法报告国务院卫生行政部门,最迟不得超过 24 小时。

(2)检疫　入境的交通工具和人员,必须在最先到达的国境口岸的指定地点接受检疫。除引航员外,未经国境卫生检疫机关许可,任何人不准上下交通工具,不准装卸行李、货物、邮包等物品。在国境口岸发现检疫传染病、疑似检疫传染病,或者有人非因意外伤害而死亡并死因不明的,国境口岸有关单位和交通工具的负责人,应当立即向国境卫生检疫机关报告,并申请临时检疫;国境卫生检疫机关对检疫传染病染疫人必须立即将其隔离,隔离期限根据医学检查结果确定;对检疫传染病染疫嫌疑人应当将其留验,留验期限根据该传染病的潜伏期确定。

(3)传染病监测　国境卫生检疫机关对入境、出境的人员实施传染病监测,并且采取必要的预防、控制措施;国境卫生检疫机关有权要求入境、出境的人员填写健康申明卡,出示某种传染病的预防接种证书、健康证明或者其他有关证件。

(4)卫生监督　国境卫生检疫机关根据国家规定的卫生标准,对国境口岸的卫生状况和停留在国境口岸的入境、出境的交通工具的卫生状况实施卫生监督;国境口岸卫生监督员在执行任务时,有权对国境口岸和入境、出境的交通工具进行卫生监督和技术指导,对卫生状况不良和可能引起传染病传播的因素提出改进意见,协同有关部门采取必要的措施,进行卫生处理。

(三)违反境内卫生检疫法的法律责任

1.民事责任

第二十条　对违反本法规定,有下列行为之一的单位或者个人,国境卫生检疫机关可以根据情节轻重,给予警告或者罚款:

(1)逃避检疫,向国境卫生检疫机关隐瞒真实情况的;

(2)入境的人员未经国境卫生检疫机关许可,擅自上下交通工具,或者装卸行李、货物、邮包等物品,不听劝阻的。罚款全部上缴国库。

第二十三条　国境卫生检疫机关工作人员,应当秉公执法、忠于职守,对入境、出境的交通工具和人员,及时进行检疫;违法失职的,给予行政处分,情节严重构成犯罪的,依法追究刑事责任。

2.违反国境卫生检疫刑事责任

违反本法规定,引起检疫传染病传播或者有引起检疫传染病传播严重危险的,依照《中华人民共和国刑法》违反国境卫生检疫规定,引起检疫传染病传播或者有传播严重危险的,处三年以下有期徒刑或者拘役,并处或者单处罚金。单位犯前款罪的,对单位判处罚金,并对其直接负责的主管人员和其他直接责任人员,依照前款的规定处罚。

任务二　中国食品法规

[任务目标]

掌握中国食品法规的基本内容。

[技能训练]

训练学生运用食品法规解决实际问题。

[知识链接]

一、产品质量监督抽查制度

国家对产品质量实行以抽查为主要方式的监督检查制度，对可能危及人体健康和人身、财产安全的产品，影响国计民生的重要工业产品以及消费者、有关组织反映有质量问题的产品进行抽查。监督抽查工作由国务院产品质量监督管理部门规划和组织。县级以上地方产品质量监督部门在本行政区域内也可以组织监督抽查。国家监督抽查的产品，地方不得另行重复抽查；上级监督抽查的产品，下级不得另行重复抽查。对依法进行的产品质量监督检查，生产者、销售者不得拒绝。国务院和省、自治区、直辖市人民政府的产品质量监督检查部门应当定期发布其监督抽查的产品的质量状况公告。

抽查的样品应当在市场上或者企业成品仓库内的待销产品中随机抽取。根据监督抽查的需要，可以对产品进行检验。检验抽取样品的数量不得超过检验的合理需要，并不得向被检查人收取检验费用。抽查的产品质量不合格的，由实施监督抽查的产品质量监督部门责令其生产者、销售者限期改正。逾期不改正的，由省级以上人民政府产品质量监督部门予以公告；公告后经复查仍不合格的，责令停业、限期整顿；整顿期满后经复查产品质量仍不合格的，吊销营业执照。

二、食品卫生监督管理制度

食品卫生监督执法属卫生行政执法范畴。它是指卫生行政部门依照《中华人民共和国食品安全法》，对食品卫生管理者的权利义务的行使和履行情况直接进行监督检查，以及采取直接影响其权利义务的行政行为。

(1)食品卫生监督执法包括两方面的形式与内容，一是对食品卫生管理相对人是否遵守《食品安全法》以及行政处理决定的情况进行监督检查；二是针对食品卫生管理相对人做出单方面的行政处理决定。前者，一般不直接产生法律后果，也不易引起行政争议，后者，能直接产生法律后果，也容易引起行政争议。两者之间有区别，也有联系，不能绝对分开。在我国目前的卫生监督体制下，区别食品卫生监督执法的形式与内容，对食品卫生监督执法的正确实施，是很有必要的。

(2)卫生监督检查是对食品卫生管理人员是否遵守《食品安全法》和行政处理决定的情况

进行监督检查，是食品卫生监督执法的主体内容，其目的是保证食品卫生，防止食品污染和有害因素对人体的危害。食品卫生监督检查的内容可依据《食品安全法》第二、三、四、五、六章的规定以及其他规范性文件予以确定。

(3)根据《食品安全法》的规定，卫生行政部门针对食品卫生管理办法规定对相关人员做出直接产生法律后果的行政处理决定。

三、商品计量监督管理制度

为维护社会主义市场经济秩序，制止利用计量手段欺骗消费者的不法行为，保护消费者的合法权益，根据《中华人民共和国计量法》及其实施细则的规定，国家质检总局于 1995 年 12 月 8 日颁布了《定量包装商品计量监督管理规定》，于 1996 年 1 月 1 日开始生效；2005 年 5 月 30 日国家质检总局制定《定量包装商品计量监督管理办法》自 2006 年 1 月 1 日起施行。

1. 本办法的内容

适用范围是以销售为目的、与消费者利益密切相关，在一定量限范围内具有统一的质量、体积、长度标注的预包装商品。

2. 违反本办法的一些法律责任

第十七条　生产、销售定量包装商品违反本办法第五条、第六条、第七条规定，未正确、清晰地标注净含量的，责令改正；未标注净含量的，限期改正，逾期不改的，可处 1 000 元以下罚款。

第十八条　生产、销售的定量包装商品，经检验违反本办法第九条规定的，责令改正，可处检验批货值金额 3 倍以下，最高不超过 30 000 元的罚款。

四、产品质量仲裁检验管理办法

(1)《产品质量仲裁检验和产品质量鉴定管理办法》已于 1999 年 3 月 10 日经国家质量技术监督局局务会议通过。产品质量仲裁检验和产品质量鉴定是在处理产品质量争议时判定产品质量状况的重要方式。产品质量仲裁检验(以下简称仲裁检验)管理办法规定省级以上产品质量技术监督部门是处理质量争议的主管机构，在考核部门授权其检验的产品范围内根据申请人的委托要求，对质量争议的产品进行检验，出具仲裁检验报告。

(2)产品质量仲裁检验和产品质量鉴定管理办法共五章四十条，主要包括：仲裁检验、质量鉴定、监督管理等内容。

(3)有关法律责任：第三十四条规定质量技术监督部门应当加强对仲裁检验和质量鉴定工作的管理和监督。对仲裁检验和质量鉴定中的违法或者不当行为有权予以纠正。

第三十六条　规定质检机构、质量鉴定组织单位由于故意或者重大过失造成仲裁检验报告、质量鉴定报告与事实不符，并对当事人的合法权益造成损害的，应当承担相应的民事责任。有关人员在仲裁检验和质量鉴定工作中玩忽职守，以权谋私，收受贿赂的，由其所在单位或者上级主管部门给予处分。构成犯罪的，依法追究刑事责任。

五、食品质量检测实验室计量认证规定

为社会提供公证数据的食品质量检测实验室（机构），必须经省级以上人民政府计量行政部门计量认证，考核其计量检定、测试的能力和可靠性，证明其具有为社会提供公证数据的资格，并为国际产品质量检验机构的相互承认创造条件。经计量认证合格的食品质量检测实验室（机构）所提供的数据，用于贸易出证、产品质量评价、成果鉴定作为公证数据，具有法律效力。

计量认证内容包括：计量检定、测试设备的配备及其准确度、量程等技术指标，必须与检验的项目相适应，其性能必须稳定可靠并经检定或校准合格。计量检定、测试设备的工作环境，包括温度、湿度、防尘、防震、防腐蚀、抗干扰等条件，均应适应其工作的需要并满足产品质量检验的要求。使用计量检定、测试设备的人员，应具备必要的专业知识和实际经验，其操作技能必须考核合格。食品质量检测实验室（机构）应具有保证量值统一、准确的措施和检测数据公正可靠的管理制度。

计量认证管理：食品质量检测实验室（机构）提出计量认证申请后，省级以上人民政府计量行政部门应指定所属的计量检定机构或者被授权的技术机构按照产品质量检验机构计量认证管理办法第二章规定的内容进行考核。考核合格后，由接受申请的省级以上人民政府计量行政部门发给计量认证合格证书。未取得计量认证合格证书的，不得开展产品质量检验工作。省级以上人民政府计量行政部门有权对计量认证合格的食品质量检测实验室（机构），按照产品质量检验机构计量认证管理办法第四章规定的内容进行监督检查。《产品质量检验机构计量认证管理办法》第五章规定经计量认证合格的产品质量检验机构，失去公正地位的，由发证单位吊销其计量认证合格证书，停止其使用计量认证标志。

任务三　食品违法处罚与程序

[任务目标]

掌握食品违法的处罚力度和处罚程序。

[技能训练]

训练学生依法处理食品违法事件。

[知识链接]

一、违反《产品质量法》的处罚及程序

《产品质量法》对各类主体的法律责任作了较为详细的规定，对违反产品质量法的法律责任和处罚程序简介如下。

(一)违反《产品质量法》的法律责任和处罚

1.生产者、销售者的法律责任

(1)生产、销售不符合保障人体健康,人身、财产安全的国家标准和行业标准的产品,责令停止生产、销售,没收违法生产、销售的产品,并处违法生产、销售产品(包括已售出和未售出的产品,下同)货值金额等值以上3倍以下的罚款;有违法所得的,并处没收违法所得;情节严重的,吊销营业执照;构成犯罪的,依法追究刑事责任。

(2)在产品中掺杂、掺假、以假充真、以次充好或者以不合格产品冒充合格产品的,责令停止生产、销售,没收违法生产、销售的产品,并处违法生产、销售产品货值金额50%以上3倍以下的罚款;有违法所得的,并处没收违法所得;情节严重的,吊销营业执照;构成犯罪的,依法追究刑事责任。

(3)生产国家明令淘汰的产品的,销售国家明令淘汰并停止销售的产品的,责令停止生产、销售,没收违法生产、销售的产品,并处以违法生产、销售产品货值金额等值以下的罚款;有违法所得的,并处没收违法所得;情节严重的,吊销营业执照。

(4)销售失效、变质产品的,责令停止销售,没收违法销售的产品,并处以违法销售产品货值金额2倍以下的罚款;有违法所得的,并处没收违法所得;情节严重的,吊销营业执照;构成犯罪的,依法追究刑事责任。

(5)伪造产品产地的,伪造或者冒用他人的厂名、厂址的,伪造或者冒用认证标志、名优标志等质量标志的,责令改正,没收违法生产、销售的产品,并处以违法生产、销售产品货值金额等值以下的罚款;有违法所得的,并处没收违法所得;情节严重的,吊销营业执照;构成犯罪的,依法追究刑事责任。

(6)产品标识不符合《产品质量法》要求的,责令改正;有包装的产品标识不符合《产品质量法》规定,情节严重的,责令停止生产、销售,并处以违法生产、销售产品货值金额30%以下的罚款;有违法所得的,并处没收违法所得。

2.产品质量检验机构、认证机构和其他社会中介机构的法律责任

(1)产品质量检验机构、认证机构伪造检验结果或者出具虚假证明的,责令改正,对单位处以5万元以上10万元以下的罚款,对直接责任人处1万元以上5万元以下的罚款;有违法所得的,并处没收违法所得;情节严重的,取消其检验资格、认证资格;构成犯罪的,依法追究刑事责任。

产品质量检验机构、认证机构出具的检验结果或者证明不实,造成损失的,应当承担相应的赔偿责任;造成重大损失的,撤销其检验、认证资格。

产品质量认证机构违反《产品质量法》规定,对不符合认证标准而使用认证标志的产品,未依法要求其改正或者取消其使用认证标志的,对因产品不符合认证标准给消费者造成损失的,与产品的生产者、销售者承担连带责任;情节严重的,撤销其认证资格。

(2)社会团体、社会中介机构对产品质量做出承诺、保证,而该产品又不符合其承诺、保证的质量要求,给消费者造成损失的,与产品的生产者、销售者承担连带责任。

(3)在广告中对产品质量做虚假宣传,欺骗和误导消费者的,依照广告法的规定追究法律责任。

3.国家质量监督管理人员和其他人员的法律责任

(1)从事产品质量监督管理的国家工作人员滥用职权、玩忽职守、徇私舞弊,构成犯罪的,依法追究刑事责任;不构成犯罪的,给予行政处分。

(2)各级政府工作人员和其他国家机关工作人员有下列情形之一的,依法给予行政处罚;构成犯罪的,依法追究刑事责任:包庇、放纵产品生产、销售中违反《产品质量法》规定行为的;向从事违反《产品质量法》规定的生产、销售活动的当事人通风报信,帮助其逃避查处的;阻挠、干预产品质量监督部门或者工商行政管理部门依法对产品生产、销售中违反产品质量法的行为进行查处,造成严重后果的。

(二)申请复议和起诉

当事人对行政处罚决定不服的,可以在接到处罚通知之日起15日内向做出处罚决定机关的上一级机关申请复议;当事人也可在接到通知之日起十五日内直接向人民法院起诉。复议机关应当在接到复议申请之日起60日内做出复议决定。当事人对复议决定不服的,可以在接到复议决定之日起15日内向人民法院起诉。复议机关逾期不做出复议决定的,当事人可以在复议期满之日起15日内向人民法院起诉。当事人逾期不申请复议也不向人民法院起诉、又不履行处罚决定的,做出处罚决定的机关可以申请人民法院强制执行。

二、违反《食品安全法》的处罚及程序

根据《食品安全法》规定,违反食品安全法的处罚和程序如下。

(一)行政责任

县级以上卫生行政、农业行政、质量监督、工商行政管理、食品药品监督管理部门应当加强沟通、密切配合,按照各自职责分工,依法行使职权,承担责任。

(1)未经许可从事食品生产经营活动,或者未经许可生产食品添加剂的,由有关主管部门按照各自职责分工,没收违法所得、违法生产经营的食品、食品添加剂和用于违法生产经营的工具、设备、原料等物品;违法生产经营的食品、食品添加剂货值金额不足1万元的,并处2 000元以上5万元以下罚款;货值金额1万元以上的,并处货值金额5倍以上10倍以下罚款。

(2)有下列情形之一的,由有关主管部门按照各自职责分工,没收违法所得、违法生产经营的食品和用于违法生产经营的工具、设备、原料等物品;违法生产经营的食品货值金额不足1万元的,并处2 000元以上5万元以下罚款;货值金额1万元以上的,并处货值金额5倍以上10倍以下罚款;情节严重的,吊销许可证:

①用非食品原料生产食品或者在食品中添加食品添加剂以外的化学物质和其他可能危害人体健康的物质,或者用回收食品作为原料生产食品;

②生产经营致病性微生物、农药残留、兽药残留、重金属、污染物质以及其他危害人体健康的物质含量超过食品安全标准限量的食品;

③生产经营营养成分不符合食品安全标准的专供婴幼儿和其他特定人群的主辅食品;

④经营腐败变质、油脂酸败、霉变生虫、污秽不洁、混有异物、掺假掺杂或者感官性状异常的食品;

⑤经营病死、毒死或者死因不明的禽、畜、兽、水产动物肉类，或者生产经营病死、毒死或者死因不明的禽、畜、兽、水产动物肉类的制品；

⑥经营未经动物卫生监督机构检疫或者检疫不合格的肉类，或者生产经营未经检验或者检验不合格的肉类制品；

⑦经营超过保质期的食品；

⑧生产经营国家为防病等特殊需要明令禁止生产经营的食品；

⑨利用新的食品原料从事食品生产或者从事食品添加剂新品种、食品相关产品新品种生产，未经过安全性评估；

⑩食品生产经营者在有关主管部门责令其召回或者停止经营不符合食品安全标准的食品后，仍拒不召回或者停止经营的。

(3)有下列情形之一的，由有关主管部门按照各自职责分工，没收违法所得、违法生产经营的食品和用于违法生产经营的工具、设备、原料等物品；违法生产经营的食品货值金额不足1万元的，并处2 000元以上2万元以下罚款；货值金额1万元以上的，并处货值金额2倍以上5倍以下罚款；情节严重的，责令停产停业，直至吊销许可证：

①经营被包装材料、容器、运输工具等污染的食品；

②生产经营无标签的预包装食品、食品添加剂或者标签、说明书不符合本法规定的食品、食品添加剂；

③食品生产者采购、使用不符合食品安全标准的食品原料、食品添加剂、食品相关产品；

④食品生产经营者在食品中添加药品。

(4)有下列情形之一的，由有关主管部门按照各自职责分工，责令改正，给予警告；拒不改正的，处2 000元以上2万元以下罚款；情节严重的，责令停产停业，直至吊销许可证：

①未对采购的食品原料和生产的食品、食品添加剂、食品相关产品进行检验；

②未建立并遵守查验记录制度、出厂检验记录制度；

③制定食品安全企业标准未依照本法规定备案；

④未按规定要求贮存、销售食品或者清理库存食品；

⑤进货时未查验许可证和相关证明文件；

⑥生产的食品、食品添加剂的标签、说明书涉及疾病预防、治疗功能；

⑦安排患有痢疾、伤寒、病毒性肝炎、活动性肺结核、化脓性或者渗出性皮肤病等人员从事接触直接入口食品的工作。

(二)相应处罚

(1)被吊销食品生产、流通或者餐饮服务许可证的单位，其直接负责的主管人员自处罚决定作出之日起5年内不得从事食品生产经营管理工作。食品生产经营者聘用不得从事食品生产经营管理工作的人员从事管理工作的，由原发证部门吊销许可证。

(2)违反本法规定，食品检验机构、食品检验人员出具虚假检验报告的，由授予其资质的主管部门或者机构撤销该检验机构的检验资格；依法对检验机构直接负责的主管人员和食品检验人员给予撤职或者开除的处分。

(3)违反本法规定，造成人身、财产或者其他损害的，依法承担赔偿责任。生产不符合食品安全标准的食品或者销售明知是不符合食品安全标准的食品，消费者除要求赔偿损失外，还可以向生产者或者销售者要求支付价款10倍的赔偿金。

（4）违反本法规定，应当承担民事赔偿责任和缴纳罚款、罚金，其财产不足以同时支付时，先承担民事赔偿责任。

（5）违反本法规定，构成犯罪的，依法追究刑事责任。

（三）申请复议、起诉和执行

对行政处罚决定不服的，可以在接到处罚通知之日起15日内向作出处罚决定机关的上一级机关申请复议；当事人也可以在接到处罚通知之日起15日内直接向人民法院起诉。复议机关应当在接到复议申请之日起15日内作出复议决定。当事人对复议决定不服的，可以在接到复议决定之日起15日内向人民法院起诉；当事人逾期不申请复议，也不向人民法院起诉，又不履行处罚决定的，作出处罚决定的机关可以申请人民法院强制执行。对法院判定的刑事责任不服的，当事人可按法律诉讼程序提起诉讼。

三、违反《计量法》的处罚及程序

（一）违反《计量法》的法律责任和处罚

（1）未取得《制造计量器具许可证》、《修理计量器具许可证》制造或者修理计量器具的，责令停止生产、停止营业，没收违法所得，可以并处罚款。

（2）制造、销售未经合格检验认证的计量器具新产品的，责令停止制造、销售该种产品，没收非法所得，可以并处罚款。

（3）制造、修理、销售的计量器具不合格的，没收违法所得，可以并处罚款。

（4）属于强制检定范围的计量器具，未按照规定申请检定或者检定不合格继续使用的，责令停止使用，可以并处罚款。

（5）使用不合格的计量器具或者破坏计量器具准确度，给国家和消费者造成损失的，责令赔偿损失，没收计量器具和违法所得，可以并处罚款。

（6）制造、销售、使用以欺骗消费者为目的的计量器具，没收计量器具和违法所得，处以罚款；情节严重的，并对个人或者单位直接责任人员按诈骗罪或投机倒把罪追究刑事责任。

（7）违反本法规定，制造、修理、销售的计量器具不合格，造成人身伤亡或者重大财产损失的，按照《刑法》第一百八十七条规定，对个人或者单位直接责任人员追究刑事责任。

（8）计量监督人员违法失职，情节严重的，依照《刑法》有关规定追究刑事责任；情节轻微的，给予行政处分。

（9）本法规定的行政处罚，由县级以上地方人民政府计量行政部门决定。本法第二十七条规定的行政处罚，也可以由工商行政部门决定。

（二）申请复议和起诉

当事人对行政处罚决定不服的，可以在接到处罚通知之日起15日内向人民法院起诉；对罚款、没收违法所得的行政处罚决定期满不起诉又不履行的，由做出行政罚决定的机关申请人民法院强制执行。

四、违反《标准化法》的处罚及程序

(一)违反《标准化法》的法律责任和处罚

(1)生产、销售、进口不符合强制性标准的产品的,由法律、行政法规规定的行政主管部门依法处理,法律、行政法规未作规定的,由工商行政管理部门没收产品和违法所得,并处罚款;造成严重后果构成犯罪的,对直接责任人员依法追究刑事责任。

(2)已经授予认证证书的产品不符合国家标准或者行业标准而使用认证标志出厂销售的,由标准化行政主管部门责令停止销售,并处罚款;情节严重的,由认证部门撤销其认证证书。

(3)产品未经认证或者认证不合格而擅自使用认证标志出厂销售的,由标准化行政主管部门责令停止销售,并处罚款。

(4)标准化工作的监督、检验、管理人员违法失职、徇私舞弊的,给予行政处分;构成犯罪的,依法追究刑事责任。

(二)申请复议和起诉

当事人对没收产品、没收违法所得和罚款的处罚不服的,可以在接到处罚通知之日起 15 日内,向做出处罚决定的机关的上一级机关申请复议;对复议决定不服的,可以在接到复议决定之日起 15 日内,向人民法院起诉。当事人也可以在接到处罚通知之日起 15 日内,直接向人民法院起诉。当事人逾期不申请复议或者不向人民法院起诉又不履行处罚决定的,由做出处罚决定的机关申请人民法院强制执行。

五、违反《农产品质量安全法》的处罚及程序

(1)农产品质量安全监督管理人员不依法履行监督职责,或者滥用职权的,依法给予行政处分。

(2)农产品质量安全检测机构伪造检测结果的,责令改正,没收违法所得,并处 5 万元以上 10 万元以下罚款,对直接负责的主管人员和其他直接责任人员处 1 万元以上 5 万元以下罚款;情节严重的,撤销其检测资格;造成损害的,依法承担赔偿责任。

农产品质量安全检测机构出具检测结果不实,造成损害的,依法承担赔偿责任;造成重大损害的,并撤销其检测资格。

(3)违反法律、法规规定,向农产品产地排放或者倾倒废水、废气、固体废物或者其他有毒有害物质的,依照有关环境保护法律、法规的规定处罚;造成损害的,依法承担赔偿责任。

(4)使用农业投入品违反法律、行政法规和国务院农业行政主管部门的规定的,依照有关法律、行政法规的规定处罚。

(5)农产品生产企业、农民专业合作经济组织未建立或者未按照规定保存农产品生产记录的,或者伪造农产品生产记录的,责令限期改正;逾期不改正的,可以处 2 000 元以下罚款。

(6)违反《农产品质量安全法》第二十八条规定,销售的农产品未按照规定进行包装、标识的,责令限期改正;逾期不改正的,可以处 2 000 元以下罚款。

(7)有《农产品质量安全法》第三十三条第四项规定情形,使用的保鲜剂、防腐剂、添加剂等材料不符合国家有关强制性的技术规范的,责令停止销售,对被污染的农产品进行无害化处理,对不能进行无害化处理的予以监督销毁;没收违法所得,并处 2 000 元以上 2 万元以下罚款。

(8)农产品生产企业、农民专业合作经济组织销售的农产品有本法第三十三条第一项至第三项或者第五项所列情形之一的,责令停止销售,追回已经销售的农产品,对违法销售的农产品进行无害化处理或者予以监督销毁;没收违法所得,并处 2 000 元以上 2 万元以下罚款。

六、违反食品包装与标志的处罚及程序

生产经营或者使用不符合卫生标准和卫生管理办法规定的食品容器、包装材料的,责令停止生产或者使用,没收违法所得,并处以违法所得 1 倍以上 3 倍以下的罚款;没有违法所得的,处以 5 000 元以下的罚款。

未经国务院卫生行政部门审查批准而生产经营表明具有特定保健功能的食品的,或者该食品的产品说明书内容虚假的,责令停止生产经营,没收违法所得,并处以违法所得 1 倍以上 5 倍以下的罚款;没有违法所得的,处以 1 000 元以上 5 万元以下的罚款。情节严重的,吊销卫生许可证。

定型包装的食品和食品添加剂的包装标签或者产品说明书上不标明或者虚假标注生产日期、保质期限等规定事项的,或者违反规定不标注中文标签的,责令改正,可以处 500 元以上 1 万元以下的罚款。

当事人对没收违法所得和罚款的处罚不服的,可以在接到处罚通知之日起 15 日内,向做出处罚决定的机关的上一级机关申请复议;对复议决定不服的,可以在接到复议决定之日起十五内,向人民法院起诉。

【导入案例评析】

经调查查明:上海一对外贸易有限公司(简称外贸公司)的业务员与浙江某花卉种苗发展有限公司(简称货主公司)的人员,持伪造的《引进林木种子、苗木和其他繁殖材料检疫审批单》到浙江省林业种苗管理总站(该站对进口种苗无检疫审批权且不熟悉相关规定)加盖了公章并伪造了"吴某"的签名。同时该外贸公司"移花接木",又为货主公司提供了用于上海某公司的植物介质《进境动植物检疫许可证》,一并由代理报检公司提供给该分支机构。虽然《进境动植物检疫许可证》由外贸公司申领,但"进境后的生产、加工、使用、存放单位"与该批货物的实际情况不符。根据《进境动植物检疫许可证》的申领使用规定,外贸公司及货主公司均没有对该批货物事先办理检疫审批,至此案情明了。

此事件涉及两个当事人的两个违法行为。一是外贸公司未事先办理植物介质的《进境动植物检疫许可证》就擅自进口,并使用其他单位的检疫许可证来办理报检,企图蒙混过关,违反了动植物检疫法的规定;二是货主公司在补办引进种苗检疫审批单过程中,存在弄虚作假等行为。由于引进种苗的检疫审批管理和真伪鉴别属于其他部门,并不是检验检疫机构管辖的范围,故对货主公司的违法行为通报浙江省森林病虫防治检疫站等部门,作移交处理;而对外贸公司违反动植物检疫法规定、未事先办理检疫审批的行为,属于我检验检疫机构管辖范围,依据《动植物检疫法实施条例》第 59 条第 2 项规定,可以处以 5 000 元以下罚款,而根据案情对

其处以 3 000 元罚款，从执法主体、处罚对象、适用法律、处罚幅度方面都符合规定，最终处罚也得以顺利执行。

处罚及法律依据：根据调查情况，该分支机构对外贸公司未事先办理植物介质的检疫审批，“移花接木”擅自进口的行为，依据《进出境动植物检疫法实施条例》第五十九条第二项的规定，处以 3 000 元罚款处罚，于 2003 年 1 月 9 日发出处罚决定书，该司于当日缴纳了罚款；对货主公司在办理引进种苗检疫审批单中违法行为，通报浙江省森林病虫防治检疫站等部门，作移交处理。

【本项目小结】

本项目主要讲述了产品质量法、食品安全法等相关法律的基本内容、违反食品法规的处罚方法和处罚程序及其产品质量监督抽查制度、食品安全监督管理制度、商品计量监督管理制度、产品质量仲裁检验管理办法、食品质量检测实验室计量认证规定等规定。《产品质量法》是指调整产品的生产者、销售者、用户及消费者以及政府有关行政管理部门之间，因产品质量问题而形成的权利义务关系的法律规范的总称；是为加强对产品质量的监督管理，提高产品质量水平，明确产品质量责任，保护消费者的合法权益，维护社会经济秩序而制定了法律。《食品安全法》体现了预防为主、科学管理、明确责任、综合治理的食品安全工作指导思想，进一步明确了我国的食品安全监管体制，打造“从农田到餐桌”的全程监管，确保监管环节无缝衔接；借鉴国际先进的食品安全监管经验，建立食品安全风险评估和食品召回等制度，统一食品安全标准，加强对食品添加剂和保健食品的监管，完善食品安全事故的处置机制，强化监管责任，加大处罚力度，严格赔偿责任。《计量法》是为了加强计量监督管理，健全计量法制，解决国家计量单位制的统一和全国量值的准确可靠问题的一部法。《标准化法》确定了标准体制和标准化管理体制，规定了制定标准的对象与原则以及实施标准的要求，明确了违法行为的法律责任和处罚办法。《农产品质量安全法》明确了对农产品的监管过程是从农田到市场，明确了农产品批发市场民事责任和法律责任，明确了农业行政主管部门负责，农产品检测机构检测并对市场考核，且承担法律责任。

【同步练习】

1. 名词解释：产品质量法、食品安全法、商标法、动植物检疫法、计量法、商标法
2. 制定、实施产品质量法有什么意义？
3. 产品质量监督管理的主体有哪些？
4. 食品安全法的基本内容有哪些？
5. 商标权人的主要义务有哪些？
6. 计量法的主要内容有哪些？
7. 食品违法分几类？如何处罚？

项目六

国际食品标准与法规

【学习目标】

知识目标

1. 了解国际与发达国家食品标准与法规的基本内容与要求；
2. 理解国际食品标准化组织的业务内容及其作用；
3. 理解国外食品标准的相关要求，尤其是欧盟、美国食品标准现状；
4. 掌握发达国家的食品法律法规体系及其特点。

技能目标

1. 通过了解国际食品标准组织的业务及其作用，指出我国食品标准及法规的不足；
2. 对比我国与发达国家食品标准与法规之间存在的差距，提出促进与改进的措施。

【导入实例】

1995年10月5日，加拿大据DSU(关于争端解决的规则与程序的谅解)第4条第4款、GATT(关税暨贸易总协定)第23条第1款和卫生与植物检疫措施协议第11条第1款提出要求与澳大利亚政府进行磋商，讨论澳大利亚政府禁止新鲜、冷藏或冷冻鲑鱼进口的问题。1996年年终报告指出有24种可能使鲑鱼感染疾病的病菌(disease agents)，而从美国和加拿大进口的未经烹饪的、成年野生和海洋捕捞的太平洋鲑鱼是病菌的宿主，这些病菌对人体无害，但可能感染养殖的鱼类。1996年12月13日，澳大利亚检疫局局长决定继续执行禁止鲑鱼进口的措施。

任务一 认识国际食品标准与法规

[任务目标]

掌握国际食品标准与法规，了解国际食品组织的机构与工作范围，国际与美国等发达国家食品法规。

[技能训练]

通过上网(国际食品标准网),或者到相关标准化研究院标准馆索取调查。

[知识链接]

一、认识国际食品标准

国际标准在协调国际贸易、消除贸易技术壁垒中发挥重要作用。协调一致的国际标准可以降低或消除卫生、植物卫生和其他技术性标准成为贸易壁垒的风险。国际标准是国际技术法规、标准和合格评定以及人类、动植物健康和安全保护措施的协调基础,是解决国际贸易争端的参考依据。

食品国际标准主要有国际组织如食品法典委员会(CAC)、国际标准化组织(ISO)、国际乳制品联合会(IDF)、国际葡萄酒局(IWO/OIV)、欧共体(European Communities)及各个国家的国家标准化组织发布的食品标准、指南等。

目前最重要的国际食品标准分属两大系统,即ISO系统的食品标准和CAC系统的食品标准,其现状和发展趋势对世界各国食品发展有举足轻重的影响。近年来,国际组织在食品标准化方面的工作不断加强,并取得显著成果。通过食品标准的制定与应用,有效地保障了消费者的健康,促进了食品产业化的发展,对推动国际和区域食品贸易也起了重要作用。

二、认识国际食品法律法规

国际食品法律法规是由国际政府组织或民间组织制定的,被广大国家所接受承认的法律制度。国际食品法律法规包括国际食品法典、国际食品标准、国际有机食品认证标准等。

随着国际食品贸易的发展,食品卫生安全问题不再是各个国家自己的事,而成为国际社会共同关心的事物。为维护国际食品贸易的公平性,保证食品贸易安全,促进国际政府和非政府组织所承担的所有食品标准工作的协调一致。在1962年,联合国粮农组织(FAO)与世界卫生组织(WHO)联合成立食品法典委员会(CAC),CAC的宗旨是保护消费者健康和促进国际食品贸易。世界贸易组织(WTO)把CAC作为唯一的国际政府间协调和制定国际食品标准的组织。

欧盟委员会2000年11月8日正式宣布,欧盟委员会为在"更高水平上"保护人类健康,保证欧盟内部市场的"良好"运转,避免因英国的疯牛病、比利时的二噁英污染鸡等食品问题造成市场混乱。将成立"欧洲食品署",以保证欧盟有关食品卫生与安全的政策和措施得到贯彻,重建消费者对欧洲食品安全的信心。2001年,欧盟委员会提出建议对维持了25年之久的欧盟食品安全卫生制度进行根本性改革,对原17项法令进行合并、简化和协调统一,力求制定一项统一、透明的安全卫生规则。根据该建议,新的安全卫生规则适用于从农场到餐桌的所有食品及所有的食品经营者,同时还将建立有效的执法机构加强对食品安全问题的监管,以及有效应对未来食品链中可能出现的食品危机。

除国际标准之外,各国也都制定了相关的政策、法规来保证食品行业的规范。表6-1为发达国家的食品卫生和安全立法和管理机构及法律法规。

表 6-1　发达国家的食品卫生与安全立法和管理机构及法律法规

国家	法规	管理机构
美国	食品、药品、化妆品法令，营养标签与教育法令，有关良好生产规范的各项法令，FDA 制定的食品标准 畜、禽肉、蛋制品监测法令	卫生福利与公众服务部属下的食品药品管理局(FDA) 农业部属下的食品安全检测中心(FSIS)
加拿大	健康保护与食品法，食品与药品法令，卫生部制定的食品标准	卫生部，农业部，渔业与海洋部，工业部
澳大利亚与新西兰	食品标准法典	卫生部
日本	食品卫生法	卫生福利部
英国	食品安全法令，公众健康法令	食品标准局，卫生部

[练一练]

1. ISO 和 CAC 在食品标准与法规中的作用和地位是什么？
2. 简述与食品有关的国际食品组织的机构和工作范围。
3. 发达国家制定的法规有哪些？

任务二　国际食品标准组织

[任务目标]

掌握 CAC、ISO、WHO、WTO 在食品法规中的作用，了解国际食品标准组织的业务及其作用。

[技能训练]

理解国际食品法典标准制定程序。

[知识链接]

一、国际食品法典委员会(CAC)

1. CAC 概述

《食品法典》(Codex Alimentarius)是联合国粮农组织(Food and Agriculture Organization of United Nations，FAO)和世界卫生组织(World Health Organization，WHO)成立的食品法典委员会(Codex Alimentarius Commission，CAC)，为解决国际食品贸易争端和保护消费者健康而制定的一套食品安全和质量的国际标准、食品加工规范和准则。

《食品法典》汇集了食品法典委员会已经批准的国际食品标准。食品法典标准涉及所有主要食品，不论是加工、半加工还是原材料。此外，食品进一步加工过程中使用的材料也适当地被包括在食品法典中，旨在实现该法典保护消费者健康与促进公平食品贸易行为的根本目标。

《食品法典》的规定也涉及食品卫生、食品营养与食品质量，包括微生物指标、食品添加剂及农药与兽药残留、污染物、标签及产品说明，取样与风险分析方法。这些规定与其他单独标准、咨询性操作规范、指南及其他建议的措施，构成了食品法典整体的重要组成部分。

2. 国际食品法典委员会的建立

1962 年，联合国的两个组织—联合国粮食和农业组织（FAO）和联合国世界卫生组织（WHO）共同创建了国际食品法典委员会（CAC），并使其成为一个促进消费者健康和维护消费者经济利益，以及鼓励公平的国际食品贸易的国际性组织，该组织的宗旨在于保护消费者健康，保证开展公正的食品贸易和协调所有食品标准的制定工作。

3. 国际食品法典委员会的组成

CAC 是 FAO 及 WHO 总干事直接领导下设在罗马的 CAC 秘书处总体协调，每两年在罗马（FAO）或日内瓦（WHO）举行一次会议。自 2001 年起，大会开始采用阿拉伯语、汉语、英语、法语和西班牙语 5 种语言作为工作语言。

CAC 的组织机构包括执行委员会、秘书处、一般问题委员会、商品委员会、政府间特别工作组和地区协调委员会。

CAC 的主要工作是通过其分委员会和其他分支机构来完成的。负责标准制定的两大组织类别分别是包括食品添加剂、污染物、食品标签、食品卫生、农药兽药残留、进出口检验和出证体系、分析和采样方法等 9 个一般专题委员会（或称横向委员会）和鱼、肉、乳、油脂、水果、蔬菜等 16 个商品委员会（或称纵向委员会）。两类委员会通过分别制定食品的横向（针对所有食品）和纵向（针对不同食品）规定，建立了一套完整的食品国际标准体系，以“食品法典”的形式向所有成员国发布。

4. 国际食品法典委员会标准体系的组成

国际食品法典委员会作为全球唯一的一个在食品安全领域的国际资讯组织，它制定了食品法典和法典程序。食品法典包括标准和残留限量、法典和指南两部分，包含了食品标准、卫生和技术规范、农药、兽药、食品添加剂评估及其残留限量制定和污染物指南在内的广泛内容。法典程序则确保了食品法典的制定是建立在科学的基础之上，并保证了各种意见的反馈。

国际食品法典标准体系中的标准可分为通用标准和专用标准两大类。通用标准包括通用的技术标准、法规和良好规范等，由一般专题委员会负责制定，专用标准是针对某一特定或某一类别食品的标准，由各个商品委员会负责制定。具体分类见表 6-2。

CAC 的标准分为商品标准、技术规范、限量标准、分析与取样方法、一般导则及指南 5 大类。各类标准数见表 6-3。

5. CAC 食品法典的构成

（1）第一卷第一部分：一般要求。

（2）第一卷第二部分：一般要求（食品卫生）。

（3）第二卷第一部分：食品中的农药残留（一般描述）。

（4）第二卷第二部分：食品中的农药残留（最大残留限量）。

（5）第三卷：食品中的兽药残留。

（6）第四卷：特殊功用食品（包括婴儿和儿童食品）。

（7）第五卷第一部分：速冻水果和蔬菜的加工过程。

表 6-2 CAC 通用与专用标准的数量

标准类型	标准内容	标准数量
通用标准(两类以上食品或涉及两个方面的标准)	一般准则	20
	食品标签	1
	食品添加剂与污染物	23
	农药和兽药残留	10
	食品进出口检验和认证	6
	食品卫生	4
	特殊膳食与营养食品	15
	分析和取样方法	8
专用标准(指具体商品的专用的质量及相关标准)	谷物、豆及豆类植物	21
	脂肪和油脂	7
	果蔬及其制品	110
	乳及乳制品	37
	糖、可可制品及其巧克力	8
	肉及肉制品	14
	鱼和鱼制品	24
	其他	6

表 6-3 CAC 标准的分布情况

标准类型	标准范围	标准数量
商品标准	某一具体商品的质量标准,不包括与商品质量有关的标准	209
技术规范	涉及具体的商品技术或卫生操作规范	41
限量标准	有具体限量指标的标准,不包括与限量有关但没有限量值的标准	9
分析与取样方法	包括所有与分析有关的标准	17
一般导则及指南	某一类食品或某一方面的指导性的原则性的标准	38

(8)第五卷第二部分:新鲜水果和蔬菜。

(9)第六卷:果汁。

(10)第七卷:谷类豆类(豆荚)和其派生产品和植物蛋白质。

(11)第八卷:脂肪和油脂及相关产品。

(12)第九卷:鱼和鱼类产品。

(13)第十卷:肉和肉制品;汤和肉汤。

(14)第十一卷:糖、可可产品、巧克力和各类不同产品。

(15)第十二卷:奶及奶制品。

(16)第十三卷:取样和分析方法。

各卷包括了一般原则、一般标准、定义、法典、货物标准、分析方法和推荐性技术标准等内容，每卷所列内容都按一定顺序排列以便于参考。各卷标准分别用英文、法文和西班牙文出版，各个标准均可在万维网上阅览。

6. 成员国家对法典标准的接受

CAC 的主要任务是制定能推荐给各国政府采纳的食品标准。它的全球战略是保护消费者健康和保障食品贸易的公平性。CAC 标准对食品贸易无任何制约，也不设置人为的或不必要的障碍。符合 CAC 食品标准的产品可为各国所接受，并可进入国际贸易市场。另外企业也可放心买卖符合 CAC 标准的食品，因为他们交易的产品是国际上认可为安全的。

7. 食品法典委员会在国际食品贸易中的作用

《食品法典》是由食品法典委员会制定的食品标准、准则及相关的推荐方法和文件。食品法典名义上虽然是非强制性的，但作为 WTO 的正式文件且每个成员国都必须遵守的 SPS 和 TBT 协定已赋予其新的含义，使其成为一种变相的强制性标准，成为促进国际贸易和解决贸易争端的依据，同时也成为 WTO 成员保护自身贸易利益的合法武器。

8. 中国食品法典委员会介绍

我国于 1986 年正式成为国际食品法典委员会的成员国，并于同年经国务院批准成立中国食品法典国内协调小组，负责组织协调国内法典工作事宜。协调小组由国务院多个部委和消费者组织组成。卫生部为协调小组组长单位，负责小组协调工作，农业部为副组长单位，负责对外组织联系工作。目前，中国食品法典国内协调小组每年组织会议，总结本年度参加会议的情况和安排下年度工作。

我国参加食品法典的工作主要是进行食品标准的信息交流、研究 CAC 提出的有关问题和建议、参与食品法典标准的制修订、参加法典委员会及其专业委员会的会议等。自 20 世纪 80 年代初我国派专家以观察员身份参加各种类型的法典工作会议以来，共向会议提出议案近百项，得到大会的积极响应，在国际法典委员会工作中的地位也越发显著。

二、国际标准化组织(ISO)

(一)ISO 概况

国际标准化组织(International Organization for Standardization, ISO)，是一个全球性的非政府组织，也是世界上最大的国际标准化机构。ISO 成立于 1947 年，总部位于瑞士日内瓦。ISO 的宗旨是“在世界上促进标准化及其相关活动的发展，以便于国际物资交流和相互服务，并扩大知识、科学、技术和经济领域中的合作”。

ISO 组织机构包括全体大会、理事会、中央秘书处、政策制定委员会、技术管理局、标准物质委员会、技术咨询组、技术委员会等。

中国是 ISO 始创成员国之一，也是最初的 5 个常任理事国之一。1978 年 9 月中国以中国标准化协会名义参加 ISO，1985 年改由中国国家标准局参加，1989 年又改由中国国家技术监督局参加。2001 年机构改革后，中国国家标准化管理委员会代表中国参加该国际标准化组织的活动。

(二)ISO食品标准化的现状与特点

1.ISO的食品标准化技术委员会

在食品及食品相关产品的标准化方面,ISO主要有4个技术委员会,分别是ISO/TC 34(食品技术标准化技术委员会),ISO/TC 93(淀粉和衍生物及其副产品标准工作技术委员会),ISO/TC 166(食品接触瓷器、玻璃制品技术委员会)和ISO/TC 176(质量管理和质量保证技术委员会)。

2.ISO食品标准化介绍

目前,ISO/TC 34共有14个分技术委员会、3个工作组和1个咨询组,ISO/TC 93有2个工作组,ISO/TC 166有一个术语工作组和食品接触瓷器委员会。截至2014年12月,ISO/TC 34现行有效食品标准有818项(包括修改单),正在制定的食品标准111项,已经废止或替代的食品标准338项,ISO/TC 93共颁布了26项标准,ISO/TC 166颁布了6项标准,ISO/TC 176颁布了24项标准。ISO的食品标准主要是食品产品标准和食品质量指标检验检测方法的标准,主要集中在ISO/TC 34,以下重点介绍ISO/TC 34标准的情况,有关其他技术委员会的标准信息读者可以在ISO主页上查询到标准目录相关情况。

3.ISO与其他组织的合作

ISO/TC 34和其分技术委员会,对其他国际组织和有广泛基础的区域性组织非常感兴趣,如CAC(国际食品法典委员会)、IDF(国际乳业联合会)、FAO(联合国粮农组织)、WHO(世界卫生组织)等。

(三)ISO食品标准化工作的发展动向

随着全球食品安全的形势日益严峻以及经济全球化的发展,考虑到食品安全管理体系的重要性,ISO加强了食品综合性、管理性标准的制定。特别是近年来,加快食品安全管理控制技术标准的研究制定步伐。ISO致力于制定全球统一的、既适用于食品链中的各类组织开展食品安全管理活动的、又可用于审核与认证的食品综合性国际标准。例如,ISO/TC 34于2001年发布ISO 15161:2001《食品与饮料行业ISO 9001:2000应用指南》。于2000年成立第8工作组(ISO/TC 34/WG 8),开始研究制定ISO 22000食品安全管理体系系列标准。经过5年时间,于2005年9月正式发布了ISO 22000:2005《食品安全管理体系——食品链中各类组织的要求》,随后于2005年11月发布了它的配套指南ISO/TS 22004:2005《食品安全管理体系ISO 22000:2005的应用指南》。

目前,ISO/TC 34正在制定的综合性标准还包括ISO/TS 22003《食品安全管理体系——按照ISO22000:2005提供食品安全管理体系审核和认证机构的要求》,ISO 22005《饲料和食品链的可追溯性——体系设计和开发的总体原则和指南》等。

另外,ISO/TC 166食品接触瓷器、玻璃制品技术委员会正在加强研究制定的标准包括食品接触瓷器中有毒有害物的检测方法等。

三、国际乳品联合会(IDF/FIL)

(一)IDF 概况

国际乳品联合会(International Dairy Fedcration,IDF)成立于 1903 年,是一个独立的、非政治性的、非营利性的民间国际组织,也是乳品行业唯一的世界性组织。它代表世界乳品工业参与国际活动。IDF 由比利时组织发起,因此,总部设在比利时首都布鲁塞尔。现有会员单位 41 个。

IDF 的宗旨是通过国际合作与磋商,促进国际乳品领域科学、技术和经济的进步。

IDF 的最高权力机构是成员大会。其下设机构为理事会、管理委员会、学术委员会和秘书处、项目协调委员会等。IDF 中国国家委员会设在中国乳制品工业协会,秘书处设在黑龙江省乳品工业技术开发中心。

IDF 每四年召开一次国际乳品代表大会,每年召开一次年会。年会期间 6 个专业技术委员会分别开会,由专家组报告工作情况,并作出相应的决议。除大会和年会外,各专业技术委员会经常举办一些研讨会、技术报告会和专题报告会,就乳品行业普遍关心的技术、经济、政策等方面的问题,进行交流和探讨。IDF 的经费来源主要是成员国缴纳的会费、大会及年会的报名费、销售出版物收入及有关方面的捐赠。

(二)IDF 标准的内容与特点

IDF 标准制修订主要由不同的项目实施常委会具体负责。IDF 每年都要发行其出版物,主要包括:公报、专题报告集、研讨会论文集、简报、书籍和标准。到目前为止,IDF 共发行标准 180 个,其中分析方法标准 166 个,产品标准 8 个,乳品设备及综合性标准 6 个。有 125 个标准是与 ISO 共同发布的。

IDF 标准种类主要有:乳和乳制品组成成分测定和其他成分检验的方法标准,微生物菌落技术方法标准以及其他与微生物检测有关的标准,扦样方法标准,产品成分标准,食品工程方面的标准等。

四、国际葡萄与葡萄酒组织(IWO/OIV)

(一)OIV 概况

国际葡萄与葡萄酒组织(The International Organization of Vine and Wine,OIV)是根据 2001 年 4 月 3 日的协定在国际葡萄与葡萄酒局(The International Vine and Wine Office)的基础上建立起来的。OIV 是 ISO 确认并公布的国际组织之一,同时,OIV 标准还是世界贸易组织(WTO)在葡萄酒方面采用的标准。

OIV 主要的主要职责是:研究葡萄的种植,葡萄酒、葡萄汁、食用葡萄和葡萄干的生产、贮存和消费的全部科学、技术和经济问题,并出版相关书刊。

OIV 的目标是:告知其成员涉及葡萄及葡萄酒领域中生产者、消费者及其他应考虑的参与者的标准；援助其他政府间及非政府间国际组织，特别是执行标准化工作的国际组织；促进现存惯例与标准的统一。

OIV 主要职能机构是：全体代表大会；执行委员会；科学技术委员会；并设有葡萄种植，葡萄酒酿制与葡萄种植经济和评奖 3 个专门委员会及其领导下的 11 个专家小组。

目前，国际葡萄与葡萄酒局已公布并出版的出版物有：《国际葡萄酿酒法规》、《国际葡萄酒和葡萄汁分析方法汇编》、《国际葡萄酿酒药典》，它们构成了整套丛书，具有很强的科学、法律和实用价值。

（二）OIV 食品标准的内容与特点

OIV 颁布的国际标准主要有 3 类：葡萄栽培、酒类研究和经济法规方面。这些标准具有很强的科学、法律和实用价值。

1. 葡萄栽培标准

OIV 葡萄栽培标准主要有：《葡萄品种及种类特征描述规范》、《世界葡萄品种说明》、《防枯萎控制及警报》、《葡萄品种名称目录》、《农药残留核准极限》等。

2. 酒类研究标准

OIV 酒类研究标准主要有：《葡萄酿酒技术准则国际编码》、《国际酿酒学法典》、《葡萄酒营养及健康》、《国际葡萄酒及葡萄汁分析方法纲要》、《国际烈性酒分析方法纲要》等。

3. 经济法规标准

OIV 经济法规方面的标准主要有：《葡萄酒竞争国际准则》、《葡萄栽培及葡萄酒状况及全球数据、年报》等。

五、世界卫生组织（WHO）

（一）WHO 概况

世界卫生组织（World Health Organization，WHO）是联合国下属的一个专门机构，其前身可以追溯到 1907 年成立于巴黎的国际公共卫生局和 1920 年成立于日内瓦的国际联盟卫生组织。战后，经联合国经社理事会决定，64 个国家的代表于 1946 年 7 月在纽约举行了一次国际卫生会议，签署了《世界卫生组织组织法》。1948 年 4 月 7 日，该法得到 26 个联合国会员国批准后生效，世界卫生组织宣告成立。每年的 4 月 7 日也就成为全球性的世界卫生日。同年 6 月 24 日，世界卫生组织在日内瓦召开的第一届世界卫生大会上正式成立，总部设在瑞士日内瓦。截至 2003 年 5 月，WHO 共有 192 个成员国。

WHO 的宗旨是使全世界人民获得尽可能高水平的健康。该组织给健康下的定义为“身体、精神和社会生活的完美状态”。WHO 主要职能包括：促进流行病和地方病的防治；提供和改进公共卫生、疾病医疗和有关事项的教学与训练；推动确定生物制品的国际标准。

（二）WHO 的组织机构

世界卫生大会是最高权力机构，每年举行一次。主要任务是审议总干事的工作报告、规划预算、接纳新会员国和讨论其他重要议题。

执行委员会由世界卫生大会选出的32名会员国政府指定的代表组成，任期3年，每年改选1/3。根据世界卫生组织的君子协定，联合国安理会5个常任理事国是必然的执委会成员国，但席位第三年后轮空一年。

常设机构秘书处下设非洲、美洲、欧洲、东地中海、东南亚、西太平洋6个地区办事处。总干事是秘书处行政和业务首席官员，经秘密投票选举产生。

（三）WHO同中国的关系

中国是该组织的创始国之一。1972年第25届世界卫生大会恢复了中国在该组织的合法席位。其后，中国出席该组织历届大会和地区委员会会议，被选为执委会委员。1978年10月，中国卫生部长和该组织总干事在北京签署了"卫生技术合作谅解备忘录"，协调双方的技术合作。这是双方友好合作史上的里程碑。

迄今，我国与该组织召开过18次技术合作协调规划会议，该组织向我国提供的各种援助约9 600万美元。1981年该组织在北京设立驻华代表处。

中国的世界卫生组织（WHO）合作中心目前已达69个，其数目之多位居世界卫生组织西太平洋地区国家之首。现有的合作中心分布于我国14个省市自治区，覆盖了医学12个学科30余个专业。世界卫生组织合作中心作为我国与世界卫生组织开展卫生技术合作的窗口，在促进国际、国内卫生技术交流、人员培训等方面发挥了积极的辐射和示范作用，现已成为促进我国医学科学现代化，早日实现人人享有卫生保健目标的一支重要力量。

六、世界贸易组织（WTO）

（一）WTO的概况

世界贸易组织（World Trade Organization，WTO），简称世贸组织，是一个专门协调国际贸易关系的国际经济组织，现有成员146个，其前身是关税和贸易总协定（General Agreement on Tariff and Trade，GATT），与关贸总协定相比，其多边贸易体制涵盖了货物贸易、服务贸易以及知识产权贸易，而关贸总协定只适用于货物贸易。

WTO是根据"乌拉圭回合"多边贸易谈判达成的《建立世界贸易组织协定》文件，于1995年1月1日建立的。对各缔约方之间的经济贸易关系进行监督、管理的正式国际贸易组织，是独立于联合国的永久性国际组织。

世贸组织的宗旨：世贸全体成员在处理贸易和经济领域的关系时，应以提高生活水平，保证充分就业，大幅度稳步地提高实际收入和有效需求；扩大货物、服务的生产和贸易；坚持走可持续发展之路，促进对世界资源的最佳利用。既保护和维护环境，又以符合不同经济发展水平成员需要的方式，加强为此采取的措施；积极努力以确保发展中国家尤其是其中的最不发达国家，在国际贸易增长中获得与其经济发展需要相应的份额。

世贸组织的目标是：建立一个完整的包括货物、服务、与贸易有关的投资及知识产权等更具活力、更持久的多边贸易体系，以包括关贸总协定贸易自由化的成果和乌拉圭回合多边贸易谈判的所有成果。

(二)WTO的主要职能

根据《建立世界贸易组织协议》的规定,世界贸易组织的职能有:

(1)负责多边贸易协议的实施、管理和运作,促进世界贸易组织目标的实现,同时为诸边贸易协议的实施、管理和运作提供框架;

(2)为各成员就多边贸易关系进行谈判和贸易部长会议提供场所,并提供实施谈判结果的框架;

(3)通过争端解决机制,解决成员之间可能产生的贸易争端;

(4)运用贸易政策审议机制,定期审议成员的贸易政策及其对多边贸易体制运行所产生的影响;

(5)通过与其他国际经济组织(如国际货币基金组织、世界银行及其附属机构等)的合作和政策协调,实现全球经济决策的更大一致性;

(6)对发展中国家和最不发达国家提供技术援助及培训。

(三)WTO的组织机构

根据《建立世界贸易组织协定》的规定,世界贸易组织在瑞士的日内瓦设立了相应的组织机构,其组织机构如图6-1所示。

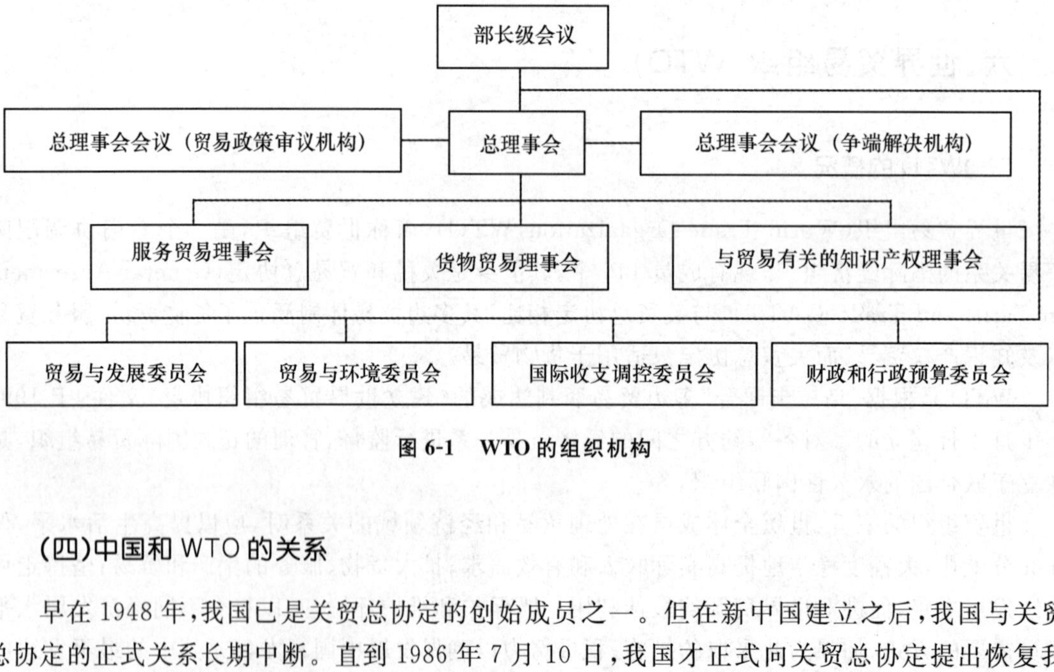

图6-1 WTO的组织机构

(四)中国和WTO的关系

早在1948年,我国已是关贸总协定的创始成员之一。但在新中国建立之后,我国与关贸总协定的正式关系长期中断。直到1986年7月10日,我国才正式向关贸总协定提出恢复我国的缔约国地位的申请,并于1987年2月13日向关贸总协定提交《中国对外贸易制度备忘录》。在这份备忘录中,全面介绍了我国经济体制改革、对外开放政策、对外贸易政策和体制及组织机构等,供关贸总协定所设立的工作组进行审议,以便关贸总协定理事会把这个问题尽早列入议程,进行谈判解决。1987年3月,GATT成立中国缔约方地位问题工作组,进行了恢复中国关贸总协定缔约国地位的谈判,简称"复关"谈判。WTO建立后,我国开始了入世谈判,中国加入世界贸易组织的谈判在3个领域中进行,即:市场准入、服务贸易和议定书草案。2001年12月11日,中国正式加入WTO,成为其第143个成员国。

七、联合国粮农组织(FAO)

(一)FAO的概况

联合国粮农组织(Food and Agriculture Organization of the United Nations,FAO),是联合国最早建立的特别机构,1945年10月成立于加拿大魁北克市,现总部设在意大利罗马。至1997年底,共176个成员国,1个成员组织(欧共体)和1个准成员国。中国于1973年恢复了在该组织的合法席位。

FAO的宗旨:提高成员国国家人民的营养水平和生活标准,改善所有食品和农业产品的生产和分配,改进农村人口生活条件,由此对世界经济的增长和保证人类免于饥饿做出贡献。

(二)FAO的组织机构

FAO是联合国成立的第一个专门机构,主要由大会、理事会和秘书处组成。大会是最高权力机构,其职责是确定政策,通过预算和工作计划,向成员国或其他国际组织提供有关粮食问题的建议,审查本组织所属机构的决议和接纳新会员和主席,任命秘书处总干事,并且每两年举行一次。理事会,有49名成员,由大会选举产生,任期3年。在大会闭会期间行使大会赋予的权力,每两年至少召开三次会议,下设计划、财政、农业、林业、渔业、商品、章程及法律事务等8个职能委员会;秘书处,为大会和理事会的执行机构,总干事由大会委任,任期6年,在大会和理事会的一般监督下负责指导整个粮食组织的工作。

(三)FAO的职能

FAO的职能是提高营养水平,提高农业生产率,改善乡村人口的生活和促进世界经济发展。

世界粮农组织提供帮助人们和国家自助的那种幕后援助。如果一个社区想提高作物单产但又缺乏技能,FAO就介绍简便而可持续的手段和方法。当一个国家从土地国家所有制向土地私人所有制转变时,FAO就提供铺平道路的法律咨询。当旱灾产生将已经受害的群体推向饥饿边缘的风险时,FAO就动员采取行动。在各种需要相互竞争的复杂世界中,FAO提供达成共识所需的一个中立的会议场所和背景知识。

(四)中国与FAO

中国是FAO创始国之一。1971年11月,FAO理事国第57届会议通过决议,接纳我国作为正式会员参加该组织。1973年9月,我国向该组织派出常驻代表,并建立了中国驻粮农组织代表处。1983年1月,粮农组织在北京设立代表处。

FAO在华联系单位为农业部。每年我国有一定数量的科研人员获得FAO资助,参加有关国际会议或培训班。

八、国际有机农业运动联合会(IFOAM)

(一)IFOAM概况

国际有机农业运动联合会(IFOAM),于1972年11月5日在法国成立,成立初期只有英国、瑞典、南非、美国和法国5个国家的5个单位的代表。经过三十多年的发展,目前,IFOAM组织已成为当今世界上最广泛、最庞大、最权威的一个拥有来自100多个国家700多个集体会员的国际有机农业组织。其中非洲27个国家,亚洲15个国家,拉丁美洲25个国家。目前,国际市场上有机食品品种主要有粮食、蔬菜、油料、肉类、乳制品、蛋类、酒类、咖啡、可可、茶叶、草药、调味品等。此外,还有动物饲料、种子、棉花、花卉等有机产品。

IFOAM的宗旨:主张在世界范围内开展有机农业运动,并且提供全球范围内的学术交流与合作的舞台;在发展有机农业系统过程中,提供一个包括保持环境持续发展和满足人类需求的综合途径;利用各会员的专长,为人们日常生活的需要打开一道方便之门。

IFOAM的功能主要是:在世界范围内建立一种发展有机农业运动的协作网。

(二)IFOAM的主要目标和活动

1. IFOAM的主要目标

(1)在会员之间交流知识和专业技能,并向人们宣传有机农业运动;

(2)在世界范围内,在会议、政府和一些制定政策的会议上(例如在联合国的咨询机构)倡导开展有机农业运动;

(3)制定和定期修改国际"IFOAM有机农业和食品加工的基本标准"(IFOAM的基本标准已被翻译成18种文字);

(4)制定一个真正的有机农业质量保证书,IFOAM的颁证资格确认项目保证了世界范围内颁证程序的可靠性。

2. IFOAM的活动

IFOAM为发展有机农业提供许多信息交流的机会。例如,举办国际性的、洲际性的以及区域性的IFOAM会议,或者通过IFOAM的国际刊物,如通过《生态和农业》(Ecology and Farming)杂志和大会论文集的形式进行学术交流。IFOAM在国际上开展了广泛的活动,使有机农业运动在世界范围内掀起了高潮,并不断地扩大影响;使有机农业能够受到那些制定农业政策的职能机构的重视。

通过IFOAM出版的"国际有机农业会员"名录(IFOAM Directory of the Member Organizations and Associates),或者通过IFOAM的"国际联系网"(网址:www.ifoam.org),人们就能够很容易地与世界上任何地区从事有机农业的合作者建立联系。

IFOAM组织随时接纳新会员。那些从事有机农产品生产、加工、贸易和咨询的公司或组织,以及从事有机农业研究和培训的机构都可以申请成为IFOAM的会员。此外,对于那些为有机农业运动做出特殊贡献的个人和公司也可以作为特别的支持者加入IFOAM。

(三)IFOAM会员的待遇

可订阅一份英文或德文的IFOAM刊物,即《生态与农业》,包括IFOAM的内部通讯;参加 IFOAM 会议可享受优惠的会议注册费，购买 IFOAM 刊物时可享受 15%的折扣；免费列入 IFOAM 的会员名录，每年免费收到一本名录。

(四) IFOAM 的法规与管理体系

主要分为两个层次：一是联合国层次，二是国家层次。联合国层次的有机农业和有机农产品标准是由联合国粮农组织（FAO）与世界卫生组织（WHO）领导的有机认证者委员会（Organic Certifiers Council，OCC）制定的，是《食品法典》的一部分，只有植物生产标准，动物生产标准尚未通过，尚属于建议性标准。《食品法典》的标准基本上参考了欧盟有机农业标准 EU 2092/91 以及国际有机农业运动联盟（International Federation of Organic Agriculture Movements，IFOAM）的“基本标准”。

IFOAM 的基本标准属于非政府组织制定的有机农业标准，每两年召开一次会员大会进行基本标准的修改，它联合了国际上从事有机农业生产、加工和研究的各类组织和个人，其标准具有广泛的民主性和代表性，为许多国家制定有机农业标准的参照。IFOAM 的基本标准包括了植物生产、动物生产以及加工的各类环节，还专门制定了茶叶和咖啡的标准。IFOAM 的授权体系—监督和控制有机农业检查认证机构的组织和准则（Independent Organic Accreditation Service，IOAS）单独对有机农业检查认证机构实行监督和控制。

(五) IFOAM 对发展有机农业生产和有机食品加工的主要目标

(1)生产足够的优质产品；

(2)以一种建设性、提高生命的方式与自然系统相互作用；

(3)考虑到有机生产和加工体系的广泛的社会和生态影响；

(4)促进耕作系统中包括微生物、土壤动植物、其他植物和动物在内的生物循环；

(5)发展一种有价值的持续水生生态系统；

(6)保持和提高土壤的长效肥力；

(7)保持生产体系和周围环境中的基因多样性，包括保护植物和野生动物的栖息地；

(8)促进水、水资源和其他生命的合理利用和保护；

(9)尽可能利用当地生产系统中的可再生资源；

(10)协调作物生产和畜牧业生产的平衡；

(11)考虑畜禽在自然环境中的所有生活需求和条件；

(12)使各种形式的污染最小化；

(13)利用可再生资源加工有机产品；

(14)生产生物可完全降解的有机产品；

(15)使从事有机生产和加工的每一个人都能获得足够的收入，享受优质的生活，满足他们的基本需求，对其从事的工作满意，包括有一个安全的工作环境；

(16)努力使整个生产、加工和销售链都能向社会上公正、生态上合理的方面发展。

以上目标可以概括为环境、健康、经济及社会公正 4 个方面，要实现此目标，有机生产者就必须真正理解有机农业原理，能使其生产系统能按生态学、生物学自身的规律发挥作用，对农场进行精心的管理。任何过分的利益驱动和急功近利的思想都不利于发展成功的有机生产，不利于实现有机生产的目标。

[练一练]

1. 简述国际标准化组织制定国际标准的工作步骤和顺序。

2. 简述国际食品标准组织的作用及业务。

任务三 部分发达国家食品标准与法规

[任务目标]

了解主要发达国家食品标准，熟悉采用国际标准的技术性差异和编辑性修改的标示方法以及促进采用国际标准的措施。

[技能训练]

理解欧盟的技术标准、法规的技术壁垒状况。

[知识链接]

一、欧盟食品标准与法规

(一)食品质量安全管理机构

欧盟政策、法令、条例等制定和决策过程中起重要作用的是欧洲委员会、欧洲议会、欧盟理事会(部长理事会)和经济与社会委员会4个主要机构。

(二)欧盟食品法规

1. 欧盟《通用食品法》

2002年2月21日，欧盟《通用食品法》生效启用。这是欧盟历史上首次采用的通用食品法。《通用食品法》包括的要素有：

(1)确定对从饲料和食品"从农田、家畜圈到消费者的餐桌"的整个食品链的通则和要求，除了对主要概念进行定义之外，特别对下列诸点提出了普遍性的准则：预防措施的原则；食品和饲料的追查性；对食品和饲料安全的要求；食品和饲料企业的责任。

(2)对危及健康的保护措施(如驾驭危机，拓宽快速预警机制和处理防止不安全的食品和饲料的流通)。

2. 欧盟最新实施的三部有关食品卫生的新法规

欧盟从2006年1月1日起实施三部有关食品卫生的新法规：

(1)有关食品卫生的法规(EC)852/2004：该法规规定了食品企业经营者确保食品卫生的通用规则，主要包括：企业经营者承担食品安全的主要责任；从食品的初级生产开始确保食品生产、加工和分销的整体安全；全面推行危险分析和关键控制点(HACCP)；建立微生物准则和温度控制要求；确保进口食品符合欧洲标准或与之等效的标准。

(2)规定动物源性食品特殊卫生规则的法规(EC)853/2004：该法规规定了动物源性食品的卫生准则，其主要内容包括：只能用饮用水对动物源性食品进行清洗；食品生产加工设施必须在欧盟获得批准和注册;动物源性食品必须加贴识别标识;只允许从欧盟许可清单所列国家进口动物源性食品。

(3)规定人类消费用动物源性食品官方控制组织的特殊规则的法规(EC)854/2004:该法规规定了对动物源性食品实施官方控制的规则,其主要内容包括:欧盟成员国官方机构实施食品控制的一般原则;食品企业注册的批准;对违法行为的惩罚,如限制或禁止投放市场、限制或禁止进口等;在附录中分别规定对肉、双壳软体动物、水产品、原乳和乳制品的专用控制措施;进口程序,如允许进口的第三国或企业清单。

(三)食品标准法规体系

1.技术法规

欧盟在1985—1991年制定了282个指令,其中约有30%是技术法规,这些法规涉及工业产品的安全、卫生、技术标准、商品包装和标签的规定以及认证制度,还涉及农产品的生产、加工、运输、贮藏等各个环节。并且对食品、药品的生产、加工、成分、广告、标签及标记、说明书,以及兽药的生产及残留限量也做了明确的规定。

2.农药残留标准

2000年4月28日,发布2000/24/EC号指令,对茶叶中的农药残留限量作了如下修改:杀螟丹的MRL值由20 mg/kg降至0.1 mg/kg;新增了乙滴涕、甲氧滴滴涕、枯草隆、氯杀螨、杀螨特、杀螨酯、燕麦灵、燕麦敌和乙酯杀螨醇等10种农药的MRL,限量均为0.1 mg/kg。要求各成员国最迟在2000年12月31日前将其转变为本国的法规,并通知欧盟各成员国于2001年7月1日执行该指令。

2000年6月30日,发布2000/42/EC号令,指令要求欧盟茶叶中氰戊菊酯和喹硫磷最大农药残留限量(MRL)在2000年7月1日降低至分析方法所用仪器的检测低限。该指令要求最迟在2001年2月28日前将其转变为本国与该指令一致的法规,并通知欧盟各成员国于2001年7月1日执行该指令。

3.有机农业条例

欧盟对有机食品的质量要求非常严格,其必须符合下列基本要求:

(1)原产地无任何污染;耕地一般在播种前至少要有2年的转换期;多年生作物(草场除外)要按所述的产品要求,在第一次收获前至少要有3年的转换期。检查机构可与主管部门视耕地以前的使用情况,确定延长或缩短其转换期。

(2)生产过程中不使用任何化学合成的农药、肥料、饲料、除草剂和生长素等,同时要保持土壤的肥力和生物活性。通过种植豆类、绿肥植物及深根植物,扩宽轮作幅度和添加有机物质保证肥力和生物活性。病虫害和草害通过品种选择、轮作、机械耕作和益虫等方式进行防治。

(3)加工过程中不使用任何化学合成的食品防腐剂、添加剂、人工合成色素和用有机溶剂提取等。

(4)贮藏、运输过程中未受有害化学物质的污染。

(5)必须符合国家食品卫生法的要求和食品行业质量标准。

4.食品包装、储运与标识

在欧盟内流通的商品都必须符合产品包装、运输和标识的有关标准规定。

具体标注的方法是:在出售食品的旁边放一个说明标签(而不是印在食品包装上),如果食品中转基因含量超过1%,且产品有配料成分清单,则须在配料单后注明"配料是由转基因大豆(或玉米)制成的",或标明"添加剂和香精为转基因产品";如果没有配料清单,则在产品标签上直接注明"此食品含有转基因成分"。

5.农产品进口标准

要进入欧盟市场的产品必须至少满足以下3个条件之一:

(1)符合欧洲标准(EN),取得欧洲标准化委员会(CEN)认证标志。

(2)与人身安全有关的产品,要取得欧盟安全认证标志CE。

(3)进入欧盟市场的产品厂商,要取得ISO 9000合格证书。

同时,欧盟还明确要求进入欧盟市场的产品凡涉及欧盟指令的,必须符合指令的要求并通过认定,才允许在欧盟市场销售。

6.有机食品进口规定

(1)基本要求　在欧洲经济共同体颁布实行的有机农业2092/91法规中,涉及从第三国进口有机农业产品的规定。在"关于从第三国进口的带有有机农业标识的产品上市的协调规章"中,确定了分配进口许可的方法,并按此方法对第三国进口的具体操作给予统一规定。进口许可的申请按2092/91法规第11条第5款执行。按照规定:

①进口商应至少呈交由第三国执行检查任务的检查机构所做的,关于出口者现实情况的检查报告,作为申请进口许可证的附件。检查机构要求进口商呈交一份由一个独立的、有专业技术的检查主管部门所做的、经全面核准的现实情况报告。该报告必须详述关于农业企业、生产者合作社和加工企业的现实情况。在分配进口许可证后,其保留许可证的前提条件是保证在第三国内长期满足所要求的条件。为此,进口商的检查机构在其检查范围内必须确保其所负有的责任。

②作为农业转换期的起始日期,即生产企业和检查机构之间所签订的检查协定日期,要在对企业进行全面检查协定签订之前或之后立刻进行。

③在检查协定签订之前提出缩短转换期或承认经营时间,这些完全由分管欧盟上市产品进口许可的主管部门来确定,这些问题可以事后追加,即与提出进口许可申请的同时进行。对此,进口商要向第三国检查机构提供相应的证明。

④适时向检查机构主管部门呈交由第三国企业与第三国检查机构之间订立的检查,必须制定有效期。更换检查机构时,应提出明确的理由。

⑤仅仅不使用未经允许的化肥和植物保护剂,还不足以确认就是有机农业生产。企业必须确保严格按规定执行这些措施。

⑥申请该商品上市时,进口商必须说明什么时候转换期结束或即将结束,及在转换期内生产的这种产品从什么时候开始不再进口,以便检查机构主管部门可以详细了解此事,考虑进口许可的问题。

⑦在私有土地上经营的生产者合作社要说明生产者的姓名和其经营的土地。只要第三国中不是所有农业企业和生产者合作社都转向有机农业,这些按生态方式经营和常规方式经营的企业就必须按欧盟的规定进行检查。这一点必须在检查协定和检查报告中反映出来。在已制定的转换计划中,同时进行多年生作物生产时,要指出全部农田转换的重要性。

⑧申请进口许可的有效证明必须由第三国负责出口检查的检查机构填写和签字。要求进口商向检查机构提出申请,除此以外不可能有其他专业性的证明。这个检查机构必须证明从

生产到出口的各阶段满足了上述②～⑦条中所述的条件，即使在企业检查阶段是由其他检查机构进行检查的也要得到证实。

(2)有机农业产品进口目录及标签规定　1995年6月，欧盟农业部长通过了有机农业条例的重要修订。其中特别涉及种子、种苗的标记规定和要求，以及由第三国进口的规定。

只有当在欧盟大量生产或从第三国进口都不能按生态质量标准满足供应时，才可以用常规农业成分(最多5%或30%)。所允许的常规农业成分在有机农业法规中有如下规定：

①产品或其成分不可以用电离辐射处理。

②在加工时使用添加剂或辅助材料被严格限制。允许使用的应在有机农业条例中列出。

从1997年1月开始，所有的有机农业产品都必须在标签上注明主管的检查机构。有机农业所用的种子、种苗必须取源于按有机农业规定生产一代以上的植物，这个例外规定至2000年12月31日已经被终止。

对所有属于有机农业规定内容之内的产品，对其所必须使用的检查方法须由官方公布，并由经民间专业检查机构执行。从1996年1月1日起，所有检查机构必须有一个代号。除此以外，经批准的检查站从1998年1月1日起必须满足EN 45011标准中的规定。

目前，在有机农业检测中，对那些从第三国进口并加有有机农业标识的产品有以下两条规定：

①来自于一个具有同样规范了的有机农业规定国家的产品，可以加有机农业产品标识在欧盟上市。上述国家在名为“第三国名单”中记录的有：阿根廷、澳大利亚、匈牙利、以色列、瑞士等。

②对于来自一个不在“第三国名单”中的国家的有机农产品上市，有一个在成员国级别上制定的规定，进口商必须向主管当局证明：第三国的产品是按符合有机农业规定生产并经过检查的。此规定的期限延续至2002年12月31日。

二、美国食品标准与法规

(一)食品质量安全管理体制

美国涉及食品(农产品)安全管理的部门主要有农业部(USDA)、食品和药品管理局(FDA)和国家环境保护署(EPA)。

(二)常规食品质量标准体系

1.标准的结构

(1)国家标准　国家标准是由联邦农业部食品安全检验局、动植物健康检验局、农业市场局、粮食检验包装储存管理局、卫生部食品与药品管理局、环境保护署等政府机构制定的标准，还包括联邦政府授权的机构如饲料官方管理协会制定的标准。

(2)行业标准　是由民间团体制定的标准，诸如谷物化学师协会、苗圃主协会、奶制品学会、饲料工业协会等制定的标准。民间组织制定的标准具有很大的权威性，不仅在国内享有良好的声誉而颇受青睐，在国际上也得到高度评价而广泛采用。行业标准是美国标准的主体。

(3)由农场主或公司制定的本企业操作规范　相当于我国的企业标准。

2.标准的分类

(1)产品标准　谷类和谷类制品,肉、蛋、鱼及其制品,水果和蔬菜,果酱及相关制品,食用油及相关产品,乳制品,饮料,糖和蜂蜜等。

(2)农业投入品及其合理使用标准　包括种子及种子检验标准,种子认证标准,农药、兽药、饲料评价与登记标准。

(3)安全卫生标准　包括农药和兽药残留限量标准,微生物、化学物质残留检测方法标准。

(4)生产技术规程　主要是影响食品安全的过程控制标准,如 HACCP 操作规范、动物饲养技术规程等。

(5)农业生态环境标准

(6)食品包装、储运、标签标识标准

(三)有机食品标准体系

美国农业部于 2001 年公布了"有机食品"的正式定义,并开始对有机食品发放统一许可证。对有机食品的管理主要包括以下内容:有机生产加工处理系统计划,土地法规,土壤肥力和作物营养管理标准,种子和栽种苗木的操作标准,作物轮作实施标准,作物害虫、杂草和疫病的管理措施标准,野生作物收获操作标准,家畜来源标准,家畜饲料标准,家畜保健标准,有机产品标签规定等。

(四)食品安全法规体系

美国食品安全的主要法令包括:联邦食品、药物、化妆品法(FFDCA),联邦肉类检测法(FMIA),禽类产品检测法(PPIA),蛋类产品检测法(EPIA),食品质量保护法(FQPA)和公众健康保护法(PHAA)。

管理机构必须遵守的程序法包括:行政管理程序法(APA),联邦咨询委员会法(FACA),新闻自由法(FOIA)。APA 对条例的制定做出了具体的规定(例如联邦管理机构形成、修改、废止一项条例的程序,允许相关利益集团所请求的对条例的颁布、修正和废止的程序),APA 下设管理机构颁布的实质性条例,具有法律效力。FACA 要求管理部门依赖的咨询组织,必须是特许设立的咨询委员会,咨询委员要保持公正、避免利益冲突、举行公开的咨询委员会议,同时要有机会听取委员会之外的评论。FOIA 条例保证公众的法律权力,可得到联邦管理机构的信息。

任何组织或个人对管理机构的决定有异议,都可以将管理机构诉诸法庭。食品行业不仅要保证食品的安全,而且有遵守法律和管理条例的责任。

(五)FDA 实施的主要法规

FDA 实施的主要法规有:1938 年,《联邦食品、药品和化妆品法》(Federal Food,Drug,and Cosmetic Act,FDCA);1966 年,《包装和标签法》(Fair Packaging and Labeling Act),涉及产品包装上所要求的对产品内容及产地说明;1990 年,《营养标签及教育法》(Nutriton Labeling and Education Act,NLEA),主要涉及 3 方面:营养标签的格式、内容和健康声明;1994 年,《膳食补充剂健康和教育法》(Dietary Supplement Health and Education Act,DSHEA),建立起对膳食补充剂标签的规定,授权 FDA 颁布膳食补充剂行业的生产质量管理规范。

(六)关于生物反恐法的规定

“9·11”事件发生后,出于对来自生物恐怖主义威胁的担心,美国国会在2002年通过了《2002公共健康安全与生物恐怖主义预防应对法》(以下简称生物反恐法),布什总统于2002年6月12日签署了该法案。该法案授权美国食品与药品管理局(FDA)针对国际或意外事件造成的污染和其他与食品相关的公共卫生突发事件造成的威胁采取行动以维护美国食品供应安全。

在生物反恐法下有四个条款涉及食品供应保护管理,根据这四节的要求,FDA已于2003年5月6日草拟出所有配套的法规,并于2003年10月12日正式发布,2003年12月12日起开始实施。影响食品企业的4个条款如下所示:

(1)第303节 行政扣留(administrative detention):授权FDA执行人员可以扣留可疑的食品。

(2)第305节 注册(registration):规定所有生产/加工、包装及储存食品及动物饲料的美国及外国企业均须于2003年12月12日前向FDA完成注册。

(3)第306节 记录保存(record keeping):规定经注册的食品企业要建立和保持记录,以便追溯食品来源。

(4)第307节 预先通报(prior notice):规定对美出口食品必须在出口前办理事先通知。

三、加拿大食品标准与法规

(一)食品质量安全管理机构及职责

政府负责食品质量安全管理的部门主要有农业部和卫生部。农业部及所属食品检验局(Canadian Food Inspection Agency,CFIA)负责食品的安全卫生监控。CFIA的工作职责不仅在《加拿大食品检验局法》中作了概括规定,同时在《肉类检验法》、《肥料法》和《水果蔬菜条例》等法律法规中进一步加以明确,使得加拿大不论是食品的安全卫生标准,还是农作物种子种苗、食品进出口检疫检验、食品标签标识、肥料质量标准、农药兽药安全及使用标准、农产品生产、加工、运输标准的监督工作都由CFIA统一负责。

(二)标准与相关的法律法规

为了确保食品的优质安全,提高食品在国际市场上的竞争力,加拿大建立了完善的法律法规体系,以保障标准的实施。加拿大涉及食品质量安全有关标准的主要法律法规如下:

主要法律有:《食品药品法》(The Food and Drugs Act)、《有害物控制产品管理法》(The Pest Control Products Act)、《植物保护法》(Plant Protection Act)、《加拿大谷物法》(Canada Grain Act)、《肉类检查法》(Meat lnspection Act)、《消费者包装标签法》(The Consumer Packaging and Labelling Act)、《肥料法》(Fertilizers Act)、《种子法》(Seeds Act)、《饲料法》(Feeds Act)等。

主要法规有:《食品药品条例》(The Food and Drug Regulations)、《植物保护条例》(P1ant Protection Regulations)、《加拿大谷物条例》(Canada Grain Regulations)、《新鲜水果蔬菜条

例》(Fresh Fruit and Vegetable Regulations)、《新食品管理条例》(The Novel Food Regulations)、《新食品安全评价准则》(Guidelines for the Safety Assessment of Novel Foods)、《肉类检查条例》(Meat Inspection Regulations)、《消费者包装标签条例》(The Consumer Packaging and Labelling Regulations)、《肥料条例》(Fertilizers Regulations)、《种子条例》(Seeds Regulations)、《饲料条例》(Feeds Regulations)等。

1. 产品及产品质量分类标准

(1)产品分类　加拿大农业主要分为种植业、畜牧业及加工业3类。其中种植业又可分为大宗谷物产品、草料作物、水果蔬菜以及园艺产品等;畜牧业包括家畜、家禽的饲养及加工、乳酪产品等。

(2)产品质量分类标准　在加拿大,只要是用于境内省际贸易、出口或进口的食品,都必须符合一定的产品质量标准。对大宗谷物、油料种子、水果蔬菜、牲畜、乳酪等食品都制定了详细的等级标准。如加拿大主要水果的等级分类:苹果分为特优级、优级、商业级、雹损级、商业烹饪级、去皮级和去皮2级。越橘的等级只有一种,即一级。香瓜的等级也只有一种,即一级。加拿大制定的食品品质标准极为细致、全面,可操作性强。

2. 农药及添加剂残留限量标准

(1)农药残留限量标准　联邦政府中有两个部门负责管理如何在农业生产中安全使用杀虫剂。卫生部有害物管理控制局(The Pest Management Regulatory Agency under Health Canada,PMRA)依据《有害物控制产品法》的规定,负责有害物控制产品的登记和管理工作,还根据《食品药品条例》授权负责管理食品生产中的化学药品的使用。根据《食品药品条例》,有害物管理控制局针对食品中使用化学药品问题制定了最大残留限量标准(MRL)。食品检验局则负责制定合理的取样、测试和进口政策以及实施具体检验工作,以确保最大残留限量标准被进口商与国内产业界严格遵守。

(2) 添加剂的使用及残留限量标准　加拿大对食品添加剂的使用也做了严格的限制。首先,只有列入官方食品添加剂目录的物质才允许作为食品添加剂销售、使用,否则任何人不准将目录外的物质作为食品添加剂销售,或销售含有以该物质作为添加剂的食品。

3. 农产品包装及标识规定

(1)农产品包装　为保证农产品质量在运输、销售过程中不受影响,加拿大对农产品包装的方法和容器普遍作了规定。例如,在《水果蔬菜条例》中规定水果、蔬菜采用容器的正确包装要求是:包装采用的方式能确保水果、蔬菜在装卸、运输过程中不致被损害;容器中水果、蔬菜的净含量不少于标签数量。要求用于包装水果、蔬菜的容器无污染、清洁、不变形、无破损或没有其他可能影响包装农产品运输质量、销售的损坏。

此外,还根据农产品的具体特点,对一些农产品的容器提出了具体要求:例如,如果用于装甜玉米的容器是袋子,则必须是有网眼,并且要求是新的、清洁无污的;装马铃薯、洋葱的容器同样要求是新的、清洁无污的。

(2)农产品标签、标识　加拿大在《消费者包装标签法》、《消费者包装标签条例》以及其他许多法规中,都对产品(包括农产品)的标记和标签做了明确的规定。原则上,对产品的标签有3项要求:标签上必须标明产品的通用名称、数量、生产厂家的名称和地点,但具体到各种产品又有不同的具体要求。

4. 生产技术规范

(1)饲养标准规范　为促进畜牧业的健康发展,加拿大政府和畜牧业界制定了规范家畜和家禽生产、销售、运输和加工的标准——《饲养实践推荐规范》。

(2)牲畜屠宰加工场标准　加拿大规定,只有在注册的屠宰加工场生产加工的肉类产品才允许销售、进口或出口。在加拿大《肉类检查条例》中,对注册屠宰加工场的有关标准作了详细规定,只有符合具体要求,才能申请成为注册屠宰加工场。

5. 转基因食品规定

对转基因食品的管理,主要由卫生部负责。对植物安全的管理则由食品检验局负责。卫生部负责制定管理转基因食品的法规和标签规定,其所属的健康保护局(Health Protection Branch)在食品检验局领导下行使权力。该局根据《新食品管理条例》(The Novel Food Regulations)(1995 年制定,1998 年修订)和《新食品安全评价准则》(Guidines for the Safety Assessment of Novel Foods)(1994 年制定)的规定,对生物技术食品进行管理。

6. 食品进出口规定

《新鲜水果、蔬菜条例》对新鲜水果、蔬菜的等级以及每种等级的具体标准作了详细的规定,制定了食用新鲜水果、蔬菜的健康安全要求。同时该条例对新鲜水果、蔬菜的包装和标签作了原则性规定,还明确了许多主要水果、蔬菜品种的具体详细的包装和标签要求。特别是《新鲜水果、蔬菜条例》对进口新鲜水果蔬菜的等级、卫生安全、包装和标签等方面做了更为细致、严格的规定,只有在以上各方面都达到规定要求的新鲜水果蔬菜才允许进入加拿大国内市场。

《肉类检验法》规定,只有符合以下条件的肉类产品才能进口。首先,出口肉类产品的生产国或加工国必须有完善的并被加拿大农业部认可的肉类检验制度;其次,生产加工出口肉类产品的屠宰加工厂必须获得加拿大农业部的书面许可,且须在许可有效期内;再次,向加拿大出口的肉类产品必须达到加拿大规定的进口肉类产品标准;最后,向加拿大出口的肉类产品的包装和标签必须符合规定要求。

另外,肉类产品进口后应立即交付检验人员进行检验,任何人不得购买不符合上述规定或尚未交付检验的肉类产品。

食品检验局指定的检验人员可进入除居住场所(经有关部门批准后亦可)外的任何地方,对其认为可能不符合本法规定的肉类产品(包括进口产品)进行现场检查、拆包和取样,并有权扣留任何违反肉类检验法规定的肉类产品。

除了要求进口食品符合品质等级标准、包装及标签要求、卫生安全规定、动植物检疫要求外,对某些食品的进口还有其他特别的要求。

四、澳大利亚食品标准与法规

(一)澳大利亚食品管理体系

联邦政府中负责食品的部门主要有 2 个:卫生和老年关怀部下属的澳大利亚新西兰食品管理局(ANZFA)和农业、渔业和林业部下属的澳大利亚检疫检验局(AQI_S)。

(二)澳大利亚的食品安全标准

澳大利亚已通过4个食品安全标准，其中3个为强制标准，涉及食品安全、可接受的食品安全操作以及食品加工场所与设备的规定。另一个为自愿标准，建议食品企业制定明确的食品安全计划，并确定食品加工操作中的有害物。

(三)《澳大利亚新西兰食品标准规则》

澳大利亚政府和新西兰政府共同制定了《澳大利亚新西兰食品标准规则》(以下简称《规则》)，规定了本地生产食品和进口食品都要遵守的一些标准。《规则》中列出了描述标准、成分含量标准以及营养表，规定了金属和有害物质的最高含量和农业及兽医所用的化学物质的最高含量等标准。

1.澳大利亚对进口食品包装标签的要求

澳大利亚对进口食品包装标签的要求标识下列内容：食品的名称、公司名称和地址、批号、原产地、日期标识、重量和尺寸要求、成分要求、营养表等。

2.免除特例

有些食品不用在标签上标明成分，包括食品包装外表面积小于100 cm^2；食品名称已经标明食品中所含的所有成分；不是直接卖给消费者的；装在密封瓶子内的酒精饮料等不需要成分标签。

3.食品包装标签的印刷

用英文书写，清楚易懂和不能褪色、消费者容易看到、字体不能小于1.5 mm、使用字体大小统一、字体与背景明显分开。

4.食品包装禁止使用内容

禁止宣称有治疗和预防疾病的功效；禁止使用可以导致消费者误解为有医疗作用的文字、注释、声明或设计；禁止使用任何疾病和生理状况的名称或说明；禁止宣称注释减肥食品或有减轻体重的功效；禁止将分析证书任何部分使用在标签上。

5.食品包装文字表达

禁止使用"纯的"、"纯天然"、"有机的"、"低酒精含量"、"不含酒精"、"健康"、"含丰富维生素"等文字表述。

6.食品包装图片和设计

有关食物的图片和设计可以用于标签上来显示该食品特征和烹饪方法。但必须伴有"食谱"、"烹饪建议"等字样。

7.特殊食品的要求

对于特殊食品上的标签有特殊规定，节食食品应该在标签上标注"节食食品"字样，同时附上配方；已经改变了碳水化合物结构的食品，应该标注"碳水化合物结构改变"字样，并附上碳水化合物成分表；对于酒精饮料，必须标明20℃下的酒精浓度；乳制品则应要求在标签上标明"应冷藏"字样；对于特殊含有的物质应标明，如"人造增甜食物"、"含有咖啡因"等。

8.检疫局对进口食品标签检查的注意内容

(1)准确的商品描述；

(2)生产商和进口商的详细情况；

(3)是否注明了原产地国;

(4)标签是否用英文;

(5)批号和使用日期是否注明;

(6)净重是否注明,成分是否注明。

9.进口食品检验费用

检验基本手续费为36澳元,每半小时的检验费为68澳元,还有数百元的分析费用。如果出口商在出口之前与当地的质量检疫部门联系,获得相应的证书来证明其货物符合澳大利亚标准,则可以节省相应的检验费用。

出口商还可以采用“质量保证”方式,由出口国的质量检疫机构证明其生产程序符合标准。但澳检疫局要评价出口国的质量检疫机构提供的材料。

(四)澳大利亚进口食品管理

所有进口澳大利亚的食品必须遵守进口食品计划(The Imported Foods Frogram,IFP),IFP的目的在于保证进口澳大利亚的食品符合澳大利亚的食品法律。根据有关的谅解备忘录,由ANZFA负责制定进口食品的政策,具体的执行由AQI_S负责。根据IFP的要求,进口澳大利亚的食品必须首先符合有关的检疫(即动植物卫生)要求,同时也必须满足进口食品管理法(1992)中有关食品安全方面的规定。

1.检疫

澳大利亚对进口动植物、包括新鲜和部分加工的食品实行严格的检疫措施。要求对某些进口食品进行不同的处理如熏蒸消毒等,同时要求附有进口许可证和原产国有关机构出口证书的证明,这些食品主要有:鸡肉、猪肉、牛肉(特别是来自口蹄疫为地方性疾病的国家)、蛋和蛋制品、热带水果和蔬菜、乳制品、大马哈鱼和牡蛎等。

2.食品安全

进口澳大利亚的食品必须符合FSC的规定。

(1)进口食品风险评估　根据《进口食品管理法》(1992)的规定,ANZFA负责按照评估的风险对进口食品进行分类,并且定期进行全面审核。

(2)进口食品检验　根据《进口食品管理法》(1992)的规定,AQI_S负责对进口食品实施监控。具体的监控根据下列类别进行:风险类别食品;主动监督类别食品;随机监督类别食品。

(五)澳大利亚出口食品管理

为了保证出口食品的质量,澳大利亚制定了一系列的法律法令,主要包括澳大利亚《出口管理法》(1982)、《规定货物一般法令》、《出口肉类法令》、《野味、家禽和兔肉法令》、《加工食品出口管理法令》、《(新鲜水果和蔬菜)出口管理法令》、《(动物)出口管理法令》、《(有机产品认证)出口管理法令》、《(谷物、植物和植物产品)出口管理法令》等。此外,根据《出口管理法》(1982)的规定:AQI_S还可以依据《出口管理法》(1982)制定相关的法令和命令。

AQI_S目前正在推广HACCP管理体系,以确保出口食品和农产品的卫生质量。已经建立HACCP体系的食品类别有:肉类、乳制品、鱼、加工水果和蔬菜、干果等。

澳大利亚的出口食品分为两类:“规定”食品与“非规定”食品。后者出口无须得到出口许可证,而大多数“规定”食品未经AQI_S检验不得出口。“规定”食品主要包括:肉类(野味、家禽、兔肉)、乳制品、鱼(鳕鱼)、蛋及蛋制品、干果、绿豆、谷物、加工水果和蔬菜、新鲜水果和蔬菜等,它们必须符合《规定货物一般法令》和相应商品出口法令的规定,如《出口肉类法令》等。

五、德国食品标准与法规

(一)食品质量安全管理机构与职责

1. 政府机构

德国食品、农、林部是德国农业的最高管理机构,日常工作有两个国务秘书和两个议会的国务秘书分管,两个国务秘书之下设有 7 个局,局下设有近 80 个处室。

2. 标准化协会

德国的标准化工作由政府委托标准化协会(DIN)实行统一管理。食品质量标准工作主要是由食品、农林部、卫生部等部门委托标准协会制定、监督和管理。由德国标准化协会组织制定的标准作为国家标准使用,由政府签发,并具有法律效力。

食品和农产品标准委员会是 DIN 对食品及农产品方面标准的主管协会。在食品和农产品标准委员会中标准的制定有以下几个方面:食品和烟叶制品的抽查和检测;对设备和日用品的卫生要求;对食品和动物饲料消毒剂的检测;肥料、土壤改良剂和培养基的要求和检测方法;对生物技术的要求和检测方法等。

(二)食品质量安全标准与法规体系

1. 标准的制定

(1)引进和借鉴国际标准　德国标准委员会是国际标准化组织(ISO)和国际电工委员会(IEC)的成员,参与国际标准的设计和制定。因此,德国作为欧洲标准组织成员国,必须把国际标准组织和由欧洲采纳为欧洲标准的国际标准作为德国的标准,其标志为"DIN-EN-ISO"。同时 DIN 可以直接将其认可的国际标准收进 DIN 标准,其标志为 DIN-ISO。可以说,部分国际标准就是 DIN 标准。

(2)开发和修订本国标准　德国标准研究院和德国电子技术委员会分别是欧洲标准委员会(CEN)和欧洲电子技术委员会(CENELEC)的主要成员。作为该地区的成员国,共同制定欧洲标准(EN)。根据规定,标准应优先在欧洲范围内制定,任何一项欧洲标准必须为 CEN 或 CENELEC 成员国接受。因此,德国国家标准的制定已更多地让位于欧洲标准的制定,欧洲标准就是 DIN 标准,在德国表示为"DIN-EN"。

2. 标准的分类

德国标准分为国家标准和企业标准。标准主要分为基础标准、产品标准、检验标准、服务标准和方法标准。国家标准全部为推荐性标准。在标准目录中,食品的有关标准分类如表 6-4 所示。

表 6-4　德国食品的有关标准分类

食品标准	食品标准
食品和营养品基础标准	其他乳制品、肉、肉制品和其他动物源食品的基础标准
食品和营养品的检测标准	肉、肉制品标准
源于谷物和豆科植物的食品标准	禽、禽蛋标准
水果、蔬菜的基本标准	鱼和鱼制品标准
水果及水果制品标准	其他动物性制品标准
蔬菜及蔬菜制品标准	茶叶标准
乳和乳制品的基础标准	咖啡和咖啡代用品标准
乳和乳制品标准	可可标准
黄油标准	饮料基础标准
奶酪标准	酒精饮料标准
冰淇淋标准	

3.标准体系的构成

(1)生产技术规程　在德国，有许多行业协会或学会，根据行业的特点和要求也制定了一些规范、规则或规定，但不列入标准体系，也没有法律效力，只有被买卖双方写入合同后，才能用合同法来约束。这类技术规程如：饮料产品的生产技术规程、马铃薯制品的技术规程、沙拉菜制品的技术规程、茶叶、茶制品及茶萃取物的技术规程等。

(2)农药残留、兽药残留标准　德国果园中，果农必须对农业生态保护及环保具有法律意识。水果生产的植保法规有许多相对较严格的规定。例如，果园地下水中农用化学物质的残留量不得超过 1 mL/kg；地下水中的氮素含量不得高于 12.5 mL/L；果实中的农药残留量不得超过 0.005 mL/kg。

(3)有机农业标准　1988 年 7 月 1 日，联邦德国颁布了植保法，由联邦农林生物研究院组织实施并进行监督检查，该法中除了对植保剂的规定标准外，还特别对施用植保剂器械做出了具体规定：在植保剂施撒过程中，要能保证使周围环境、水源，不受污染，对人体健康无害，要求器械要不断符合新技术水平的要求。

(4)食品包装、储运与标识　德国对于某些进口商品要求标签必须符合以下规范；即必须列明厂商、成分、通用名称、公制单位的容量和含量，以及产地国等，这方面的商品包括液体食品、膏状食品以及烤干类、蔬菜、水果、奶制品和谷物等。

德国的《消费品包装法》要求，以消费容器包装的食品，如系非液态食品，其净重应在标签上按克或千克标出，如系液态食品，则以毫升、厘升或升标出。新的食品标签法自 1983 年 12 月26 日生效。该法规要求食品成分按其重要性的大小依次标出，还要标出“最短的放架时间”。

(5)贸易保护标准　根据德国市场管理制度的规定，食品进出口由联邦德国食品、产品管理局和农产品市场管理局监督。前者负责酒类、蛋品、家禽肉、活植物、花草、水果蔬菜、鱼制品以及农产品的二级加工品，后者负责大米、猪牛肉、脂油、牛奶、奶制品、白糖、葡萄糖、乳精、茶叶、干饲料、羊肉等商品。进出口许可证由它们签发。申请人只能是进口商或集体单位。

(三) 食品卫生

德国于1998年生效的《食品卫生规定》是与欧盟关于食品卫生准则(93/43/EWG)对应的德国国家食品卫生准则,它对食品卫生的一般领域均做了详细规定,特别是以植物为基础食品的零售、饮食行业和生产企业。《食品卫生规定》以联邦政府规定的形式取代了截至1998年各州实行的食品卫生规定。

德国联邦政府于2001年11月14日根据《肉类卫生法》和《家禽肉卫生法》制定了关于实施政府部门食品卫生监督的一般性管理规定,并于2002年初正式实施。

(四)食品进口规定

德国新颁布的食品进口规定是1999年4月20日第BGBI. IS. 775(1999)号规定。该项规定适用于在肉类产品卫生法第4号第4条第1款中规定的肉类产品、在第6号第2条中规定的禽肉产品、其他动物源食品和植物源食品的进口和运输。该项规定不妨碍动物流行病法规和禽肉食品卫生法规的执行,在执行该项规定的同时保留肉类食品卫生规定、禽肉卫生规定、牛奶规定、鱼产品卫生规定、禽蛋规定等。

在关于进口食品申报规定中对特殊动物性食品,如食用的禽蛋、食用蜗牛、青蛙腿、动物胶、蜂蜜等要进行申报。按规定,这类食品只能从经欧洲委员会确定,符合1992年12月17日第92/118/EWG有关动物健康和检疫规范以及89/662/EWG和90/425/EWG号关于病原菌规定的第三国进口。由第三国进口的鸡蛋必须提供动物防疫和健康证明。蜗牛和青蛙腿等产品要根据本国居民的需要从第三国按规定进口。

在该项法律条文中规定了进口填单、确认和物品检验制度,对于进口后再出口和直接转口,上述产品也要符合以上规定。条文中还规定了禁止进口和转口的动物性和植物性食品。

六、日本食品标准与法规

(一)食品安全部门组织结构和职责

日本的所有政府部门和机构在2001年1月6日进行了重组,健康和福利部和劳动部合并为一个部,成为健康、劳动和福利部(MHLW)。食品安全的管理工作现在就由食品药物局下的食品安全部门负责。食品安全工作的法律依据是日本的《食品卫生法》,这项工作包含了很多方面的内容,包括制定食品、添加剂、器具和食品包装、盛放容器的标准和规格;通过检验证明这些标准是否被执行;以及食品生产和销售的卫生管理。还包括按照屠宰法、家禽宰杀经营管理和禽肉检验法对家畜和家禽肉的检验。

进口食品是通过分布在日本的中央政府管理的31个检疫所进行检验的。

(二)《食品卫生法》

日本的食品安全管理依据《食品卫生法》进行。《食品卫生法》制定于1947年,后根据需要有过几次修订。该法由36条条文组成。以下是该法的四项要点。

第一，该法涉及众多的对象。其宗旨是防止人因消费食物而受到健康危害。该法不仅涉及食物和饮料，还涉及包括天然调味剂在内的添加剂和用于处理、制造、加工或输送食物的设备和容器（包装）。该法还涉及开展与食物有关的企业活动，如食品制造和食品进口的人员。

第二，该法将权力授予健康、劳动和福利部。这项授权使健康、劳动和福利部能够迅速对上述事项采取法律行动。

第三，该法规定从公共健康的角度出发，管理了与食物有关的众多企业。对象设施的数量在全国范围内大约有400万，其中大约260万需要得到健康、劳动和福利部的营业执照。该法授权各地方政府在其管辖范围内对当地的企业采取必要的措施，这些措施包括为企业设施制定必要的标准、发放或吊销执照、给予指导以及中断或终止营业活动。另外，日本还有专家负责地区健康和卫生的另一种行政组织。这些称作保健中心的组织在保证有关地区的食品安全方面正在发挥重要作用。

第四，日本使用以HACCP为基础的一个全面的卫生控制系统。1995年修订《食品卫生法》时，日本建立了该系统。在该系统中，制造商或加工商根据危害分析和临界控制点系统确定对象食物的制造或加工方法及卫生控制方法。然后，健康、劳动和福利部确认这些确定的方法是否符合审批标准。在该系统中得到批准的制造或加工方法被认为符合该法规定的制造或加工标准，这意味着该系统使人们能够对食品生产采用众多的方法而需遵循统一的标准。

（三）《食品安全基本法》

日本参议院于2003年5月16日通过了《食品安全基本法》草案。该法为日本的食品安全行政制度提供了基本的原则和要素。要点如下：

1. 确保食品安全

（1）消费者至上；

（2）基于科学的风险评估；

（3）从农场到餐桌全程监控（可溯性）。

2. 地方政府和消费者的参与

（1）食品行业机构对确保食品安全负首要责任；

（2）消费者应接受食品安全方面的教育并参与政策的制订过程。

3. 协调政策原则

（1）在决定政策之前应进行风险评估；

（2）以必要的危害管理和预防措施为重点；

（3）风险评估员和风险管理者协同行动；

（4）促进风险信息交流。

4. 建立食品安全委员会（FSC）

（1）食品安全委员会（FSC）应为内阁所属部门，并直接向首相报告；

（2）食品安全委员会将独立进行风险评估并向风险管理部门，也就是农林水产省和厚生劳动省，提供科学建议。

（四）日本关于进口食品安全管理的主要法规条例

1. 概况

日本制定了一系列法律法规，对从海外进入其境内的动植物及食品实行严格的检疫和卫生防疫制度。相关法规条例主要有5个:《植物防疫法》(1950)、《家畜传染病预防法》(1951)、《食品卫生法》(1947)、《食品安全法》(2005)、《农业化学品(农药、兽药及饲料添加剂等)"肯定列表制度"》(2006)。《植物防疫法》适用于进口植物检疫,包括蔬菜,水果,谷物,豆类,花卉,种子等,农林水产省所管的植物防疫所为其执行机构。《家畜传染病预防法》适用于进口动物检疫,包括各种活动物和畜产品,农林水产省所管的动物检疫所为其执行机构。《食品卫生法》主要是对进口食品的安全性进行检查,其对象包括所有的进口食品,厚生劳动省所管的食品卫生检疫所(相当于我国的卫生防疫站)为其执行机构。

2. 动物检疫

日本从外国进口动物以牛、马、猪、兔等家畜及各种家禽为主。

日本动物检疫的指导原则是《家畜传染病预防法》,以及依据国际兽疫事务局(OIE)等有关国际机构发表的世界动物疫情通报制订该法的实施细则(即禁止进口的动物及其产地名录)。凡属该细则规定的动物及其制品,即使有出口国检疫证明也一概禁止入境。

日本进口商自海外进口动物及其产品,须提前向动物检疫所申报。一般牛、马、猪等需提前90～120天申报,鸡、鸭、犬等提前40～70天申报。动物进口时,由检疫人员登船检查确认,检查无问题后,检疫所发给进口商《进口检疫证明书》,作为进口申报书的附件办理进口申报手续。

3. 植物防疫

日本进口植物防疫的指导原则是《植物防疫法》。与动物检疫类似,日本依据有关国际机构或学术界有关报告了解世界植物病虫害分布情况,制定《植物防疫法实施细则》(即禁止进口的植物及其产地名录)。凡属日本国内没有的病虫害,来自或经过其发生国家的有关植物和土壤均严禁进口。货物经植物防疫所检查确认无病虫害后,颁发《植物检查合格证明书》。进口商进行进口申报时将此证明作为进口申报书的附件。

4. 食品卫生防疫

日本的进口食品卫生检疫主要有命令检查、监测检查和免检。进口食品添加剂、食品器具、容器、包装等也须同样接受卫生防疫检查。

[练一练]

1. 美国食品卫生与安全法律法规体系是什么？有何特点？
2. 欧盟食品卫生与安全法律法规体系是什么？有何特点？
3. 简述日本食品卫生与安全法规的主要内容。

【导入案例评析】

加拿大指出,澳大利亚禁止进口鲑鱼的某些措施违反了WTO的有关协议,构成了贸易技术壁垒,从而对正常的国际贸易产生了限制,剥夺或损害了加拿大根据WTO协议应该得到的利益。

1. DSB(争端解决机构)上诉庭在本案的报告中,对澳大利亚的措施进行了分析

澳大利亚出于保护本国动植物安全的考虑,为了防止病菌进入国内,而禁止进口可能带有病菌的鲑鱼进口。但澳大利亚在禁止鲑鱼进口的同时,却允许其他4种可能带有病菌的鱼进口。按照正常的逻辑分析,采取如此不同的措施至少应该是由于进口鲑鱼引起病菌感染的可能性更大,但是,澳大利亚所提交的材料却表明这4种鱼中有2种鱼,其引起感染的可能性比鲑鱼更大。因此,澳大利亚仅仅禁止进口鲑鱼的行为是在不同的情况下采取不同程度的保护,而其保护程度的不同是任意的和没有理由的,并造成了差别待遇或对国际贸易的扭曲。

2. 澳大利亚认为在最终报告中描述了"适宜保护水平"

澳大利亚政府历来在"适宜保护水平"方面采用保守方法，是考虑到澳大利亚是一个岛国，它没有在其他地方已经发生的许多疾病，而且其农产品生产和出口是其非常重要的经济支柱。尽管发生的概率很小，但一旦发生的后果对澳大利亚来说是无法接受的。

3. 专家组裁定澳大利亚违反协议

澳大利亚在对待不同情形时采用任意或不公正地采取了所谓适宜保护水平，导致国际贸易的歧视或变相贸易限制。

这种做法与SPS协议第5条不符。"如果一成员的行为违反了根据某一协议应当承担的义务，该行为被视为事实上构成剥夺或损害利益的案件。"澳大利亚违反协议，在一定程度上损害或减损了加拿大在协议下的利益。建议裁决要求澳大利亚遵守协议的义务，对检疫卫生措施做出修正。

【本项目小结】

国际标准组织和发达国家对食品标准体系的建设都非常重视，并以市场需求为导向，以保证人民的身体健康为目标，制定了一系列科学合理、适用有效的食品标准。标准的国际化成为协调各国经济共同发展的技术纽带，是消除国际贸易中商品流通障碍的途径，它的形成反映了世界经济国际化的客观要求。

本项目对国际食品标准和国际食品法律法规进行了概述；对国际食品标准组织进行了详细的论述；介绍了部分发达国家食品标准与法规。首先指出国际食品标准主要有食品法典委员会(CAC)、国际标准化组织(ISO)、国际乳制品联合会(IDF)、国际葡萄酒局(IWO/OIV)、欧共体(European Communities)及各个国家的国家标准化组织发布的食品标准、指南等。目前最重要的国际食品标准分属两大系统，即ISO系统的食品标准和CAC系统的食品标准，其现状和发展趋势对世界各国食品发展有举足轻重的影响。其他国际与国家的国家标准主要有：国际乳制品联合会和国际乳制品联合会标准、国际葡萄与葡萄酒局及其标准、其他国际标准化组织或机构制定的相关国际标准；还有美国、欧盟、日本等国家(地区)的技术标准。并论述了国际与发达国家食品法律法规的基本内容与要求。重点介绍了下列国际食品标准组织：CAC(国际食品法典委员会)、ISO(国际标准化组织)、IDF/FIL(国际乳业联合会)、OIV/OIV(国际葡萄与葡萄酒局)、WHO(世界卫生组织)、WTO(世界贸易组织)、FAO(联合国粮农组织)、IFOAM(国际有机农业运动联合会)。主要阐述了国际食品标准化组织的业务内容及其作用；机构组成和工作范围；以及我国加入不同国际食品标准组织的工作状况。论述了欧盟、美国、加拿大、澳大利亚、德国和日本的食品标准与法规。指出了欧盟、美国食品质量安全法律法规体系及其特点。简述了加拿大、澳大利亚、德国和日本食品质量安全标准与法规的主要内容。

为了发展市场经济、减少技术性贸易壁垒和适应国际贸易的需要，参照国际标准化组织的有关规定，积极推进并采用国际标准，可促进食品加工技术进步，提高产品质量，扩大对外开放，加快与国际准则接轨。这是各个国家发展经济的重要措施，也是进入世界经济大循环的必由之路。

【同步练习】

1. ISO和CAC在食品标准与法规中的作用和地位是什么？

2. 简述与食品有关的国际食品组织的机构和工作范围。

3. 美国、欧盟、日本食品安全法律法规体系各有何特点？

项目七

食品标准与法规检索

【学习目标】

知识目标

1. 了解文献类型、表现形式以及作用；

2. 熟悉国际、国内和行业标准的分类及其代号的含义。

技能目标

1. 掌握食品标准与法规的检索系统和工具；

2. 掌握食品标准与法规的网络查询方法。

【导入实例】

在前阶段××市工商局统一组织的针对果汁饮料等商品的质量监测行动中，××分局抽检某经销商销售的由××食品有限公司生产的蓝莓汁一批次。经检验，产品甜蜜素含量为0.12 g/kg，不符合产品标签上标注的“执行标准 NY/T 434—2007”的要求，被判定为不合格。产品经销商和生产厂家对该检验结果均无异议。

“NY/T 434—2007”是农业部发布的对“绿色食品 果蔬汁饮料”的农业行业标准，该标准规定产品不得检出甜蜜素。相关食品安全国标即 GB 2760—2011《食品添加剂使用标准》则规定，饮料类甜蜜素最大使用量为0.65 g/kg。被抽检的蓝莓汁饮料，其甜蜜素含量正好处于两个标准之间。各方虽对检验结果均无异议，但是执法部门和产品经销商以及生产厂家对具体处罚细则提出了各自的看法。

(1)从产品质量的角度看，虽然国家“食品添加剂使用标准”允许蓝莓汁饮料含有一定量的甜蜜素，但本案产品标签明示的执行标准是严于国标的行业标准，企业应该按照明示的标准控制产品质量。现产品检出甜蜜素，被判定为不合格，经销商在客观上已构成销售不合格产品的行为。但鉴于该产品按照食品安全国标判断是合格的，而《食品安全法》是基于并围绕“食品安全”制定的一部法律，通篇涉及的食品标准都是“食品安全标准”，因此依据《食品安全法》进行处理既不合情理，又找不到非常确切的条款。故而按照惯例，可以依据《产品质量法》第五十条规定的“以不合格产品冒充合格产品”行为对经销商进行定性处罚。

(2)从产品标签的角度看，《食品安全法》第四十二条规定，预包装食品必须在其标签上标明所使用的食品添加剂。该蓝莓汁含有甜蜜素，但产品标签“配料”一项中却未如实标注。同时，该产品标签“执行标准”一项标明的是绿色食品的标准，产品实际质量显然与明示的标准不符。上述行为已违反《食品安全法》第四十八条第一款“食品和食品添加剂的标签、说明书，不得含有虚假、夸大的内容……”、第三款“食品和食品添加剂与其标签、说明书所载明的内容不符的，不得上市销售”的规定，可以按此进行定性处理。

对此，生产厂家和经销商提出两点申辩意见：①厂家在生产该产品时，是严格按照产品标签所明示的标准执行的，生产过程中并未添加甜蜜素这一食品添加剂。现产品检出甜蜜素，应是生产原料中带入。既然配料中原本就没有甜蜜素，那么产品标签上自然是不应标注的。同时，一个批次产品不合格，不能全盘否定企业在产品生产过程中执行的标准。②“以不合格产品冒充合格产品”应当是一种主观故意行为，厂家在该蓝莓汁的生产经营中并无“冒充”的主观故意，而经销商在销售该产品时更无“冒充”的客观行为。况且任何厂家生产的产品总有一定的“不合格率”。

厂家和经销商虽然没有提供支持其观点的任何证据，但执法人员认为其申辩并非完全没有道理。同时，厂家生产过程中是否真的执行了产品标签明示的标准？是否真的并未添加甜蜜素？检出的甜蜜素是否真由生产原料带入？等等，执法人员限于职责、专业知识等，也无从查考。

任务一 文献检索概述

[任务目标]

掌握、了解文献及文献检索相关概念。

[技能训练]

训练文献的检索以及文献的网络查询方法。

[知识链接]

一、文献

文献是一个抽象的概念，“文献”一词，最早见于《论语·八佾》，指典籍和社会名流的言论和著作。后来随着社会的发展，文献的概念逐步引申、扩展，通常将文献理解为具有历史价值或学术价值的图书资料。1983 年颁布的国家标准《文献著录总则》规定：“文献是记录有知识的一切物质载体”。现在通用的定义是：文献，指用文字、图形、符号，或用声频、视频等技术手段记录人类知识的一切物质载体，或称其为固化在某种物质载体上的知识。也就是图书、期刊等各种出版物的总和。

现代文献按不同的标准可以分为多种形式。

(一)按文献的载体划分

1.印刷型文献

印刷型文献是以纸质材料为载体，以印刷为记录手段而形成的文献形式，是目前整个文献中的主体，也是有着悠久历史的传统文献形式。它的优点是不需要特殊设备，可以随身携带，随处随时阅读。但存贮密度小，体积大，占据空间大，不便于保存。

2. 缩微型文献

缩微型文献是以感光材料为载体，以照相为记录手段而形成的一种文献形式，包括缩微胶卷、缩微平片、缩微卡片等。缩微型文献的优点是体积小，便于收藏和保存，价格便宜等，但阅读需要有较复杂的阅读设备来支持。目前在整个文献中，所占数量较少。

3. 声像型文献

声像型文献是以磁性和感光材料为介质记录声音、图像等信息的一种文献形式。其优点是存取快捷，可闻其声，见其形，易理解。

4. 电子型文献

电子型文献是伴随计算机技术和网络技术发展而产生的，以计算机处理技术为核心记录信息的一种文献形式。这种文献存贮容量大，检索速度快捷、灵活，使用方便。

5. 机读型文献

机读型文献是一种最新形式的载体。它主要通过编码和程序设计，把文献变成符号和机器语言，输入计算机，存储在磁带或磁盘上，阅读时，再由计算机输出，它能存储大量情报，可按任何形式组织这些情报，并能以极快的速度从中取出所需的情报。出现的电子图书即属于这种类型。

(二)按文献的外在表现形态及出版形式不同划分

按文献的外在表现形态及出版形式不同，可以把文献归结为 11 类，即图书、报刊、会议文献、科技报告、产品资料、学术论文、标准资料、科技档案、政府出版物、专利文献、网络文本等。

食品标准属于标准资料，食品法规属于政府出版物，政府出版物指各国政府部门及其设立的专门机构出版的文献。政府出版物的内容十分广泛，既有科学技术方面的，也有社会经济方面的。就文件性质而言，政府出版物可分为行政性文件(国会记录、政府法令、方针政策、规章制度及调查统计资料等)和科学技术文献两部分。

(三)按文献加工程度划分

1. 零次文献

记录在非正规物理载体上的未经任何加工处理的源信息叫作零次信息，比如书信、论文手稿、笔记、实验记录、会议记录等，这是一种零星的、分散的和无规则的信息。零次信息的载体形式就称之为零次文献，这是近 20 年来被逐步认识和重视的一类文献，它具有原始性、新颖性、分散性和非检索性等特征。

2. 一次文献

一次文献是人们直接以自己的生产、科研、社会活动等实践经验为依据生产出来的文献，也常被称为原始文献(或叫一级文献)，其所记载的知识、信息比较新颖、具体、详尽。一次文献在整个文献中是数量最大、种类最多、所包括的新鲜内容最多、使用最广、影响最大的文献，如期刊论文、专利文献、科技报告、会议记录、学位论文等，这些文献具有创新性、实用性和学术性等明显特征。

3. 二次文献

二次文献是对一次文献进行加工整理后产生的一类文献，如书目、题录、简介、文摘、年鉴、数据手册等检索工具。

4. 三次文献

三次文献是在一、二次文献的基础上，经过综合分析而编写出来的更系统、更精练的文献。人们常把这类文献称为“情报研究”的成果，如综述、专题述评、学科年度总结、进展性出版物、数据手册以及文献指南等。

二、文献的作用

文献在科学和社会发展中所起的作用表现在：

(1)科学研究和技术研究结果的最终表现形式；

(2)在空间、时间上传播情报的最佳手段；

(3)确认研究人员对某一发现或发明的优先权的基本手段；

(4)衡量研究人员创造性劳动效率的重要指标；

(5)研究人员自我表现和确认自己在科学中的地位的手段，因而是促进研究人员进行研究活动的重要激励因素；

(6)人类知识宝库的组成部分，帮助人们认识客观事务和社会，启发思路，丰富知识，开阔视野，继承先知，少走弯路。

三、文献检索

(一)文献检索定义

狭义的文献检索是指依据一定的方法，从已经组织好的大量有关文献集合中，查找并获取特定的相关文献的过程。这里的文献集合，不是通常所指的文献本身，而是关于文献的信息或文献的线索。广义的文献检索包括信息的存储和检索两个过程。信息存储是将大量无序的信息集中起来，根据信息源的外表特征和内容特征，经过整理、分类、浓缩、标引等处理，使其系统化、有序化，并按一定的技术要求建成一个具有检索功能的数据库或检索系统，供人们检索和利用。

(二)文献检索的途径

按照文献检索的手段划分为手工信息检索和计算机信息检索两种。

1. 手工信息检索

用人工方式查找所需信息的检索方式。检索对象是书本型的检索工具，检索过程由人脑和手工操作配合完成，匹配是人脑的思考、比较和选择。主要包括书本式和卡片式两种。

(1)书本式检索系统　是指印刷在纸上并装订成册的检索工具，供手工检索使用。可分为单卷(或多卷)式检索工具和检索刊物两类。人们用来查找各种信息的检索工具，如《标准目录》、《报刊索引》等。它的编制原理是现代计算机检索系统产生的基础。

(2)卡片式检索系统　是将各种文献信息的检索特征记录在卡片上并按照一定的规则进行排序的供人们查找的检索工具。随着计算机技术在图书管理中的应用，卡片式检索正在逐渐减少。

2. 计算机检索

计算机检索是指把信息及其检索标识转换成电子计算机可以阅读的二进制编码，存储在磁性载体上，由计算机根据程序进行查找和输出。检索的对象是计算机检索系统，针对数据库进行，检索过程由人与计算机协同完成，匹配由机器完成。检索本质没变，变化的是信息的媒体形式、存储方式和匹配方法。计算机检索根据内容不同可以分为以下几种：

(1)脱机检索　成批处理检索提问的计算机检索方式。

(2)联机检索　检索者通过检索终端和通信线路，直接查询检索系统数据库的机检方式。

(3)光盘检索　以光盘数据库为基础的一种独立的计算机检索，包括单机光盘检索和光盘网络检索两种类型。1983 年首张高密度只读光盘存储器诞生；1984 年美国、日本和欧洲开始利用 CD-ROM 存贮科技文献。

(4)网络检索　利用 E-mail、FTP 等检索工具，在互联网上进行信息存取。

手工检索查准率较高，查全率较低；计算机检索查全率较高，查准率较低。

(三)文献信息的类型

按照文献信息内容的程度不同，常见的类型有书目、题录、文摘、全文数据库等。

1. 书目

书目是指书籍正文前所载的目次，是揭示和报道图书的工具，目录是记录图书的书名、著者、出版与收藏等情况，按照一定的次序编排而成，为反映馆范、指导阅读、检索图书的工具。在计算机应用中，目录的发展成了“文件夹”。随着目录工作的发展，衍生出“目录学”。

2. 题录

检索类刊物中描述文献外部特征(题名、著者、出处等)的条目。将一系列题录有序排列，即构成“目录”或“文献通报”。题录同文摘相比，其著录项目较少，加工深度较浅，不揭示文献内容特征，故其检索功能不及文摘。

3. 文摘

检索刊物中描述文献内容特征(文献提要)的条目(也包括题录部分)，是一种文献著录的结果。根据国际标准 ISO 214—1979(E)的规定，文摘是“一份文献内容的缩短的精确表达而无须补充解释或评论”。中国国家标准 GB 3793—1983 规定，文摘是“对文献内容作实质性描述的文献条目”。具体地说，文摘是简明、确切地记述原文献重要内容的语义连贯的短文。

4. 全文数据库

集文献检索与全文提供于一体。优点是免去了检索书目数据库后还得费力去获取原文的麻烦和提供全文字段检索，便于读者对文献的查询。

四、标准文献

(一)标准文献定义

标准文献定义分为狭义和广义两种。狭义指按规定程序制订，经公认权威机构(主管机关)批准的一整套在特定范围(领域)内必须执行的规格、规则、技术要求等规范性文献，简称标准。广义指与标准化工作有关的一切文献，包括标准形成过程中的各种档案、宣传推广标准的手册及其他出版物、揭示报道标准文献信息的目录、索引等。

(二)标准文献特点

标准文献除具有一般文献的属性和作用外，和一般文献相比，具有以下特点：①每个国家对于标准的制订和审批程序都有专门的规定，并有固定的代号，标准格式整齐划一。②它是从事生产、设计、管理、产品检验、商品流通、科学研究的共同依据，在一定条件下具有某种法律效力，有一定的约束力。③时效性强，它只以某时间阶段的科技发展水平为基础，具有一定的陈旧性。随着经济发展和科学技术水平的提高，标准不断地进行修订、补充、替代或废止。④一个标准一般只解决一个问题，文字准确简练。⑤不同种类和级别的标准在不同范围内贯彻执行。⑥标准文献具有其自身的检索系统。

一个国家的标准反映着该国的经济技术政策与生产水平。科研人员研制新产品，改进老产品都离不开标准文献。

任务二 食品标准检索

[任务目标]

掌握、了解食品标准的检索系统和方法。

[技能训练]

训练食品标准的检索以及网络查询方法。

[知识链接]

一、标准文献分类体系与代号

我国标准文献的分类依据是《中国标准文献分类法》。《中国标准文献分类法》的类目设置以专业划分为主，适当结合科学分类。序列采取从总到分，从一般到具体的逻辑系统。本分类法采用二级分类，一级主类的设置主要以专业划分为主，二级类目设置采取非严格等级制的列类方法；一级分类由24个大类组成，每个大类有100个二级类目；一级分类由单个拉丁字母组成，二类分类由双数字组成。如食品代号为X，轻工业为Y，农业、林业代号为B，化工代号为G。二级类目的类号是在一级类目后加两位阿拉伯数字组成。

我国技术标准的代号规定为：标准代号＋顺序号＋年代(年代以4位阿拉伯数字表示)。

二、标准文献检索

(一)国内标准文献的检索工具

(1)《中华人民共和国国家标准目录》由国家质量监督检验检疫总局编,由中国标准出版社出版。每年出版一次,收录截至上年度批准发布的全部现行国家标准。正文按照《中国标准文献分类法》进行编排,正文后附顺序号索引,是查阅国家标准的重要检索工具。

(2)《中华人民共和国行业标准目录》中包含了由我国各主管部、委(局)批准发布的,在该部门范围内统一使用的标准,汇集农业、医药、粮食等60多个行业的标准目录,是检索行业标准的常用工具。

(3)《标准化年鉴》由国家标准化委员会编辑,中国标准出版社出版。自1985年起每年出版一册,主要介绍我国标准化的基本情况和成就,正文按照《中国标准文献分类法》进行编排,正文后附顺序号索引。

(4)《中国国家标准汇编》是一部大型综合国家标准全集,中国标准出版社出版。自1983年起,按国家标准顺序号以精装本、平装本两种装帧形式陆续分册汇编出版。它在一定程度上反映了我国新中国成立以来标准化事业发展的基本情况和主要成就,是各级标准化管理机构,工矿企事业单位,农林牧副渔系统,科研、设计、教学等部门必不可少的工具书。

(5)《中国标准化》由中国标准化协会编辑出版,月刊,刊载新发布的和批准的国家标准、行业标准和地方标准。收录包括标准号、标准名称和代替的标准号以及发布时间、实施时间。

(6)《中国食品工业标准汇编》是我国食品标准化方面的一套大型丛书,按行业分类分别立卷,中国标准出版社陆续出版。本汇编为丛书的一卷。本汇编分上、中、下三册出版。上册主要内容包括第一部分食品添加剂综合标准,第二部分食品添加剂产品标准(一~六);中册主要内容包括第二部分食品添加剂产品标准(七~十四);下册主要内容包括第二部分食品添加剂产品标准(十五~二十),第三部分食品添加剂试验方法标准,第四部分相关标准和卫生管理办法。本册收录食品添加剂国家标准81项,行业标准2项。是从事食品卫生、食品加工、食品科研人员在工作中的必备工具书。

(7)中华人民共和国农业行业标准《无公害食品标准汇编》1卷、2卷等。

(8)《标准新书目》由中国标准化协会主办。1983年创刊,月刊。主要提供标准图书的出版发行信息,是国内最齐全的一份标准图书目录。

(9)《中华人民共和国国家标准目录及信息汇总》由国家标准化委员会编辑,由中国标准出版社出版。收录截至去年底批准、发布的全部现行国家标准信息,同时补充被代替、被废止国家标准目录及国家标准修改、更正、勘误通知等相关信息。

(二)国内食品文献的网络检索方式

除以上介绍的工具外,还可以通过登录国内的专业网站进行检索相关食品标准。相关网站主要有:食品伙伴网(http://www.foodmate.net);国家质量监督检验检疫总局网站(http://www.aqsiq.gov.cn/);中国标准网(http://www.zgbzw.com);中国标准咨询网(http://www.chinastandard.com.cn);中国食品网(http//www.cnfoodnet.com);中国农业质量标准网(http//www. aqs. gov. cn)等都可以方便快速地查询需要的标准文献。

(三)国外标准文献检索工具

目前世界上已经有很多国家制定了自己的标准,其中既有强制性标准也有推荐性标准,每个国家标准都有相应的检索工具。

(1)WHO(Work Health Organization)即世界卫生组织,它是联合国下属的专门机构,国际最大的公共卫生组织,总部在瑞士日内瓦。其颁布的一些国际标准与食品科学、人类饮食和健康具有密切的关系,检索工具有《世界卫生组织出版物目录》(Catalogue of WHO Publication)、《世界卫生组织公报》(Bulletin of WHO)、《国际卫生规则》(International Digest of Health Legislation)、《国际健康法规选编》(International Digest Health Legislation)等,食品添加剂和农药残留日允许摄入量、国际饮用水标准等标准均可在此查询到。

(2)《国际标准化组织标准目录》(ISO catalogue)是 ISO 标准的主要检索工具,年刊,每年2月出版,英法文对照,报道截至上年12月底为止的全部现行标准。该目录由主题索引、分类目录、标准序号索引、作废标准、国际十进制分类号(UCD)-150 技术委员会 TO 序号对照表 5 个部分组成,是 ISO 标准的主要检索工具。ISO 编号规则:代号序号:年代标准名称。如 ISO 1079:1989 金属材料、硬度试验机。

(3)《法国国家标准目录》(AFNOR Catalogue),法国标准化协会(AFNOR)是一个公益性民间团体,也是一个被政府承认、为国家服务的组织。它接受标准化专署领导,负责标准的制定、修订等工作。

(4)《美国国家标准目录》(ANSI Catajogue)和《美国材料与试验协会标准目录》,美国国家标准学会是美国国家标准化核心,美国各界标准化活动都围绕其进行。美国材料与试验协会(ASTM)主要制定各种材料的性能和试验方法的标准。从 1973 年起,扩大了业务范围,开始制定关于产品、系统和服务等领域的试验方法标准。

(5)《德国技术规程目录》为德国统一的标准,是由德国标准化学会组织制定的。德国标准化学会是德国标准化主管机关,作为全国标准化机构参加国际和地域的非政府性标准化机构。《德国技术规程目录》每年出版一次,德、英文对照。

(6)《日本工业标准目录》(JIS 总目录 JIS Yearbook 英文版),日本工业标准 (JIS)是日本国家标准,由日本工业标准调查委员会制定,由日本标准化协会发行。除此之外《日本工业标准年鉴》也是日本标准检索工具。

(7)《英国标准年鉴》(BS)和《英国标准目录》(中译本),英国标准学会(BSI)是世界上最早的全国性标准化机构。BSI 制定和修订英国标准,并促进其贯彻执行。

(8)FAO(Food Agriculture Oganization)即联合国粮农组织,检索工具是《联合国粮农组织在版书目》(FAO Book in Print)、《联合国粮农组织会议报告》(FAO Meeting Reports)、《食品和农业法规》(Food and Agricultural Legislation),FAO/WHO 组合的"食品法规联合委员会"专门制定国际仪器标准。

查询国外标准除用以上检索工具外,也可以通过登录相应网站检索到所需文献信息。例如,国际标准化组织(ISO)(瑞士)(http://www. iso. cn);国际标准与技术研究所系列数据库产品美国商业部(http://www. nist. gov);ISO 国际标准(http: //www. iso. ch /cate/03123010. html);国际标准草案目录(http: //www. iso. ch);英国标准学会出版物目录

(http: //www. bsi. org. uk)等。

(四)食品标准文献检索途径和方法

1.国内食品标准文献的检索途径主要有分类途径、标准号途径和网络途径

(1)分类途径　首先根据《中国标准文献分类法》确定食品一级类目的类号,再根据该分类号检查相关的标准目录,可得到进一步的细节,如需索取标准原件,需根据查得的标准号再对应查《中国国家标准汇编》。

(2)标准号途径　如果标准号已知,则可以直接查《中国国家标准汇编》的目次表,得到该标准在《中国国家标准汇编》正文中的页码,根据该页码,即可查到该标准的详细内容。

(3)网络途径　通过 Internet 检索中国标准文献的站点很多,可以查出标准文献的名称等,但要获得原始文献全文,一般需要付费,才能提供标准文本。

中国国家标准化管理委员会(Standardization Administration of the People's Republic of China,SAC)作为国务院授权履行行政管理职能,统一管理全国标准化工作的主管机构,在其网站的主页上设置了"标准 1-1 录"栏目,提供中国标准文献题目信息。需要全文标准的用户可以通过中国标准咨询网(http://www. chinastandard. com. cn)或国家科技图书文献中心付费获取。

查询食品标准还可以登录中国质量监督检验检疫总局信息中心的中国质量信息网(中质网)(http://www. cqi. gov. cn)、中国食品标准信息中心的中国食品网(http: //www. cnfoodnet. com)等网站。

查询方法以中质网为例:登录中质网(http://www. cqi. gov. cn),点击国内标准查询后:①选择 GB 国家标准查询:国家标准查询→输入标准号,如 GB 1535—2003,只需输入 1535—2003 即可,或输入标准名称,只需输入关键字,如食品→点击提交即可。②选择 SB 行业标准查询:行业标准查询→输入标准号或输入标准名称→点击提交即可。

2.国外标准的检索途径主要有主题途径、分类途径、标准号途径

(1)主题途径　主题词→查得 TC 类号→查 TC 目录→有关标准号→选择→索取原文。

(2)分类途径　确定 TC 类号→查 TC 目录→找到所需类目→选择切题的标准→按有关标准号查阅原文→索取原文。

(3)标准号途径　确定标准→查标准号目录→得 TC 类号→查 TC 目录→得标准名称→核对标准是否为现行有效标准→查作废目录。(注:TC 号就是 ISO 的分类)

通过 Internet 检索国际标准可访问以下站点:国际标准化组织(ISO)(瑞士)(http://www. iso. cn)、国际标准与技术研究所系列数据库产品美国商业部(http://www. nist. gov)、ISO 国际标准(http://www. iso. cn/cate/03123010. html)、国际标准草案目录(http://www. iso. cn)、英国标准学会出版物目录(http: //www. bsi. org. uk)等。

ISO 国际标准数据库有"基本检索"、"扩展检索"和"分类检索"3 种方式,其中"基本检索"只需在其主页上部"Search"后的检索框内输入检索要求,然后点击"S"按钮即可。

ISO 主页上部选项栏中最左侧的"ISO store"处单击进入该栏目,再点击 "search and buy standards"则进入分类检索界面。该页面列出 ICS 的全部 97 大类,可通过层层点击分类号,最后就可以检索出该类所有标准的名称和标准号,点击 "标准号",即看到该项标准的提录信息和订购标准全文的价格。

"扩展检索"方式是能够既快又准地查找到所需的标准。单击 ISO 主页上部选项栏中"UO"右侧的"Extended Search"即进入"扩展检索"界面,"扩展检索"界面的上部为"检索区",在其下面的 2 个区域内分别点击不同的选项,可对检索范围和检索结果的排序进行限定,分为关键词检索和标准号检索。

[练一练]

××食品厂生产××产品相关标准检索:

产品名称:婴儿奶粉、面包、食用植物油、火腿肠、黄桃罐头、果汁、黄酒

1. 学生分组(4~6 人)讨论上述食品可能要用到的标准,进行列表;

2. 确定查找标准的关键词;

3. 网上检索标准。

任务三 食品法规检索

[任务目标]

掌握、了解国内外食品法规检索途径和方法。

[技能训练]

训练具体食品法规的检索和网络查询方法。

[知识链接]

一、检索方法

1. 选择合适的检索工具

通过手工检索的途径从检索工具中找到需要的法律法规。例如,可以借助《中华人民共和国食品监督管理实用法规手册》、《中华人民共和国法规汇编》、《中华人民共和国新法规汇编》等书目检索工具。

2. 通过网络平台检索相应法规

利用上文列举的网站均可查询到国内外的以及各地方食品法律法规。以万方数据库检索为例,首先点击万方数据资源系统中的科技信息系统,选择法律法规全文库(该库又分为:国家法律法规、人民法院条例及惯例、地方法律法规),再点击行政法规中药品食品监督管理法规库,即可查询到需要的食品法规。

二、国内食品法规的检索工具

国内食品法规的检索工具主要有:

(一)《中华人民共和国食品监督管理实用法规手册》(以下简称《法规手册》)

《法规手册》是由国务院法制办工交司及国家质量监督检验检疫总局监督司审定,中国食

品工业协会编辑。此《法规手册》将食品监督管理重要的现行法规、有效的法律、法规和规章汇编成册，其内容包括：食品监督管理法律、食品监督管理法规、国务院部门规章和文件、地方性法规和地方政府规章。《法规手册》是各级政府食品监督管理部门、质量技术监测机构、食品生产经营企业等的必备的实用法规工具书。

(二)《中华人民共和国国家质量监督检验检疫总局公告》

由国家质量监督检验检疫总局编，2001 年创刊，属于政府部门出版的政报类期刊。主要刊载全国人大或全国人大常委会通过的与质量技术监督相关的行政法规以及决定、命令等规范性文件；国家质量监督检验检疫总局发布的局长令、决定和重要文件，以及与质量技术监督相关的地方性法规、地方政府规章，质量技术监督重要行政审批公告等。它将为政府机关、广大企事业单位和社会各界提供政策法规。

(三)《中华人民共和国法规汇编》

《中华人民共和国法规汇编》是国家出版的法律、行政法规汇编正式版本。由国务院法制办公室编辑，中国法制出版社出版。本汇编逐年编辑出版，每年一册，收集当年全国人民代表大会及其常务委员会通过的法律和有关法律问题的决定，国务院公布的行政法规和法规性文件，还收集了国务院部门公布的规章。汇编按照宪法类、民法类、商法类、行政法类、经济法类、社会法类、刑法类分类，每大类下面按内容设二级类目。类目中排列顺序为法律、行政法规、法规性文件、部门规章，法律、行政法规、法规性文件、部门规章按公布时间先后排列，便于查找。

(四)《中华人民共和国新法规汇编》

《中华人民共和国新法规汇编》也是国家出版的法律、行政法规汇编正式版本，是刊登报国务院备案的部门规章的指定出版物。本汇编收集内容按下列分类顺序编排：法律、行政法规、法规性文件、国务院部门规章司法解释。每类中按公布时间顺序排列。报国务院备案的地方性法规和地方政府规章目录按 1987 年国务院批准的行政区划顺序排列，同一行政区域报备案的两件以上者，按公布时间排列，本汇编每年出版十二辑，每月出版一辑，刊登上月有关内容。

除上述检索工具外，还可以通过有关网站进行食品法规查询，主要网站有：中国食品网(http://www.cnfoodnet.com)；中国食品安全网(http://www. bqc.com.cn)；中国标准咨询网(http://www.chinastandard.com.cn)；中国标准网(http://www.zgbzw.com)；中国质量信息网(http://www.cqi.gov.cn)；中国食品监督网(http://www.cnfdn.com)；万方数据库(http://www.wanfangdata.com.cn)；中国食品标准网(http: //cfsi.cn)；中国食品商务网(http: //www.food-windows.com)。

三、国外食品法规的检索工具

(一)《FDA 食品法规》

FDA(美国食品与药品管理局)是美国联邦政府较早设立的管理机构之一。它被国际上公认为最重要的食品法规机构。《FDA 食品法规》对食品及食品配料(食品添加剂)、加工工艺、杀菌设备、成品质量、检验方法及进出口贸易各个环节都有详细的规定。世界上的许多国家在实施食品及食品配料国际贸易和国内管理都借鉴此法规。

(二)《欧盟法规目录》

《欧盟法规目录》由中国标准研究中心标准馆编,中国标准出版社出版。《欧盟法规目录》收集、翻译和分类整理了各种欧盟条例、指令、决定、建议和意见等法规题录,是一部有实用价值的检索工具。书中涉及的全部法规,在中国标准研究中心标准馆有馆藏,读者可以利用其检索法规,并在标准馆得到原文。

法规条目的编写说明:法规编号、英文标题、中文标题。法规编号举例:90/424/EC。欧盟法规条例具有普遍适用性,具有总体约束力,对所有成员国直接适用,对成员国来说,实施条例时原则上没有自由选择的余地;指令是对所有的成员国有约束力,但实施指令的方式和手段则由成员国机构做出选择;决定根据起草者的意图,可以对个人发出,也可以对成员国发出。其约束力的方式同法规一样,对所有条文具有实施义务,特别是对成员国发出的决定,其实施的方式和手段同指令不同,成员国没有自由裁量的余地。建议具有约束力,它不是法律,建议和意见可由理事会或委员会通过。

欧盟标准可以通过网站途径检索和获取全文。如CEN(欧洲标准化委员会)或各成员国标准化组织的网站。CEN:http://www.cenorm.Be;CENELEC:http://www.cenelec.org;ETSI:http://www.etsi.org/。

中国标准服务网 http://www.cssn.cn.net/也可提供欧洲标准中文题目,用户可按中文关键词进行检索查询。

另外,美国 HIS 公司的检索光盘、德国 Perinorm 检索光盘等也可检索欧洲的标准。

(三)《最新国内外食品管理制度规范与政策法规实用手册》

刊登国内外有关食品的技术规范和政策法规,是一本很好的食品国内外法规检索工具。

有关主要网站有:中国食品网(http://www.cnfoodnet.com);中国食品安全网(http://www.bqc.corn.cn);中国质量信息网(http://www.cqi.gov.cn)等。

[练一练]

部分法律法规解读:产品质量法、商标法、计量法、进出口商品检验法、进出境动植物检疫法等。

【导入案例评析】

根据上述情况,针对经销商销售不合格食品的行为,我们在定性处理中出现了不同的观点:

观点一:认定涉案产品标签中“配料”和“执行标准”两项内容虚假,依据《食品安全法》第四十八条第一款“食品和食品添加剂的标签、说明书,不得含有虚假、夸大的内容……”和第八十六条第(二)项“生产经营无标签的预包装食品、食品添加剂或者标签、说明书不符合本法规定的食品、食品添加剂”的规定进行定性处罚。

对此,持反对意见者认为,生产厂家和经销商的申辩理由不能忽视,如果厂家确实按照产品明示的食品标准在组织生产,也没有把甜蜜素作为一种配料,那么就不能认定其食品标签含有虚假内容。同时,第四十八条第一款有“生产者对标签、说明书上所载明的内容负责”的规定,经销商不应承担相关责任。

观点二:本案关键在于食品标签与食品内在质量不符合,应当认定经销商违反《食品安全法》第四十八条第三款“食品和食品添加剂与其标签、说明书所载明的内容不符的,不得上市销售”的规定,处罚依据同样是该法第八十六条第(二)项。这样既绕开了对于当事人的申辩理由是否成立的争论,又不会引发经销商是否该承担责任的争议。

对此,持反对意见者认为,从语法上看,《食品安全法》第四十八条第三款的主语是“食品”而非“食品标签”,这一条款在《食品安全法》中没有相对应的罚则。第八十六条第(二)项的规定与该条款没有对应关系。

观点三:同意观点二对于本案的定性,但应当转致国家总局《流通环节食品安全监督管理办法》第九条第一款第(十一)项“(禁止经营)食品的标签、说明书不符合《食品安全法》第四十八条第三款规定的食品”和第五十六条的规定进行处罚。

对此,持反对意见者认为,如此适用法律,虽然解决了禁止性条款与处罚性条款不对应的问题,但抓了标签违法行为,丢了质量违法行为,有舍本逐末的嫌疑。从本案事实及当事人的申辩来看,本案实质问题是食品内在质量问题,而非食品标签问题,本案的客观事实是食品质量与其标签不符,我们执法的目的应当是督促生产厂家及经销商严格执行其产品明示的食品标准,按照标准要求控制食品质量。既然《食品安全法》等特别法对本案出现的食品质量违法行为未作明确规定,那就应该适用产品质量监管的一般法如《产品质量法》进行调整。如果把本案定性为食品标签违法,那必然要求厂家对其产品标签进行改正,这明显不切实际。由此我们可以发现学习食品标准与法规的检索对于我们了解并遵守食品方面的法规,提高食品质量安全,防止食品污染均有重要意义。

【本项目小结】

通过学习检索食品标准和法规文献,可以了解并遵守各国在食品方面的法规,有利于保证和提高食品质量安全,防止食品污染和有害因素对人体的危害,保障人体健康。标准以及法规文献检索,对于了解和掌握国内外食品发展动态具有重要的意义。

【同步练习】

1. 国际标准与法规的检索途径是什么?
2. 国内食品标准文献检索的工具主要有哪些?
3. 按照文献的载体划分,文献可以分为哪些内容?

项目八

食品质量管理体系

【学习目标】

知识目标

1. 掌握食品良好操作规范(GMP)和卫生标准操作程序的主要内容,了解企业制定和实施这些管理规范的程序和措施;

2. 掌握 HACCP 计划的制订、食品质量保证体系、食品安全管理体系的建立,了解 HACCP 体系、ISO 9000 与 ISO 22000 标准的起源和发展、基本概念与特点。

技能目标

1. 能判断场景或案例是否符合食品良好操作规范 GMP 的基本要求;

2. 通过对食品企业的考察与调研,能撰写企业卫生管理实际状况的调查报告,提出整改措施;能协助企业建立 GMP 和 SSOP 管理规范;

3. 通过 HACCP 和 ISO 22000 标准在食品企业的应用,培养学生对食品生产过程进行危害分析、找出关键控制点、制定食品安全管理体系的前提方案、HACCP 计划和编制食品安全管理手册、程序文件、作业指导书及记录的能力。

【导入实例】

GMP 起源于美国,首先是从药品生产中发展起来的,来源于欧洲 20 世纪 60 年代波及世界的最大药品灾难。1961 年前 6 年间,前联邦德国发现 6 000～8 000 个海豹肢体畸形儿,经调查是药品“反应停”所致。该药品缺乏严格的临床试验,前联邦德国工厂也隐瞒了收到的 100 多例有关该药品毒性反应的报告。而且在查清原因后,该药品居然改头换面继续在 17 个国家造成危害,日本到 1963 年才禁止使用,引起 1 000 例畸胎。当时美国 FDA 发现该药品缺乏足够的临床试验数据而拒绝进口,从而避免了这场药品灾难。经历了这一震惊全世界的重大事件后,人们深刻认识到仅以最终成品抽样分析检验结果作为依据的质量控制体系存在一定的缺陷,事实证明不能保证生产的药品都做到安全并符合质量要求。因此,美国于 1962 年修改了《联邦食品、药品和化妆品条例》,将药品质量管理和质量保证的概念制度作为法定的要求。美国食品药品管理局(FDA)根据修改法的规定,制定了世界上第一部药品的 GMP,并于 1963 年通过美国国会第一次以法令的形式予以颁布,1964 年在美国实施。1967 年 WHO 在出版的《国际药典》(1967 年版)的附录中对其进行了收载,1969 年美国以联邦法规的形式公布食品的GMP基本法《食品制造、加工、包装、储运的现行良好操作规范》，简称CGMP或FCMP。该规范包括5章，内容包括定义、人员、厂房及地面、卫生操作、卫生设施与控制、设备与用具、加工与控制、仓库与运销等。

任务一 食品良好操作规范(GMP)

[任务目标]

掌握食品良好操作规范(GMP)的主要内容。

[技能训练]

训练食品良好操作规范(GMP)的掌握程度。

[知识链接]

一、认识GMP

食品良好操作规范(Good Manufacturing Practice，GMP)又称为食品生产卫生规范，它是为保证食品安全、食品质量而制定的包括食品生产、加工、包装、贮存、运输和销售等全过程的一系列方法、监控措施和技术的规范性要求。GMP是国际上普遍采用的用于食品生产的先进管理系统，它要求食品生产企业应具备良好的生产设备、合理的生产过程、完善的质量管理和严格的检测系统，以确保终产品的质量符合标准。推行食品GMP的主要目的就是在于提高食品的品质与卫生安全、保障消费者与生产者的权益、强化食品生产者的自主管理体制和促进食品工业的健全发展，是实现食品工业现代化、科学化的必备条件，是食品优良品质和安全卫生的保证体系。一般情况下，以法规、推荐性法案、条例和准则等形式公布。

(一)我国GMP的现状

我国真正强制推行GMP是从制药开始的。按照《药品管理法》规定，2004年6月30日前药品生产企业必须通过GMP认证，未通过的被停止其生产资格。通过这项强制措施，我国淘汰了一些生产技术装备及管理落后的企业。紧接着2004年8月国家食品药品监督管理局的新《保健食品注册管理办法》已经国务院批复，于2004年10月正式颁布实施。保健食品应当在符合《保健食品良好生产规范》的车间生产，其加工过程必须符合保健食品良好生产规范的要求。

食品行业虽尚未开始强制推行GMP，但已开始实行QS(质量安全)准入制(大多数条款来源于GMP)。浙江省已于2003年在国内率先颁布了食品GMP地方标准《食品企业良好作业规范》(DB33/T 456)，同时开始试行食品加工企业GMP考核。

我国食品企业质量管理规范的制定开始于20世纪80年代中期，这些规范分为4类，出口食品企业GMP、食品生产卫生规范、有机食品GMP和农业部颁发的GMP。重点对厂房、设备、设施和企业自身卫生管理等方面提出卫生要求，以促进我国食品卫生状况的改善，预防和控制各种有害因素对食品的污染。1998年，卫生部颁布了《保健食品良好生产规范》

(GB 17405—1998)和《膨化食品良好生产规范》(GB 17404—1998)，这是我国首批颁布的食品GMP强制性标准。同以往的“卫生规范”相比，最为突出的特点是增加了品质管理的内容，对企业人员素质及资格也提出了具体要求，对工厂硬件和生产过程管理及自身卫生管理的要求更加具体、全面、严格。卫生部还组织制定了乳制品、熟肉制品、饮料、蜜饯及益生菌类保健食品等企业的GMP，并拟陆续发布实施。

1. 出口食品企业GMP

我国根据WHO和食品贸易的要求，于1984年由原国家商检局首先制订了类似GMP的卫生法规《出口食品厂、库最低卫生要求》，对出口食品生产企业提出了强制性的卫生规范。到90年代初，在《安全食品工程研究》中，对8种出口食品制定了GMP。

根据食品贸易全球化的发展以及对食品安全卫生要求的提高，《出口食品厂、库最低卫生要求》逐渐不能适应形势，原国家商检局经过修改，于1994年11月发布了《出口食品厂、库卫生要求》。在此基础上，又陆续发布了9个专业卫生规范，共同构成了我国出口食品GMP体系。

9个专业卫生规范是：

·《出口畜禽肉及其制品加工企业注册卫生规范》

·《出口罐头加工企业注册卫生规范》

·《出口水产品加工企业注册卫生规范》

·《出口饮料加工企业注册卫生规范》

·《出口茶叶加工企业注册卫生规范》

·《出口糖类加工企业注册卫生规范》

·《出口面糖制品加工企业注册卫生规范》

·《出口速冻方便食品加工企业注册卫生规范》

·《出口肠衣加工企业注册卫生规范》

国家质量监督检验检疫总局于2002年4月19日第20号文颁布《出口食品生产企业卫生注册登记管理规定》，自2002年5月20日起施行。同时废止原国家进出口商品检验局1994年11月14日发布的《出口食品厂、库卫生注册细则》和《出口食品厂、库卫生要求》。《出口食品生产企业卫生注册登记管理规定》的附件二相当于我国最新的出口食品GMP，其主要内容共19条，其核心是“卫生质量体系”的建立和有效运行。“卫生质量体系”包括下列基本内容：卫生质量方针和目标组织机构及其职责；生产、质量管理人员的要求；环境卫生的要求；车间及设施卫生的要求；原料、辅料卫生的要求；生产、加工卫生的要求；包装、储存、运输卫生的要求；有毒有害物品的控制、检验的要求；保证卫生质量体系有效运行的要求。

我国出口食品GMP的特点是采用了世界上先进的管理理论和方法，强调建立体系，突出“体系化”管理思想；突出机构和人员的保证作用；硬件设施达到规定要求；关键要素的“有效控制”原则；有毒有害物品的严格控制原则；保证卫生质量体系有效运行的要求。

2. 食品生产卫生规范

我国的食品GMP的制定分通则与专则两种，通则适用所有食品工厂，专则依个别产品性质不同及实际需要予以制定。1994年，我国卫生部按照《食品卫生法》的规定，参照联合国粮农组织/世界卫生组织(FAO/WHO)食品法典委员会《食品卫生通则》[CAC/RCP, Rev. 2 (1985)]，结合我国国情制定了《食品企业通用卫生规范》(GB 14881—1994)，作为我国食品企业必须执行的国家标准发布。在此前后，卫生部自1988年以来，制定了21个食品加工企业卫生规范专则，这些卫生规范都体现了GMP管理的基本内容和要求。

我国食品生产卫生规范的颁布实施，对《食品安全法》的进一步贯彻执行、保证食品安全卫生、加快改善食品厂的卫生面貌、实现卫生管理标准化和规范化、保障人民健康起到积极的作用。

颁布的21个食品加工企业卫生规范：

·《罐头厂卫生规范》(GB 8950—1988)

·《白酒厂卫生规范》(GB 8951—1988)

·《啤酒厂卫生规范》(GB 8952—1988)

·《酱油厂卫生规范》(GB 8953—1988)

·《食醋厂卫生规范》(GB 8954—1988)

·《食用植物油厂卫生规范》(GB 8955—1988)

·《蜜饯企业良好生产规范》(GB 8956—2003)

·《糕点厂厂卫生规范》(GB 8957—1988)

·《乳制品企业良好生产规范》(GB 12693—2003)

·《肉类加工厂卫生规范》(GB 12694—1990)

·《饮料企业良好生产规范》(GB 12695—2003)

·《葡萄酒厂卫生规范》(GB 12696—1990)

·《果酒厂卫生规范》(GB 12697—1990)

·《黄酒厂卫生规范》(GB 12698—1990)

·《面粉厂卫生规范》(GB 13122—1991)

·《饮用天然矿泉水厂卫生规范》(GB 16330—1996)

·《巧克力厂卫生规范》(GB 17403—1998)

·《膨化食品良好生产规范》(GB 17404—1998)

·《保健食品良好生产规范》(GB 17405—1998)

·《熟肉制品企业生产卫生规范》(GB 19303—2003)

·《定型包装饮用水企业生产卫生规范》(GB 19304—2003)

3.有机食品GMP

国家环保总局颁布了《有机(天然)食品生产和加工技术规范》，用以规范有机(天然)食品生产和加工。该规范分为8个部分：

(1)有机农业生产的环境；

(2)有机(天然)农产品生产技术规范；

(3)有机(天然)食品加工技术规范；

(4)有机(天然)食品贮存技术规范；

(5)有机(天然)食品运输技术规范；

(6)有机(天然)食品销售技术规范；

(7)有机(天然)食品检测技术规范；

(8)有机农业转变技术规范。

4. 农业部的 GMP

到目前为止，农业部颁布的 GMP 有《水产品加工质量管理规范》(SC/T 3009—1999)，1999 年颁布，2001 年 1 月生效；绿色食品生产技术规程；无公害食品生产规程；一些农产品生产技术规程《财政部与农业部“农业行业标准”制定计划》等。

(二)国际食品良好操作规范的现状

GMP 原来较多应用于制药工业，现在许多国家将其用于食品工业，制定出相应的 GMP 法规。1969 年，世界卫生组织向全世界推荐 GMP。1972 年，欧洲共同体 14 个成员国公布了 GMP 总则。日本、英国、新加坡和很多工业先进国家积极引进食品 GMP，日本厚生省于 1975 年开始制定各类食品卫生规范。目前，美国已立法强制实施食品 GMP，在世界范围内的不少发达国家和发展中国家及不同地区均得到认可并采纳。

1. CAC

CAC 共有 13 卷，包括 237 个食品产品标准；41 个卫生或技术规范；185 种评价的农药；2 374 个农药残留限量；25 个污染物准则；1 005 种食品添加剂；54 种兽药规定。重要的 GMP 有《食品卫生通则》[CAC/RCP 1—1969，Rev. 3(1997)]、《危害分析与关键控制点(HACCP)系统应用导则》[Annex to CAC/RCP 1—1996，Rcv. 3(1997)]、《水果蔬菜罐头的卫生操作规程》(CAC/RCP 8—1969)、《速冻食品加工和处理的操作规程》(CAC/RCP 8—1976)、《加工肉禽制品操作规程和导则》[CAC/RCP 13—1976，Rev. 1(1985)]、《国际乳粉卫生操作推荐规程》(CAC/RCP 31—1983)、《无菌加工和低酸包装食品卫生操作规程》(CAC/RCP 40—1993)、《国际食品贸易的道德规程》[CAC/RCP 20—1979，Rev. 1(1985)]等。

2. 美国

在 20 世纪 70 年代初期，美国食品和药品管理局(FDA)为了加强、改善对食品的监管，根据美国《食品、药物、化妆品法》第 402(a)的规定：凡在不卫生的条件下生产、包装或储存的食品或不符合生产食品条件下生产的食品视为不卫生、不安全的。1963 年美国 FDA 制定了药品 GMP，并于第 2 年开始实施。同年，美国公布了《食品制造、加工、包装、储存的现行良好制造规范》(Current Good Manufacture Practice：Manufacture, Processing, Packing or Holding Human Food, Code of Federal Regulation, Part 128)，简称 CGMP 或食品 GMP(FGMP)基本法(1986 年修改后的 CGMP，将 Part 128 改为 Part 110)。21CFR Part 110 为基本指导性文件，对食品生产、加工、包装、储存企业的厂房，建筑物与设施加工设备用具，人员的卫生要求、培训、仓储与分销，以及环境与设备的卫生管理，加工过程的控制管理都做了详细的规定。

3. 加拿大

GMP 作为食品企业必须遵守的基本要求被政府机构写进了法律条文，如加拿大农业部制定的《肉类食品监督条例》中的有关厂房建筑的规定属于强制性 GMP。政府部门出版发行 GMP 准则，鼓励食品生产企业自愿遵守。政府部门可以采用一些国际组织制定的 GMP 准则，食品生产企业也可以独立采用。

卫生部(HPB)按照《食品和药物法》制定了《食品良好制造法规》(GMRF)，描述了加拿大食品加工企业最低健康与安全标准。农业部建立了食品安全促进计划(PSEP)，旨在确保所有加工的农产品以及这些产品的加工条件是安全卫生的。

4. 欧盟

为对食品的安全卫生进行控制，欧共体理事会及以后的欧盟委员会发布了一系列食品生产、进口和投放市场的卫生规范和要求。从内容上可以划分为以下 6 类：

(1)对疾病实施控制的规定；

(2)对农药、兽药残留实施控制的规定；

(3)对食品生产、投放市场的卫生规定；

(4)对检验实施控制的规定；

(5)对第三国食品准入的控制；

(6)对出口国当局卫生证书的规定。

5. 日本

日本食品卫生主要由厚生省和农林水产省两大部门管理。

(1)厚生省　厚生省制定了《卫生规范》，包括鸡肉加工卫生规范、食饭及即食菜肴卫生规范、酱腌菜卫生规范、生鲜西点卫生规范、中央厨房及零售连锁卫生规范和生面食品类卫生规范等。

(2)农林水产省　农林水产省制定了《食品制造流通基准》，其内容包括食用植物油、罐头食品、豆腐、腌制蔬菜、杀菌袋装食品、碳酸饮料、紫菜、番茄加工、汉堡包及牛肉饼、水产制品、味精、生面条、面包、酱油、冷食、饼干、通心粉等 20 多种。

(3)日本食品卫生协会　食品卫生协会制订了《食品卫生管理要领》，有豆腐、油炸食品、即食面、面包、寿司面、普通餐馆、高级餐厅和民族餐馆等。

上述“基准”、“规范”和“要领”均为指导性的，达不到其要求不属违法。

6. 中国台湾

(1)“行政院卫生署”主管食品卫生；“经济部”(标准局、贸易局、工业局、商检局等分别负责)和“行政院农业委员会”(原料生产)负责食品品质管理。

(2)1985 年“行政院农业委员会”建议“经济部工业局”试行研究《婴儿配方食品良好作业规范》，拉开 GMP 推行的序幕；1989 年全面推行食品 GMP 标准(分通则和专则规范)及 GMP 认证制度，如《食品 GMP 推行方案》及《食品 GMP 认证制度实施方法》，由“经济部工业局”接受企业申请食品 GMP 认证。

(3)到 1994 年，通过 GMP 认证的企业有 196 家，产品 1 823 种。饮料、酱油、乳品、食用油、婴儿配方食品、烧烤食品的 GMP 认证产品在台湾省内市场占有率达 50%以上。

(4)在推行食品 GMP 方面，台湾味全公司、雀巢公司成绩显著。

二、食品良好操作规范的主要内容

(一)食品原材料采购、运输和贮藏

食品生产所用原材料的质量是决定食品最终产品质量的主要因素。食品生产的原材料一般分为主要原材料和辅助材料，其中主要原材料是来源于种植品、畜产品、水产品、水果、蔬菜、粮油、畜肉、乳品、蛋品、鱼贝类等；辅助材料有香辛料、调味料和食品添加剂等。这些原材料大多数是动、植物体生产出来的，在种植、饲养、收获、运输、贮藏等过程中都会受到很多有害因素

的影响而改变食物的安全性，如微生物和寄生虫的感染。因此，加强主要原材料和辅助材料的卫生管理至关重要。尤其是随着我国经济发展和社会进步，食品由家庭制作逐步转向工业化生产。同时，工业的发达也带来诸如水污染、化学药品和农药污染等环境问题，这些都使得食品主要原材料和辅助材料的安全性问题越来越突出。所以，食品企业必须从影响食品质量的重要环节，即原材料采购、运输和贮藏等方面着手加强卫生管理。

1.原材料采购和运输的卫生要求

(1)采购

①采购原材料应按该种原材料质量卫生标准或卫生要求进行。

②购入的原料，应具有一定的新鲜度，具有该品种应有的色、香、味和组织形态特征，不含有毒有害物，也不应受其污染。

③某些农、副产品原料在采收后，为便于加工、运输和贮存而采取的简易加工应符合卫生要求，不应造成对食品的污染和潜在危害，否则不得购入。

④采购人员应具有简易鉴别原材料质量、卫生的知识和技能。

⑤盛装原材料的包装物或容器，其材质应无毒无害，不受污染，符合卫生要求。

⑥重复使用的包装物或容器，其结构应便于清洗、消毒。要加强检验，有污染者不得使用。

(2)运输

①运输工具(车厢、船舱)等应符合卫生要求，应备有防雨防尘设施，根据原料特点和卫生要求，还应具备保温、冷藏、保鲜等设施。

②运输作业应防止污染，操作要轻拿轻放，不使原料受损伤，不得与有毒、有害物品同时装运。

③建立卫生制度，定期清洗、消毒，保持洁净卫生。

2.贮存要求

(1)应设置与生产能力相适应的原材料场地和仓库。

(2)新鲜果、蔬原料应贮存于遮阳、通风良好的场地，地面平整，有一定坡度，便于清洗、排水。及时剔除腐败、霉烂原料，将其集中到指定地点，按规定方法处理，防止污染食品和其他原料。

(3)各类冷库，应根据不同要求，按规定的温、湿度贮存。

(4)其他原材料场地和仓库，应地面平整，便于通风换气，有防鼠、防虫设施。

(5)原料场地和仓库应设专人管理，建立管理制度，定期检查质量和卫生情况，按时清扫、消毒、通风换气。

(6)各种原材料应按品种分类分批贮存，每批原材料均有明显标志，同一库内不得贮存相互影响风味的原材料。

(7)原材料应离地、离墙并与屋顶保持一定距离，垛与垛之间也应有适当间隔。

(8)先进先出，及时剔除不符合质量和卫生标准的原料，防止污染。

(二)食品工厂设计与设施

1.食品工厂厂址选择

(1)厂址选择应符合国家的方针政策。食品工厂的厂址应设在当地的规划区内，以适应当地远近期规划的统一布局，并尽量不占或少占良田，做到节约用地。所需土地可按照基建要求分批征用。

(2)厂址选择应充分考虑生产条件

①根据我国具体情况,食品工厂一般倾向于设在原料产地附近的大中城市之郊区,个别产品为有利于销售亦可设在市区。这不仅可获得足够数量和质量的新鲜原料,并有利于加强工厂对农村生产的指导和联系,而且还便于辅助材料和包装材料的获得,有利于产品的销售,同时还可以减少运输费用。

②厂区的标高应高于当地历史最高洪水位,特别是主厂房及仓库的标高更应高出当地历史最高洪水位。厂区自然排水坡度最好在0.004°~0.008°。

③所选厂址要有可靠的地质条件,应避免将工厂设在流沙、淤泥、土崩断裂层上。对特殊地质如溶洞、湿陷性黄土、孔性土等应尽量避免。在山坡上建厂要避免滑坡、塌方等。在矿藏地表处不应建厂。厂址应有一定的地耐力。建筑冷库的地方,地下水位不能过高。

④所选厂址附近应有良好的卫生环境,厂区周围不得有粉尘、烟雾、有害气体、放射性物质和其他扩散性污染物,不得有垃圾场、污水处理厂、废渣场等。特别是在上风向地区的工矿企业,更要注意它们对食品厂生产有无危害。

⑤要建立必要的卫生防护带,如屠宰厂距居民区的最小防护带不得少于500 m,酿造厂、酱菜厂、乳品厂等不得少于300 m,蛋品加工批发部门不得少于100 m。

⑥防止企业污水和废弃物对居民区的污染,应建立废水和废弃物处理设施,有利于经处理的污水和废弃物的排出。

⑦要有足够可利用的面积和较适宜的地形,以满足工厂总体平面合理的布局和今后扩建发展的要求。

⑧厂区应通风、采光良好、空气清新。

2.食品工厂建筑设施

(1)建筑物和构筑物的设置与分布应符合工厂生产工艺的要求,促进生产过程的连续性,并尽量缩短作业距离,避免物料往返运输,使生产最方便。

(2)厂房应按照生产工艺流程及所要求的清洁级别进行合理布局,全厂的货流、人流、原料、管道等的运输应有各自路线,同一厂房和邻近厂房进行的各项操作不得相互干扰。做到人流及物流分开,原料、半成品、成品以及废品分开,生食品及熟食品分开,杜绝生产操作中的交叉污染。

(3)生产区(各种车间和仓库等)、生活区(宿舍、食堂、浴室、托儿所、商店和学校等)和厂前区(传达室、化验室、医务室、运动场、办公室、俱乐部汽车房等)的布局应合理,生活区应位于生产区的上风向,厂前区应与生产区分开,锅炉房等设施应在工厂的下风向。

(4)生产车间与城市公路有一定的防护区,一般为30~50 m,中间最好有绿化地带阻挡灰尘污染。同时厂区应有一定面积的绿化带,起到滞尘、净化空气和美化环境等作用。

(5)厂区建筑物之间的距离应按有关规范设计。从防火、卫生、防震、防尘、噪声、采光、通风、交通运输等方面考虑,在符合有关规范的前提下,使建筑物之间的距离最短。

(6)公用厕所要与主车间、食品原料仓库或堆场及成品库保持一定距离,并采用水冲式厕所,以保持厕所的清洁卫生。生产车间的附属设施如更衣间、消毒间、卫生间、流动水洗手间等应齐备。

(7)车间内生产用水的供水管应采用不易生锈的管材,供水方向应逆加工进程方向,即由清洁区向非清洁区流。车间内的供水管路应尽量统一走向，冷水管要避免从操作台上方通过，以免冷凝水凝聚滴落到产品上。车间的排水沟应该用表面光滑、不渗水的材料铺砌，施工时不得出现凹凸不平和裂缝，并形成3%的倾斜度，以保证车间排水的通畅，排水的方向也是从清洁区向非清洁区方向排放。排水沟上应加不生锈材料制成活动的箅子。车间排水的地漏要有防固体物进入的措施，畜禽加工厂的浸烫打毛间应采用明沟，以便于清除羽毛和污水。排水沟的出口要有防鼠网罩，车间的地漏或排水沟的出口应使用U形或P形、S形等有存水弯的水封，以便防虫防臭。

(8)废弃物存放设施应远离生产区和生活区，应加盖存放，尽快处理。

3.食品工厂卫生设施

(1)洗手设施　车间进口处和车间内要设置足够的洗手消毒设施，大约每10人1个水龙头，并在洗手设施旁边设有干手设备(如热风、消毒干毛巾)、洗涤剂、消毒剂等。对一些特别的车间工作人员应戴手套。食品从业人员应勤剪指甲，必须使用来苏儿或酒精对手进行消毒。水龙头应采用脚踏式或电眼式等开关，以防止已清洗或消毒的手再度污染。

(2)消毒池　在饮料、冷食等卫生要求较高的生产车间的入口应设有消毒池，一般设在通向车间的门口处。消毒池壁内侧与墙体呈45°坡形，池底设有排水口，池深15～20 cm，大小应以工作人员必须通过消毒池才能进入车间为宜。

(3)更衣室　食品从业人员在进入车间时必须在更衣室换上清洁的隔离服，戴上帽子以防头发上的尘埃及脱落的头发污染食品。更衣室应设在便于工作人员进入车间的位置，应有必要的更衣通风设施，并安装紫外线灯。

(4)浴室　为保持食品从业人员的个人卫生，食品工厂设置淋浴器是十分必要的，淋浴器龙头按每班工作人员计，每20～25人设置一个。

(5)厕所　食品工厂厕所的位置、卫生条件直接影响食品的卫生质量，应予以高度重视。厂区厕所应设置在生产车间的下风侧，距生产车间25 m以外。车间的厕所应设置在车间外，其入口不能与车间的入口直接相对，一般设在淋浴室旁边的专用房内。便池应为水冲式。其数量应与生产人员人数相匹配。厕所应装有洗手设施和排臭装置，并备有洗手液或消毒液，厕所的排水管道应与车间分开，厕所应定期进行蚊蝇消灭处理，厕所每天每班清洗消毒。

(三)工厂的卫生管理

1.机构

(1)食品厂必须建立相应的卫生管理机构，对本单位的食品卫生工作进行全面管理。

(2)管理机构应配备经专业培训的专职或兼职的食品卫生管理人员。

2.职责(任务)

(1)宣传和贯彻食品卫生法规和有关规章制度，监督、检查在本单位的执行情况，定期向食品卫生监督部门报告。

(2)制定和修改本单位的各项卫生管理制度和规划。

(3)组织卫生宣传教育工作，培训食品从业人员。

(4)定期进行本单位从业人员的健康检查，并做好善后处理工作。

3.维修保养工作

(1)建筑物和各种机械设备、装置、设施、排水系统等均应保持良好状态，确保正常运行和整齐洁净，不应污染食品。

(2)建立健全维修保养制度，定期检查、维修，杜绝隐患，防止污染食品。

4.清洗和消毒工作

(1)应制定有效的清洗及消毒方法和制度，以确保所有场所清洁卫生，防止污染食品。

(2)生产车间的清洗：一般食品车间的清洗是在食品生产完毕之后进行，通常采用喷射热水或高压水清洗，有时用洗涤液冲洗或刷洗，再用清水冲净。最后采用紫外线或杀菌剂杀毒的方法来保证食品生产环境的清洁卫生。

(3)生产设备的清洗：是指对食品生产使用的贮料槽、管道、热交换器等生产设备的清洗。常用的方法是：水冲洗→清洗液冲洗→热水冲洗或蒸汽杀菌→清水(过滤水)冲洗。

(4)生产车间、生产设备和加工器具的清洗、消毒：生产车间、生产设备和工器具每天都要进行清洗、消毒。加工易腐易变质食品，如水产品、肉类食品、乳制品的设备和工器具还应该在加工过程中定时进行清洗、消毒，如禽肉加工车间宰杀用的刀每使用 3 min 就要清洗、消毒一次。生产期间，车间的地面和墙裙应每天进行清洁，车间的顶面、门窗、通风排气(汽)孔道上的网罩等应定期进行清洁。

(5)使用清洁剂和消毒剂时，应采取适当措施，防止人身、食品受到污染。

5.除虫、灭害的管理

(1)厂区应定期或在必要时进行除虫灭害工作，要采取有效措施防止鼠类、蚊、蝇、昆虫等的聚集和滋生。对已经发生的场所，应采取紧急措施加以控制和消灭，防止蔓延和对食品的污染。

(2)使用各类杀虫剂或其他药剂前，应做好对人身、食品、设备工具的污染和中毒的预防措施，用药后将所有设备、工具彻底清洗，消除污染。

6.有毒有害物管理

(1)清洗剂、消毒剂、杀虫剂以及其他有毒有害物品，均应有固定包装，并在明显处标示"有毒品"字样，贮存于专门库房或柜橱内，加锁并有专人负责保管，建立管理制度。

(2)使用时应由经过培训的人员按照使用方法进行，防止污染和人身中毒。

(3)除卫生和工艺需要外，均不得在生产车间使用和存放可能污染食品的任何种类的药剂。

(4)各种药剂的使用品种和范围，须经省(自治区、直辖市)卫生监督部门同意。

7.饲养动物的管理

(1)厂内除供实验动物和待加工禽畜外，一律不得饲养家禽、家畜。

(2)应加强对实验动物和待加工禽畜的管理，防止污染食品。

8.污水、污染的管理

(1)污水排放应符合国家规定标准，不符合标准者应采取净化措施，达标后排放。

(2)厂区设置的污染收集设施，应为密闭式或带盖，要定期清洗、消毒，污物不得外溢；应于24h之内运出厂区处理。做到污物日产日清，防止有害动物集聚滋生。

9.副产品的管理

(1)副产品(加工后的下脚料和废弃物)应及时从生产车间运出，按照卫生要求，贮存于副产品仓库，废弃物则收集于污物设施内，及时运出厂区处理。

(2)使用的运输工具和容器应经常清洗、消毒，保持清洁卫生。

10.卫生设施的管理

洗手、消毒池，靴、鞋消毒池，更衣室、淋浴室、厕所等卫生设施，应有专人管理，建立管理制度，责任到人，应经常保持良好状态。

11.工作服的管理

(1)工作服包括淡色工作衣、裤、帽、鞋、靴等，某些工序(种)还应配合口罩，围裙、套袖等卫生防护用品。

(2)工作服应有清洁保洁制度。凡直接接触食品的工作人员必须每日更换，其他人员也应定期更换，保持清洁。

12.健康管理

(1)食品厂全体工作人员，每年至少进行一次体格检查，没有取得卫生监督机构颁发的体检合格证者，一律不得从事食品生产工作。

(2)食品生产人员尤其是与食品直接接触的人员的健康与食品的卫生质量直接相关，我国《食品安全法》第三十四条规定"食品生产经营者应当建立并执行从业人员健康管理制度。患有痢疾、伤寒、病毒性肝炎等消化道传染病的人员，以及患有活动性肺结核、化脓性或者渗出性皮肤病等有碍食品安全的疾病的人员，不得从事接触直接入口食品的工作。食品生产经营人员每年应当进行健康检查，取得健康证明后方可参加工作。"

(3)为防止食品造成食品中毒、传染病等各种疾病，食品生产经营企业应对职工开展健康宣传，早发现早处置。在不接触直接入口食品的人员中发现传染病或带菌者，也应当进行管理，加强治疗。要建立一人一卡的健康检查档案，以便全面掌握食品从业人员的健康状况。

(四)生产过程的卫生要求

1.管理制度

(1)应按产品品种分别建立生产工艺和卫生管理制度，明确各车间、工序、个人的岗位职责，并定期检查、考核。具体办法在各类食品厂的卫生规范中分别制定。

(2)各车间和有关部门应配备专职或兼职的工艺卫生管理人员，按照管理范围，做好监督、检查、考核等工作。

2.原材料的卫生要求

(1)进厂的原材料应符合采购质量标准的规定。

(2)原材料必须经过检验、化验，合格者方可使用；不符合质量卫生标准和要求的，不得投产使用，要与合格品严格区分开，防止混淆和污染食品。

3.生产过程的卫生要求

(1)按生产工艺的先后次序和产品特点，应将原料处理、半成品处理以及加工、包装材料容器的清洗、消毒，成品包装和检验、成品贮存等工序分开设置，防止前后工序相互交叉污染。

(2)凡直接接触食品原料或成品的设备、工具或管道应无毒、无味、耐腐蚀、耐高温、不定形、不吸水，要求质材坚硬、耐磨、抗冲击、不易破碎，常用的质材有不锈钢、铝合金、玻璃、搪瓷、天然橡胶、塑料等。

(3)各项工艺操作应在良好的情况下进行，防止变质和受到腐败微生物及有毒有害物的污染。

(4)生产设备、工具、容器、场地等在使用前后均应彻底清洗、消毒。设备应实行轮班检修制度,不得污染食品。

(5)成品应有固定包装,经检验合格后方可包装;包装应在良好的状态下进行,防止异物带入食品;使用的包装容器和材料,应完好无损,符合国家卫生标准。包装上的标签应按GB 7718 的有关规定执行。

(6)成品包装完毕,按批次入库、贮存,防止差错。

(7)生产过程的各项原始记录(包括工艺规程中各个关键因素的检查结果)应妥为保存,保存期应较该产品的商品保存期延长6个月。

(五)卫生和质量检验的管理

(1)食品厂应设立与生产能力相适应的卫生和质量检验室,并配备经专业培训、考核合格的检验人员,从事卫生质量的检验工作。

(2)卫生和质量检验室应具备所需的仪器、设备,并有健全的检验制度和检验方法。原始记录应齐全,并应妥善保存,以备查核。

(3)应按国家规定的卫生标准和检验方法进行检验,要逐批次对投产前的原材料、半成品和出厂前的成品进行检验,并签发检验结果单。

(4)对检验结果如有争议,应由卫生监督机构仲裁。

(5)检验用的仪器、设备,应按期检定,及时维修,使经常处于良好状态,以保证检验数据的准确。

(六)成品贮存、运输的卫生要求

(1)经检验合格包装的成品应贮存于成品库,其容量应与生产能力相适应。按品种、批次分类存放,防止相互混杂。成品库不得贮存有毒、有害物品或其他易腐、易燃品。

(2)运输工具(包括车厢、船舱和各种容器等)应符合卫生要求、要根据产品特点配备防雨、防尘、冷藏、保温等设施。

(七)个人卫生及健康的要求

(1)食品厂的从业人员(包括临时工)应接受健康检查,取得体检合格证者,方可参加食品生产。

(2)从业人员上岗前,要先经过卫生培训教育,方可上岗。

(3)上岗时,要做好个人卫生,防止污染食品。

三、食品良好操作规范的认证

食品良好操作规范是一种自主性的质量保证制度。为了提高消费者对食品良好操作规范的认知和信赖,一些国家和地区开展了食品良好操作规范的自愿认证工作。

(一)食品 GMP 认证基础要求

GMP 是一种具有专业特性的品质保证或制造管理体系,是为保障食品安全、质量而制定贯穿食品生产全过程的一系列措施、方法和技术要求，是一种特别注重生产过程中产品品质与卫生安全的自主性管理制度，是一种具体的产品质量保证体系。其要求工厂在制造、包装及贮运产品等过程的有关人员，以及建筑、设施、设备等的设置及卫生、制造过程、产品质量等管理，均能符合良好生产规范；防止产品在不卫生条件或可能引起污染及品质变坏的环境下生产，减少生产事故的发生，确保产品安全卫生和品质稳定，确保成品的质量符合标准。

GMP 要求生产企业应具有良好的生产设备，合理的生产过程，完善的质量管理和严格的检测系统。其主要内容包括：

(1)先决条件 合适的加工环境、工厂建筑、道路、行程、地表供水系统、废物处理等；

(2)设施 制作空间、贮藏空间、冷藏空间、冷冻空间的供给；排风、供水、排水、排污、照明等设施；合适的人员组成等；

(3)加工、储藏、分配操作 物质购买和储藏；机器、机器配件、配料、包装材料、添加剂、加工辅助品的使用及合理性；成品外观、包装、标签和成品保存；成品仓库、运输和分配；成品的再加工；成品申请、抽检和试验，良好的实验室操作等；

(4)卫生和食品安全检测 特殊的储藏条件，热处理、冷藏、冷冻、脱水、化学保藏；清洗计划、清洗操作、污水管理、害虫控制；个人卫生和操作；外来物控制、残存金属检测、碎玻璃检测以及化学物质检测等；

(5)管理职责 提供资源、管理和监督、质量保证和技术人员；人员培训；提供卫生监督管理程序；满意程度；产品撤销等。

(二)认证程序

食品 GMP 认证工作程序包括申请、资料审查、现场评审、产品检验、签约、授证、追踪考核等步骤。

食品企业应递交申请书。申请书包括产品类别、名称、成分规格、包装形式、质量、性能，并附公司注册登记影印件、工厂厂房配置图、机械设备配置图、技术人员学历证书和培训证书等。

同时食品企业还应提供质量管理标准书、制造作业标准书、卫生管理标准书、顾客投诉处理办法和成品回收制度等技术文件。

质量管理标准书的内容包括质量管理机构的组成和职责、原材料的规格和质量验收标准、过程质量管理标准和控制图、成品规格及出厂抽样标准、检验控制点和检验方法、异常处理办法、食品添加剂管理办法、员工教育训练计划和实施记录、食品良好操作规范考核制度和记录、仪器校验管理办法等。

制造作业标准书的内容包括产品加工流程图、作业标准、机械操作及维护制度、配方材料标准、仓储标准和管理办法、运输标准和管理办法等。

卫生管理标准书的内容包括环境卫生管理标准、人员卫生管理标准、厂房设施卫生管理标准、机械设备卫生管理标准、清洁和消毒用品管理标准。

(三)食品 GMP 认证标志

食品 GMP 认证标志如图 8-1 所示。“OK”手势代表消费者对认证产品的安全、卫生相当“安心”。笑颜代表消费者对认证产品的品质相当“满意”。

图 8-1　食品 GMP 认证标志

食品 GMP 认证的编号是由 9 个数字所组成，编号的前二码代表认证产品的产品类别；3～5 码称为工厂编码，代表认证产品制造工厂取得该产品类别先后序号；6～9 码称为产品编码，代表认证产品的序号。

食品 GMP 认证编号不但采用生产线认证亦采用产品认证法，因此每一项认证产品都有它专属的食品 GMP 认证编号。

任务二　卫生标准操作程序(SSOP)

[任务目标]

掌握卫生标准操作程序的主要内容。

[技能训练]

训练卫生标准操作程序的掌握程度。

[知识链接]

一、认识 SSOP

1. 概念及含义

SSOP(Sanitation Standard Operation Procedures)是“卫生标准操作程序”的英文缩写。是食品加工企业必须遵守的基本卫生条件，也是在食品生产中实现全面 GMP 目标的卫生操作规范。SSOP 是为了消除加工过程中不良的因素，确保加工的食品符合卫生要求而制定的，用于指导食品加工过程中如何实施清洗、消毒和保持卫生状态。SSOP 的正确制定和有效执行，对控制危害非常有价值。

美国 21CFR Part 123《水产品 HACCP 法规》中强制性地要求加工者采取有效的卫生控制程序(Sanitation Control Procedure，SCP)，充分保证达到 GMP 的要求，并且推荐加工者按照 8 个主要卫生控制方面起草一个卫生操作控制文件即 SSOP，并加以实施。因此，SSOP 是食品生产和加工企业建立和实施 HACCP 计划的重要前提条件。

2. SSOP 的一般要求

加工企业必须建立和实施 SSOP，以强调加工前、加工中和加工后的卫生状况和卫生行为；SSOP 应描述加工者如何保证某一个关键的卫生条件和操作得到满足；SSOP 应该描述加工企业的操作如何受到监控来保证达到 GMP 规定的条件和要求；每个加工企业必须保持 SSOP 记录，至少应记录与加工厂相关的关键卫生条件和操作受到监控和纠偏的结果；官方执法部门或第三方认证机构应鼓励和督促企业建立书面 SSOP 计划。

3. SSOP 计划的作用

为了保证卫生要求的实施，企业需起草本企业的卫生标准操作程序，即 SSOP 计划。SSOP 计划应由食品生产企业根据卫生规范及企业实际情况编写，尤其应充分考虑到其实际性和可操作性，注意对执行人所执行的任务提供足够详细的内容。SSOP 计划即卫生标准操作程序一般应包含：监控对象、监控方法、监控频率、监控人员、纠偏措施及监控、纠偏结果的记录要求等。

卫生标准操作程序描述了控制工厂各项卫生要求所使用的程序，提供一个日常卫生检测的基础，对可能出现的合格状况提前做出计划，以保证必要时采取纠正措施，为雇员提供了一种连续培训的工具，应确保每个人，从管理层到生产工人都理解与之相关的卫生标准操作程序要求。

二、卫生标准操作程序内容

SSOP 主要涉及 8 个方面，即加工水和冰的安全，食品接触面的状况与清洁，预防交叉污染，维护洗手间、手消毒间、厕所的卫生设施，防止食品外来掺杂物污染，有毒化合物（洗涤剂、消毒剂、杀虫剂等）的贮存、管理和使用，员工健康状况的控制，虫鼠的控制（防虫、灭虫、防鼠、灭鼠）。这 8 个方面均有对应的 GMP 法规的卫生标准。SSOP 是 GMP 中最关键的、食品企业必须遵守的基本卫生条件，也是食品生产中实现 GMP 全面目标的卫生操作规程。SSOP 强调食品生产车间、环境、人员及与食品有接触的器具、设备中可能存在危害的预防以及清洁措施，重点是生物性危害。

1. 水（冰）的安全

生产用水（冰）的卫生质量是影响食品卫生的关键因素。对于任何食品的加工，首要的一点就是要保证水的安全。食品加工企业一个完整的 SSOP 计划，首先要考虑与食品接触或与食品接触物表面接触的水（冰）来源与处理，应符合有关规定，并要求考虑非生产用水及污水处理的交叉污染问题。

2. 与食品接触的表面（包括设备、手套、工作服）的清洁度

保持与食品接触面的清洁度是为了防止污染食品。食品接触面要保持良好状态，其设计、安装应便于卫生操作，表面结构应抛光或采用浅色表面，易于识别表面残留物，易于消除设备夹杂食品残渣；手套和工作服要保持清洁、良好。这些食品接触面应易于清洗、消毒。

3. 防止发生交叉污染

交叉污染是通过生的食品、食品加工者或食品加工环境，把生物的、化学的污染物转移到食品上去的过程。

4.手的清洗、消毒和厕所设备的维护与卫生保持

卫生设施的齐备和完好,为食品加工企业提供了一个控制卫生、防止交叉污染的条件。

5.防止食品被污染物污染

食品加工企业经常要使用一些化学物质,如润滑剂、清洁剂、消毒剂、燃料和杀虫剂等;生产过程中还会产生一些污物和废弃物,如冷凝物、地板污物、下脚料等,要防止这些物质污染食品及食品包装。

6.有毒化学物质的标记、贮存和使用

食品加工企业使用的化学物质包括洗涤剂、消毒剂、杀虫剂、润滑剂、实验室用品、食品添加剂等,使用时必须小心谨慎,按照产品说明书使用,做到正确标记、贮存安全,否则会导致企业加工的食品被污染的风险。

7.雇员的健康与卫生控制

食品企业的生产人员(包括检验人员)是直接接触食品的人,其身体健康及卫生状况直接影响食品卫生质量。根据安全法规定,食品生产经营人员每年应当进行健康检查,取得健康证明后方可参加工作。

8.虫害的防治

苍蝇、蟑螂、鸟类和啮齿类动物带有一定种类的病源菌,如沙门氏菌、葡萄球菌、肉毒梭菌、李斯特菌和寄生虫等,通过害虫传播的食源性疾病的数量巨大,因此虫害的防治对食品加工厂是至关重要。

三、卫生监控与记录

在食品加工企业建立了标准卫生操作程序之后,还必须设定监控程序,实施检查、记录和纠正措施。

(一)监控和记录的必要性和基本要素

企业设定监控程序时描述如何对 SSOP 的卫生操作实施监控。必须指定由何人、何时及如何完成监控。对监控计划要实施,对监控结果要检查,对检查结果不合格者还必须采取措施进行纠正。对以上所有的监控行动、检查结果和纠正措施都要记录,通过这些说明企业不仅遵守了 SSOP,而且实施了适当的卫生控制。

食品加工企业日常的卫生监控记录是工厂重要的质量记录和管理资料,应使用同一的表格,并归档保存,一般记录审核后存档,保留两年。卫生监控记录表格基本要素为:被监控的某项具体卫生状况或操作;以预先确定的检测频率来记录监控状况;记录必要的纠正措施。

(二)监控的记录和主要内容

1.水的监控记录

生产用水应具备以下几种记录和证明:

(1)每年 1~2 次由当地卫生部门进行的水质检验报告的正本。

(2)自备水源的水塔、水池、贮水罐等有清洗消毒计划和监控记录，采用城市饮用水应有水费单记录。

(3)食品加工企业每月一次对生产用水进行细菌总数、大肠菌群检验的记录。

(4)每日对生产用水的余氯检验记录。

(5)自行生产直接接触食品的冰，应具有生产记录，记录生产用水和工器具卫生状况，如是向冰厂采购应具备冰厂生产冰的卫生证明。

(6)加工用水(冰)加氯处理记录。

(7)水的中间暂存设备清洗消毒记录。

(8)申请向国外注册的食品加工企业，需根据注册国家要求项目进行监控检测并加以记录。

(9)工厂供水网络图(不同供水系统或不同用途供水系统用不同颜色表示)和管道检测记录。

2.清洗消毒记录

清洗消毒记录是对食品接触面的清洗消毒执行情况的记录，以证明卫生控制的实施，防止污染食品情况的发生。本记录包括：

(1)开工前、休息间隙、每天收工后，食品接触面清洗消毒记录。

(2)工作服、手套、靴、鞋清洗和消毒记录。

(3)消毒剂种类及消毒水的浓度、温度检测记录。

3.表面样品的检测记录

表面样品是指与食品接触的表面，如加工设备、工器具、包装物料，加工人员的工作服、手套等。这些与食品接触的表面的清洁度直接影响食品的安全与卫生，也反映了清洗消毒的效果。表面样品检测记录包括：

(1)加工人员的手(手套、工作服)。

(2)加工用案台桌面、刀、筐、案板。

(3)加工设备如去皮机、单冻机等。

(4)加工车间地面、墙面。

(5)加工车间、更衣室的空气。

(6)内包装物料。

检测项目为细菌总数、沙门氏菌及金黄色葡萄球菌等。经过清洁消毒的设备和工器具等的食品接触面的细菌总数，以低于100 个/cm^2 为宜；对卫生要求严格的工序应低于10 个/cm^2；沙门氏菌、金黄色葡萄球菌等致病病菌不得检出。

对于车间空气的洁净程度，可通过空气暴露法进行检验。表8-1是采用普遍肉汤琼脂，直径9 cm平板在空气中暴露5 min后，经37℃培养的方法进行检测，得出的对室内空气污染程度进行分级的参考数据。

表 8-1 室内空气污染程度分级参考数据表

平板菌落数/个	空气污染程度	评价
30 以下	清洁	安全
30～50	中等清洁	比较安全
50～70	低等清洁	应加以注意
70～100	高度污染	对空气要进行消毒
100 以上	严重污染	禁止加工

4. 雇员的健康与卫生检查记录

食品加工企业的雇员，尤其是生产人员，是食品加工的直接操作者，其身体的健康与卫生状况，直接关系到产品的卫生质量。因此，食品加工企业必须严格对生产人员、包括从事质量检验工作人员的卫生管理。对其检查记录包括以下几项：

(1)生产人员进入车间前的卫生检查记录：检查生产工作人员工作服、鞋帽是否穿戴正确；检查是否化妆、手指甲修剪等；检查个人卫生是否清洁，有无外伤，是否患病等；检查是否按程序进行洗手消毒等。

(2)食品加工企业必须具备生产人员监控检查合格证明及档案。

(3)食品加工企业必须具备卫生培训计划及培训记录。

5. 卫生监控与检查纠正记录

食品加工企业应为生产创造一个良好的卫生环境，才能保证产品是在适合食品生产及卫生条件下生产的，不会出现掺假食品。

6. 化学药品购置、贮存和使用记录

食品加工企业使用的化学药品有消毒剂、灭虫药物、食品添加剂、化验室使用化学药品以及润滑油等。

四、卫生标准操作程序评价

SSOP 评价内容及要求：

(1)食品生产企业是否有书面的 SSOP 计划书。

(2)SSOP 计划书是否由上层且具有权威的领导签发，发生变动时是否由原签发人审定并签字。

(3)SSOP 计划书是否规定了负责每一项 SSOP 操作的工作人员，并有验证其履行工作职责的程序。

(4)SSOP 计划书是否清晰描述本企业每日生产前和生产过程中为确保食品不被污染而必须采取的清洁卫生措施及程序，是否规定一旦某些卫生措施不起作用后所应采取的应急纠正和处理方法。生产前的卫生标准操作与生产过程中有所不同。

(5)确认是否有实施 SSOP 计划的记录，包括应急措施的记录。实施记录是证明 SSOP 计划执行情况的重要资料，一般应保存两年以上。

任务三　食品质量控制的 HACCP 体系

［任务目标］

掌握 HACCP 计划的制定。

［技能训练］

训练 HACCP 计划制定的掌握程度。

［知识链接］

一、认识 HACCP

(一)HACCP 的起源和发展

20 世纪 60 年代,美国的皮尔斯堡(Pillnbury)公司承担太空计划中宇航食品的开发任务,这项工作是由该公司的 H. Bauman 博士领导的研究人员与美国陆军 Natick 实验室,以及美国国家航天航空局(NASA)共同承担的。在开发过程中,研究人员认识到,基于传统的质量控制技术和最终产品的检验的检查系统,在食品生产中不能提供充分的安全措施来防止污染。为了尽可能减少风险,确保食品安全,他们不得不大量地对最终产品进行检测。这样除了费用昂贵以外,每一批生产的食品的很大部分都必须用于检验,用于检验的产品越多,最终可提供的宇航食品就越少。为了解决这一问题,他们提出应该建立一个预防性体系,在生产系统中对生产全过程实施危害控制,从管理控制上来保证食品安全。因此,Pillnbury 公司率先提出了 HACCP 概念(虽然当时不是这样命名的)。事实证明,Pillnbury 公司在正确使用这一预防性体系之后生产出了高度安全的食品。尽管当时的 HACCP 只有 3 个原理,但从那时起,Pillnbury 的预防性体系作为食品安全控制的有效方法被广泛认可。

1971 年,HACCP 的原理被美国食品药物管理局接受,并决定引入低酸性罐头生产的操作规范(GMP)中。

1974 年,美国联邦法规(CFR)第 21 卷第 113 部分,低酸罐头的良好操作规范(GMP)中采用了 HACCP 原理,这是美国有关食品生产的联邦法规中首次采用 HACCP 原理,也是国际上首部有关 HACCP 的立法。

1988 年美国国家微生物标准咨询委员会(NACMCF)成立。该委员会分别于 1989 年和 1992 年进一步提出和更新了原理,把原理由原来的 3 条增加到了 7 条,并把标准化的原理应用到食品工业和立法机构。

1989 年,美国国家微生物标准咨询委员会(NACMCF)发布了“食品生产的原理”。

1992 年,NACMCF 在发布这 7 个原理时作了适当的修改,并建议用判断树确定关键控制点。

1997 年,NACMCF 对以上体系再次修改,将原理 6 和原理 7 作了调换,把记录保持作为最后一个原理,这样更加合理。

1998 年 FDA 提出了“在果蔬汁饮料中应用 HACCP 进行监督管理”的法规草案(63CFR20486)。

2001 年，美国 FDA 正式发布了 21CFR120 法规，要求在果汁行业实施 HACCP 体系。该法规从 2002 年 1 月 22 日起对大型和中型企业生效，2003 年 1 月 21 日起对小企业生效，2004 年 1 月 20 日对特别小的企业生效。

鉴于 HACCP 在应用中的显著成效，HACCP 原理和体系实施显著提高了实施行业的食品安全水平，美国 FDA 现在考虑覆盖整个食品工业的 HACCP 食品安全标准，即用于指导从“农场至餐桌”的所有环节的本地食品的加工和食品的进口。目前 FDA 已在美国选择了奶酪、沙拉、面包、面粉等行业的企业进行如上试点。

HACCP 体系已经成为食品消费与国际食品贸易的重要前提和保障。是否拥有健全的 HACCP 体系及与之相关的法律法规，也已经成为衡量一个国家食品工业发展水平和食品安全水平的重要标志。在欧洲国家，实施 HACCP 体系是法规规定的；在美国，HACCP 方法已被所有的执法机构采用并且对食品加工者来说是强制性的，并且向美国出口产品必须实施 HACCP 体系；中国也规定“列入出口食品卫生注册需要评审 HACCP 管理体系的产品目录(以下简称目录)的企业，必须建立和实施 HACCP 管理体系”。

(二)我国关于 HACCP 的规定

我国自 1990 年开始应用 HACCP。当时，原国家商检局组织实施了“出口食品安全工程研究的应用”计划，包括在出口食品企业实施 HACCP 计划，涉及水产品、肉类、禽类和低酸罐头类食品。

1994 年原国家商检局发布了《出口食品厂、库卫生要求》，在此基础上陆续发布了畜禽肉及其制品、罐头、水产品、饮料、茶叶、糖类、面糖制品、速冻方便食品和肠衣等 9 类出口食品加工企业注册规范，构成了中国出口食品的 GMP。

1997 年 12 月，商检部门又规定所有输往美国的水产品必须符合美国 HACCP 法规要求，此后，又将 HACCP 推广于低酸罐头、禽肉制品等出口食品。2002 年 3 月，国家认证认可监督管理委员会发布了《食品生产企业危害分析与关键控制点(HACCP)管理体系认证管理规定》，鼓励从事生产、加工、出口食品企业建立并实施 HACCP 安全管理体系，对于列入《出口食品卫生注册需要评审 HACCP 管理体系的产品目录》的企业，必须建立和实施 HACCP 管理体系。

2004 年，中国卫生部发布的《食品企业 HACCP 实施指南》规定：2006 年所有乳制品、果蔬饮料、碳酸饮料、含乳饮料、罐头食品、低温肉制品、水产品加工企业、学生集中供餐企业实施 HACCP 管理；2007 年酱油、食醋、植物油、熟肉制品等食品加工企业、餐饮业、快餐企业和医院配餐企业实施 HACCP 管理。

(三)HACCP 的概念及相关术语

1. HACCP 的定义

HACCP 是危害分析与关键控制点(Hazard Analysis and Critical Control Point)的英文缩写。它是控制食品安全经济而有效的管理体系。

国际食品法典标准 CAC/RCP-1《食品卫生通则》1997 年修订第三版对 HACCP 的定义

是:鉴别、评价和控制对食品安全至关重要的危害的一种体系。国家标准 GB/T 15091—1994《食品工业基本术语》对其规定的定义是:生产(加工)安全食品的一种控制手段;对原料、关键生产工序及影响产品安全的人为因素进行分析,确定加工过程中的关键环节,建立、完善监控程序和监控标准,采取规范的纠正措施。

2. HACCP 的相关术语

(1)HACCP 计划 依据 HACCP 原理制定的一套文件,用于确保在所考虑的食品链各环节中对食品安全的显著危害予以控制。

(2)控制 采取一切必要的行动以确保和保持符合 HACCP 计划所制定的指标或遵循正确的方法和达到规定指标的状态。

(3)控制措施 用以防止、消除食品安全的危害或将其降低到可接受水平所采取的任何行动或活动。

(4)食品链 生产或制造某特定食品所需的,从初级生产到最终消费的所有操作步骤及其顺序和相互关系。

(5)流程图 指对某个具体的食品加工或生产过程中连续操作步骤的一个系统描述。

(6)危害 指对健康有潜在不利影响的生物、化学或物理因素或食品存在条件。

(7)显著危害 有可能发生并且可能对消费者导致不可接受的危害;有发生的可能性和严重性。

(8)危害分析 指收集和评估有关的危害以及导致这些危害存在的资料,以确定哪些危害对食品安全有重要影响而需要在 HACCP 计划中予以解决的过程。

(9)控制点 能控制生物、化学或物理因素的任何点、步骤或过程。

(10)关键控制点 指能够实施控制的步骤,且该步骤对于预防和消除一个食品安全危害或将其减少到可接受的水平非常关键。

(11)关键控制点判定树 通过一系列问题来判断一个控制点是否是关键控制点的组图。

(12)关键限值 区分可接受和不可接受水平的标准值。

(13)偏离 不符合关键限值。

(14)操作限值 用来减少偏离关键限值风险的指标或参数。通常企业设定的比关键限值更严格。

(15)纠偏措施 当针对关键控制点的监测显示该关键控制点失去控制时所采取的措施。

(16)监测 为评估关键控制点是否得到控制,而对控制指标进行有计划的连续观察和检测。

(17)确认 证实 HACCP 计划中各要素是有效的。

(18)验证 指为了确定 HACCP 计划是否正确实施所采用的除监测以外的其他方法、程序、试验和评价。

有别于传统的质量控制方法,HACCP 通过对原料、各生产工序中影响产品安全的各种因素进行分析,确定加工过程中的关键环节,建立并完善监控程序和监控标准,采取有效的纠正措施,将危害预防、消除或降低到消费者可接受水平,以确保食品加工者能为消费者提供更安全的食品。HACCP 已经成为食品消费与国际食品贸易的重要前提和保障。

二、HACCP 的基本原理

HACCP 体系是通过运用 HACCP 的 7 个原理，建立 HACCP 计划，对食品安全显著危害进行识别、评估以及控制的体系。HACCP 理论经历了不断发展和完善。1999 年联合国食品法典委员会(CAC)在《食品卫生总则》附录《危害分析与关键控制点(HACCP)体系应用准则》中，将 HACCP 的 7 个原理确定如下。

(一)危害分析和预防措施(HA)

危害分析是一个过程，是一个收集和评估与食品有关的危害的信息，从而确定必须在 HACCP 体系中加以控制的显著危害的过程。

1. 食品中的危害

进行危害分析时应将安全问题与一般质量问题区分开。就 HACCP 目的而言，危害仅仅指食品中能够引起人的疾病或伤害的情况或污染。食品中许多情况是令人厌恶的十分不希望发生的，例如昆虫、头发、脏物或腐败。所有这些缺陷必须要在食品加工中被控制。然而，它们经常不是直接的与产品的安全相关。除非这些条件直接影响到食品安全，它们一般不包括在 HACCP 计划中。应考虑的涉及安全问题的危害包括以下方面：

(1)生物危害　可能来源于原料，也可能来源于食品加工过程。主要包括有害的细菌、病毒、寄生虫。

细菌危害是指某些细菌在食品中存活时，可以通过活菌的摄入引起人体感染(食品感染)或预先在食品中产生的细菌毒素导致人类中毒(食品中毒)。与食品有关的致病菌有肉毒梭菌、沙门氏菌、志贺氏菌、金黄色葡萄球菌等。食源性病毒主要有甲肝病毒、诺沃克病毒、疯牛病病毒、口蹄疫病毒等。

(2)化学危害　主要产生自 4 个方面：天然的化学物质有霉菌毒素、鲭鱼毒素(组胺)、豆类毒素、龙葵碱、氰苷等；有意加入的化学物质如食品添加剂；无意或偶尔进入食品中的化学物质如农用化学杀虫剂、除草剂、工厂化学用品润滑油、清洁剂等；生产过程中所产生的有害化学物质如长时间高温油中产生的高聚合物、焙烤过程中产生的苯并芘等。

(3)物理危害　指任何潜在于食品中不常发现的有害异物，如玻璃、金属、石头、放射性(超剂量辐照)、其他硬性物质。

所谓的危害是相对的，对不同的消费群体危害是不同。企业应具体情况具体分析，按自己企业的情况定义危害，但不可低于相关法规或行业标准的要求。在定义危害的基础上才能取得相对一致的危害分析的结果。

2. 危害分析的两项活动

危害分析可分为两项活动——自由讨论和危害评价。自由讨论时范围要广泛全面。HACCP 小组要从食品链的角度对所涉及的食品的所有过程包括所用原料、产品加工的每一步骤和所用设备、终产品及其贮存分销方式一直到消费者如何使用产品等逐一进行分析，在此阶段要列出所有可能出现的潜在危害。

自由讨论后，小组对每一个危害发生的可能性及其严重程度进行评价，以确定出对食品安全非常关键的显著危害(具有风险性和严重性)，并将其纳入 HACCP 计划。

对危害进行分析之后列出危害分析工作单，危害分析工作单用来明确危害分析的思路。HACCP小组还应考虑对每一危害可采取哪种控制措施。

危害分析是HACCP体系的基础。HACCP体系的有效性建立在科学、适宜的危害分析的基础上。人们对危害的认识是一个永无止境的过程。食品危害的发生也随着诸多因素的变化而变化。所以，企业还要注意收集相关的食品信息，不断地主动识别危害，不断完善控制措施，持续改进，实现良性循环。

（二）建立关键控制点（CCP）

关键控制点是能够进行控制，并且该控制对于防止、消除食品安全危害或将其降低到可接受水平是必需的某一步骤。

1. 关键控制点的3个确定原则

（1）当危害能被预防，这些点可以被确定为关键控制点。危害可以被预防而作为关键控制点的例子：

①能够在原料的接受步骤预防危害的引入（供方声明）；

②化学危害可以在配料和混合步骤加以预防；

③有害微生物在成品中的增长可以通过配方或添加配料步骤来控制（如调整值或添加防腐剂）；

④有害微生物的增长可以通过冷藏或冷却来控制。

（2）能将危害消除的点可以作为被确定为关键控制点。危害可以被消除作为关键控制点的例子：

①致病菌和寄生虫可以通过热处理而杀死；

②金属碎片能通过金属探测器检出，从产品中剔除。

（3）能将危害降低到可接受水平的点可以被确定为关键控制点。危害降低作为关键控制点的例子：

①外来物质的发生可以通过人工和自动设备挑选来控制到最低程度；

②一些化学危害可以通过挑选和洗刷来减少到最低程度。

2. 关键控制点和危害

一个关键控制点可以控制多个危害，例如果汁的杀菌步骤可以是一个CCP，用来控制致病菌繁殖体和寄生虫。一个危害也可以由多个关键控制点来控制。

3. 关键控制点判定树

在实践过程中，可能有很多工序对控制危害都有一定的作用，很容易对在哪里建立关键控制点产生困惑。我们可以借助判断树的帮助来确定关键控制点。判断树是由4个连续的问题组成的，通过回答问题来确定此步骤是否是关键控制点。判断树是非常适用的工具，但它不是HACCP法规的必要因素。当应用判断树得出的结论与实际危害分析不一致时，以实际分析为准。判断树不能代替专业知识。

关键控制点是能够对危害实施有效控制的点，是控制食品安全的必要步骤，原则上关键控制点所确定的危害是在后面的步骤不能消除或控制的危害。关键控制点应根据不同产品的特点、配方、加工工艺、设备GMP和SSOP等条件具体确定。一个HACCP体系的关键控制点的数量应控制在6个以内。按照FDA指南，人工逐个挑选不应作为CCP。

(三)确定与各关键控制点相适应的关键限值(CL)

对于每个显著危害都必须设立一个或多个关键控制点，每个关键控制点都必须确定一个或多个关键限值，以确保预防或消除已确定的显著危害或将其降低到可接受水平。

1.术语辨析

关键限值(CL)是区分可接受和不可接受的判定值。操作限值(OL)是比关键限值严格的、操作人员用来减少偏离风险的操作标准。操作者为了使加工回到操作限值之内而采取的措施称为加工调整。

操作限值的确立便于操作者发现失控的趋势，使操作人员在超过关键限值以前采取措施，以避免违反关键限值。操作限值的选择从食品质量方面考虑(例如，提高油温以后，既可以改进食品风味，又可以控制微生物)避免超过关键限值(例如，高于 OL 的烹饪温度，应当用来提醒操作人员温度已接近 CL，需进行调整)考虑正常的误差范围(例如，油锅温度最小偏差为 2℃，OL 与 CL 相差至少大于 2℃，否则无法操作)。

2.关键限值的确定原则与要求

关键限值的确定，应做到合理、适用、可操作性强。如果过严，会造成即使未发生影响到食品安全的危害，也要去采取纠正措施。如果过松，又会生产出不安全的食品。符合要求的关键限值应该是直观、容易监测、仅销毁少量产品即可采取纠正措施、不能违法常规、不是 GMP 和 SSOP 的标准。

3.关键限值的确定途径与信息来源

在许多情况下，合适的关键限值不一定很明显或容易得到。确定关键限值需要进行测试或从科学刊物、法规性指南、专家及实验室研究等渠道收集信息。用来确定一个关键限值的根据和参考资料要成为计划的支持性文件的一部分。这些文件应包括相关的法律、法规要求，国家或国际标准、实验数据、专家意见、参考文献等。

通常关键限值包括：温度、时间、湿度、pH、A_w、含盐量、含糖量、物理参数、可滴定酸度、有效氯、添加剂含量以及感官指标如外观和气味等。

(四)确立各关键控制点的监控程序(M)

1.监控的目的

跟踪生产加工操作过程，并观察和注视可能偏离关键限值的趋势，及时采取措施，进行加工调整。当某一个关键控制点失控，发生偏离关键限值时，要查明何时失控，进而采取纠正措施。提供生产加工控制系统的书面材料，过程控制记录，充分说明食品是在 HACCP 计划要求下生产的，为以后的审核验证提供有力的证据。

2.监控计划的 4 个基本要素

(1)监控什么(What)　通常是通过观察和测量来评估一个 CCP 的操作是否在关键限值内的一系列指标。

(2)监控方法(How)　设计的监控措施必须能够快速提供结果。通常是物理和化学测量和进行感官检验。配置相应的监控设备如温湿度计、钟表、天平、pH 计、水分活度计、化学分析设备等。

(3)监控频率(Frequency)　监控可以是连续的或非连续的，如有可能，应采取连续监控。

连续监控对许多物理或化学参数都是可行的。如果监测不是连续进行的，那么监测的数量或频率应确保关键控制点是在控制之下。

(4)监控人员(Who)　可以进行 CCP 监控的人员包括：流水线上的人员、设备操作者、监督员、维修人员、质量保证人员等。负责监控 CCP 的人员必须接受有关 CCP 监控技术的培训，完全理解 CCP 监控的重要性，能及时进行监控活动，准确报告每次监控工作，随时报告违反监控限值的情况以便及时采取纠偏活动。

(五)建立纠正措施程序(CA)

在 HACCP 计划中，对每一个关键控制点都应预先建立相应的纠偏措施，以便在出现偏离关键限值时实施。

1. 纠正措施的要求

(1)纠正措施必须确保无发生偏离的产品进入商业渠道或消费者；

(2)产品进入商业渠道后，能够进行产品回收；

(3)消除产生偏离的原因。

2. 纠正措施包括的活动

(1)利用监测的结果调整加工方法以保持控制；

(2)如果失控，必须处理不符合要求的产品；

(3)必须确定并纠正引起偏离的原因；

(4)保留改正措施的记录。

确定偏离期所涉及产品的处理方法，例如进行隔离和保存并做安全评估、退回原料、重新加工、销毁产品等；记录纠偏行动，包括产品确认、偏离的描述、采取的纠偏行动(对受影响产品的最终处理、采取纠偏行动人员的姓名、必要的评估结果)。

(六)确定验证 HACCP 体系的正常有效的运行程序

验证是除了监控所使用的方法之外，用来确定 HACCP 操作系统与 HACCP 计划是否一致，是否需要修改或重新确认所使用的方法、程序、测试或审核。验证是 HACCP 较复杂的原理之一，本原理包括了验证、确认、评估和审核等多个要素。验证包括确认 HACCP 计划是科学的和评估企业体系是否按照 HACCP 计划有效运作两个方面；验证又包括关键控制点的验证、体系的验证等各种形式。

1. 确认

确认是验证的必要内容，是通过收集与 HACCP 计划有关的科学和技术信息，并对这些信息进行评估来确定 HACCP 计划的适宜性或科学性。确认的宗旨是提供客观依据，这些依据能够表明 HACCP 计划的所有要素都有科学基础，以及这些方法被证明可以控制与某一特定产品或工艺有关的食品安全危害。

确认是验证的首要方面，要求在 HACCP 计划制定完成之后，在实施之前进行。出现以下情况时再次确认：原料的改变、产品或加工形式的改变、验证与预期结果相反、反复出现偏差、获得危害或控制的新信息、根据现场观察到的结果、当分销方式与消费形势发生变化时。

2. CCP 的验证

(1)监控设备的校正　监控设备必须进行校准，以确保采取的测量方法的准确度，并且应该保存校准记录并加以复查。校准记录包括校准日期、校准方法和检验结果。如果设备有问题，监控结果不会准确。可以认为自上次有记录以来关键控制点一直失控。

(2)针对性的采样检测　微生物检验、成品检验对于日常监控毫无意义，但是定期针对性的采样检测可以用来评价原料供货商的服务、设备的设置等是否符合要求。

(3)CCP记录的复查　记录提供了书面的关于关键控制点正在安全参数范围内运作以及用合适的方法处理了发生偏离时的产品的文件资料。单独的记录是毫无价值的，除非管理人员定期检查它们，才能达到验证HACCP计划是否被执行的目的。

3. HACCP体系的验证

审核是验证的一个重要部分，是对整个HACCP体系系统的评价。体系的验证包括企业内部审核和来自客户的审核以及独立认证机构的审核。企业内部审核通常包括现场观察和记录检查。企业内审通常包括现场观察和记录复查。

评价活动包括检查产品说明和生产流程图的准确性；检查CCP的监控记录如监控频率、监控人员、场所等，是否按照HACCP的要求被监控；当监控表明发生了偏离关键限值的情况时是否执行了纠偏行动；设备是否按照HACCP计划中规定的频率进行了校准；工艺过程是否在既定的关键限值范围内操作；检查记录是否准确和按照要求的时间来完成等。

验证的频率应足以确认HACCP体系在有效运行，每年至少进行一次，或在系统发生故障时、产品原材料或加工过程发生显著改变时或发现了新的危害时进行。

(七)建立文件和记录保持程序

1. HACCP体系文件和记录的种类

(1)HACCP体系和支持性文件；

(2)关键控制点监控记录；

(3)纠正措施记录；

(4)验证活动记录；

(5)培训记录；

(6)卫生控制记录；

(7)其他预防控制措施记录。

2. 记录保持的要求

应规定记录的保存期限，记录的保存期限除按法规规定外，一般少于保质期后6个月时间。使用计算机进行保存记录时，应有防止发生未授权的修改。

三、建立HACCP的步骤

(一)建立HACCP的前提条件

HACCP体系必须建立在一系列前提条件的基础之上，否则将失去作用。食品生产加工企业建立和实施HACCP计划的前提条件至少包括以下内容：满足GMP的要求；建立并有效实施卫生标准操作程序(SSOP)；建立并有效实施产品的标识、追溯和回收计划；建立并有效实施加工设备与设施的预防性维修保养程序；建立有效实施教育与培训计划等。

(二)HACCP 计划的建立与实施

1. 组建 HACCP 工作小组

HACCP 工作小组应有相关学科或专业人员和熟悉现场人员组成。小组成员应当经最高管理者批准,具有与食品企业的产品、过程、所涉及危害相关的专业技术知识、技能和经验,并经过适当培训,小组成员的学科或专业分布应尽可能覆盖食品企业的产品及其相关危害涉及的范围。

HACCP 小组的主要职责是制定、确认、修改、监督实施及验证 HACCP 计划;负责对企业员工的 HACCP 培训;负责编制 HACCP 管理体系的各项文件等工作。

2. 产品描述

HACCP 工作的首要任务是对实施 HACCP 系统管理的产品进行描述,描述的内容包括:产品名称(说明生产过程类型);产品的原料和主要成分;产品的理化性质(包括 A_w、pH 等)及产品的操作方式(热加工、冷冻、盐渍、熏制等);包装方式;贮存条件;保质期限;销售方式;销售区域;产品的预期用途和消费人群;必要时,有关食品的流行病学资料。

3. 确定产品预期用途和消费对象

HACCP 小组应当在产品特性和销售方式的描述的基础上,识别并确定进行危害分析所需的下列适用信息:

最终消费者或使用者对产品的使用期望;食品预期的用途;食品预期的食用、使用或加工方式;食品预期消费群体或加工者;食品相对于普通公众和易受伤害群体的适用性(如团体进餐情况、婴儿、老人、体弱免疫缺陷者、易患病的人群等);产品非预期(但极可能出现)的用途、食用、使用或加工方式和消费群体;其他必要信息。

4. 绘制产品工艺流程图

加工流程图是用简单的方框或符号,清晰、简明的描述从原料接收到产品贮运的整个加工过程以及有关配料等辅助加工步骤。流程图包括:

(1)每个步骤及其相应的特定操作;

(2)这些步骤间的顺序和相互关系;

(3)人流物流在流程中的出入位置;

(4)特定操作的前后步骤及其输入输出接口。

流程图的表述应当完整、准确、清晰。每个步骤的特定操作应该在所附工艺说明中列出。适用时,应提供厂区平面图、设备设施布置图、人流物流图、供排水网络图、捕灭鼠虫装置分布图等附图。这些图能确保做到:标明所有设备和空间;标明产品和人员在工厂内的流向;标明可能发生交叉污染的地点,包括生物、化学和物理的污染。

5. 现场验证产品工艺流程图

食品企业应该按以下要求现场确认流程图:

(1)现场确认流程图在加工的任何阶段和时间内都和加工操作相互一致,验证流程图的准确性和完整性。

(2)必要时,应对流程图予以更改。

(3)流程图的确认应由食品企业授权且对加工操作有充分知识的人员进行。

6. 进行危害分析

危害分析要达到 3 个目标：确认显著危害及其相应的控制措施；为确保安全产品的实现或提高食品安全性，通过危害分析，考虑是否需要对生产过程或产品进行改进；为确保关键控制点提供有效的证据。

危害分析的步骤包括：危害识别、危害评估、确定控制措施和做出危害分析报告。

(1)危害识别　在从原料生产直到最终消费的范围内，识别特定产品在每个操作步骤中有根据预期被引入、产生或增长的所有特定潜在危害。为此，HACCP 小组应当在从原料到最终消费的范围内，围绕特定产品、特定操作过程和特定生产环境，多角度全方位收集有关食品安全危害信息如前提计划有效性的评价结果、消费者投诉和法律法规对产品的安全要求、动植物疫情、流行病学数据、食品安全事故、生产经验等。HACCP 小组还应当识别每种特定潜在危害的所有原因并对危害识别结果予以确认。当影响危害识别结果的因素发生变化时，HACCP 小组应重新进行危害识别。

(2)危害评估　针对已确认的每种特定潜在危害，评估危害的发生对消费者健康造成不良后果的严重性，并根据前提计划有效性进行确认的结果评估危害发生的可能性。若确认证实前提计划能降低、控制或消除某个危害，那么 HACCP 计划就不必对此危害加以控制。

(3)确定控制措施　HACCP 小组应针对已确认的每种显著危害制定相应的控制措施并提供依据，应明确显著危害与控制措施之间的对应关系，并考虑一项控制措施控制多种显著危害或多项控制措施控制一种显著危害的情况。当这些控制措施涉及操作的改变时，应当做出相应的变更并修改流程图。如必要时实施技术改造，变更过程、产品或预期用途，直至在生产过程中建立有效的控制措施。

(4)危害分析报告　HACCP 小组应该提供形成文件的危害分析报告，包括预备和基本步骤的分析依据和结果，并明确各因素之间的相互关系。适用时，应包括特定操作或特定产品的改进需求及其实施改进的结果。

7. 确定关键控制点

HACCP 小组应当根据危害分析所提供的控制措施与显著危害之间在特定操作中的控制关系，系统地识别针对每种显著危害实施相应控制措施组合的一个或多个最适当的步骤，确定关键控制点或其组合，确保所有显著危害得到有效控制。当显著危害或控制措施发生变化时，如必要，HACCP 小组应当更新相应的关键控制点。

在关键控制点的确定过程中，应当根据显著危害与控制措施间的控制关系，在保证有效性的前提下，考虑可操作性、经济性和效率，识别实施每项控制措施的最适当的操作步骤。许多情况下，控制措施本身构成了某个操作步骤。例如，金属危害可以通过配料溯源、磁铁、过滤和金属探测器来控制，都在一条生产线上，但如果金属探测和产品报废可有效控制金属危害，溯源、磁铁和过滤则不被认定为 CCP。又例如，为消除或降低产品中病原微生物到消费者可接受水平，可以通过加热控制，也可以通过冷冻措施防止产品中微生物繁殖，还可以通过酸度调节来防止微生物产生毒素等，这需要结合实际具体考虑，一种危害可通过多个措施(即多个 CCP 点)控制或者通过最有效的措施控制。

如果一种危害在某一步骤中已被确定为显著危害，需要通过控制以保证食品安全，但在该步骤或任何其他步骤中，都没有相应的控制措施存在，那么在该步骤或其前后步骤上，应对产品或加工方法予以修改，以使其包括控制措施。

关键控制点的确定结果应能保证所有显著危害得到系统控制，以确保提供安全食品。关键控制点判定树是有用的工具，但不强制使用。关键控制点的改变取决于控制措施与显著危害间控制关系的变化。

8.建立关键限值

HACCP小组应当根据危害控制机理，在每个关键控制点上确定每项控制措施或其组合的应满足的一项或多项的关键限值并提供科学依据，以确保控制措施或其组合能够防止、消除相应危害或将其降低到可接受水平指标之内。

(1)为确保关键限值的科学性，适用时，HACCP小组应参考相关的科学文献，食品企业应进行必要的试验研究，咨询相关专家等，以获得提供科学证据所需的数据。

(2)通常情况下，关键限值应当是可以测量的，并应当实时、快速地得到测量结果。对基于感知的关键限值应当经评估由能够胜任的人员进行确定。

(3)应对所确定的关键限值予以确认。

(4)HACCP小组宜建立关键控制点的操作限值，以防止或减少关键限值偏离的风险。

作为过程控制指标的关键限值与作为过程控制结果的危害可接受水平指标之间存在因果关系。对所确定的关键限值进行确认就是确保在符合关键限值的状态下，相应的显著危害的可接受水平指标能够得到满足。

为了降低偏离关键限值的风险，设定的操作限值是在违反关键限值之前达到的某一水平。选择操作限值可以针对不同的原因：①质量，如较高的温度可以改进风味或控制会引起腐败的有机体；②避免超出关键限值，如比关键限值高的加工温度可作为警戒点，以警告加工温度正接近关键限值并需要调整；③解决正常的波动。

9.建立监控程序

HACCP小组应当针对每个关键控制点制订并实施有效的监控计划，确定监控对象、监控方法、监控频率、监控人员。

监控对象包括每个关键控制点涉及的所有关键限值。监控方法能准确、及时地监测关键限值是否失控，测量设备处于校准状态。适用时应当实施连续监控，非连续监控的频次应当能保证关键控制点受控的需要。食品企业应当授权专门的监控人员对各关键控制点实施监控。监控人员应当接受适当的培训，理解监控的技术、目的和重要性，并及时准确记录和报告监控结果。

当监控表明偏离操作限值时，监控人员应及时采取操作调整措施，以防止关键限值的偏离。当监控表明偏离关键限值时，监控人员应当立即停止该操作步骤的运行，并及时通知纠偏人员采取纠偏行动。

10.建立纠偏措施

HACCP小组应当针对关键控制点的每个关键限值预先建立纠偏行动计划，并在关键限值发生偏离时予以实施，以防止存在显著危害的产品伤害到消费者。

纠偏行动计划需确保：

(1)采取纠正措施，识别和消除偏离原因，使关键控制点恢复受控；

(2)实施纠正，确定、隔离、评估和处置受偏离影响的产品。

食品企业应当授权专家或专业人员对受偏离影响的产品进行评估，并提供评估结论。如果结果表明危害处于可接受水平指标之内，可放行产品至后续操作；否则，应当按不安全产品进行处置。实施纠偏行动人员应当经食品企业授权，经过适当培训，充分了解食品企业的产品、生产工艺和 HACCP 计划，并及时准确地记录和报告纠偏结果。

实施纠偏行动时，当发现实际发生偏离的原因与预先判断不同时，HACCP 小组应当修改相应的纠偏行动计划；当发现某个关键限值反复发生偏离或偏离原因涉及相应控制措施能力时，HACCP 小组应当重新评估相关控制措施的有效性和适宜性，必要时对其予以更新或改进，并再确认。

11. 建立验证措施

HACCP 小组应当建立并实施 HACCP 计划运行的验证程序，以证实 HACCP 计划处于有效运行状态。

对 HACCP 计划运行的监控、纠偏及监控设备的校准记录进行复核。

验证关键控制点的控制措施实施的有效性，以证实关键控制点处于受控状态。

对产品的安全特性进行有针对性的取样、检测和分析以验证 HACCP 计划运行的有效性。

验证的方法应当结合基本的科学原则，包括运用科学的数据、依靠专家的意见和在现场进行观察和检测。

验证的频次应当足以证实 HACCP 计划的有效运行。

实施验证的人员应当经食品企业授权，并经适当培训，充分了解食品企业的产品、生产工艺和 HACCP 计划，理解验证的技术、目的和重要性，可以是独立的专家。为保证验证活动的全面性、准确性、独立性，验证不应由从事监控和纠偏行动的人员进行。

验证的一个方面是对 HACCP 计划的确认，确定计划是科学的，危害分析是全面的，控制措施是有效的；另一个方面是评估企业体系是否按照 HACCP 计划有效运行。

12. 建立有效记录和保存系统

记录保持是维持一个有效的 HACCP 计划的关键因素。记录应完整、真实、及时，记录是不能更改的。对于每一个 HACCP 计划应当记录但不限于以下内容：

(1) HACCP 计划及制定 HACCP 计划的支持性材料，包括危害分析工作单，HACCP 计划表，HACCP 小组名单和各自的责任，描述食品特性、销售方式、预期用途和消费群体，流程图，流程图的确认记录等。

(2) 每个关键控制点的监控程序、纠偏行动计划和验证程序。

文件和记录保持应同食品企业的作业性质和规模相适应，能足以帮助食品企业验证 HACCP 体系予以实施和保持。

四、HACCP 应用的评估

HACCP 计划要求在原辅料、生产工艺、产品、加工设备、消费者使用等各方面发生问题时，能对整个实施过程进行评价和总结。HACCP 评论或评价所得出的数据、资料等，应形成文件，并组成 HACCP 记录的一部分。

应用举例见表 8-2。

表 8-2　危害分析表应用举例

加工工序	被引入、控制或增加的潜在危害	危害是否显著	第三栏的判定依据	预防措施	是不是关键控制点
原料乳接收	生物危害:微生物侵入 化学危害:抗生素等抑制物质的存在 物理危害:总固形物含量低	是	生物危害影响牛奶品质和产品质量;抑制物使酸乳不能发酵	严格按原料乳的验收标准来收奶	是
预处理	生物危害:微生物污染 化学危害:无 物理危害:异物	是	贮罐不清洁或贮存温度过高引起污染;操作不当,机械磨损引起。此可能性较小	奶用完后及早清洗、制冷;正确操作,定期检修设备	否
标准化	生物危害:微生物侵入 化学危害:无 物理危害:异物	是	微生物含量超标影响产品质量	对辅料进行严格的检验	否
均质	生物危害:微生物侵入 化学危害:无 物理危害:物料颗粒过大,脂肪上浮	是	颗粒过大,影响口感	清洗干净;控制均质机的压力	否
杀菌	生物危害:乳酸菌生长受抑制 化学危害:无 物理危害:无	是 — 无	未杀死的微生物会影响产品风味,影响凝乳效果	严格操作,重新杀菌	是
冷却	生物危害:致病菌及其繁殖 化学危害:消毒剂残留 物理危害:无	是 否 —	影响产品的酸度	控制冷却温度	否
发酵剂的制备	生物危害:菌种活力的下降,杆菌、球菌的比例不合适,菌种污染 化学危害:消毒剂残留 物理危害:无	是	影响产品的酸度;杂菌生长;影响产品的风味	严格无菌操作,更换菌种比例	是
接种	生物危害:微生物污染 化学危害:添加量不合适,分散不均 物理危害:无	否	影响产品的风味,使产品质量不一致	严格无菌操作防止空气中的微生物污染;选择合适的搅拌速度	否
包装	生物危害:无 化学危害:包装材料污染 物理危害:无	否	引起产品污染	进货时检查包装材料的质量	否
发酵	生物危害:无 化学危害:无 物理危害:质地不均,乳清析出	是	影响产品的质量	严格控制发酵温度和发酵终点	是
后熟	生物危害:无 化学危害:后酸化问题 物理危害:无	否	影响产品口感	严格控制冷藏温度和时间	否

任务四　质量管理与质量保证体系(ISO 9000)

[任务目标]

掌握建立食品质量保证体系的方法。

[技能训练]

训练食品质量保证体系的掌握程度。

[知识链接]

一、认识 ISO 9000

ISO 9000 族标准是由 ISO/TC 176(国际标准化组织和质量保证技术委员会)制定的国际标准。1987 年,ISO 正式颁布了 ISO 9000 系列标准的第一版,包括:ISO 9000、ISO 9001、ISO 9002、ISO 9003 和 ISO 9004。1994 年又对其做了进一步完善,形成了 ISO 9000—1994 版国际标准。随着国际贸易的不断发展,对标准提出了更高的要求,ISO/TC 176 又对标准进行了修订,于 2000 年 12 月 15 日正式发布了 2000 年版 ISO 9000 标准。

2000 年版 ISO 9000 标准包括以下一组密切相关的质量管理体系核心标准:

ISO 9000《质量管理体系　基础和术语》;

ISO 9001《质量管理体系　要求》;

ISO 9004《质量管理体系　业绩改进指南》;

ISO 19011《质量和(或)环境管理体系审核指南》。

我国对国际标准的使用分为等同采用、等效采用和参照采用 3 种,1988 年我国发布等效采用 ISO 9000 系列标准的 GB/T 10300《质量管理和质量保证》系列国家标准;1994 年,我国发布等同采用 1994 年版 ISO 9000 族标准的 1994 年版 GB/T 19000 族标准;2000 年,我国发布等同采用 2000 年版 ISO 9000 族标准的 2000 年版 GB/T 19000 族标准。

现在的 2000 年版 ISO 9000 标准通用性更强,适用于 4 大类产品企业(硬件、软件、流程性材料、服务);它吸取了当今世界质量管理的先进经验,对企业质量管理具有更强的指导作用。例如,在 2000 年版的标准中提出了质量管理 8 项原则;2000 年版 ISO 9000 标准与 ISO 14000 环境管理标准更相协调,所采用的基本过程结构与 ISO 14000 环境管理标准所使用的过程结构及“P—D—C—A”(计划—实施—检查—改进)循环过程是一致的,在内容与术语上也与 ISO 14000 相协调。

2008 年 TC 176 小组对 ISO 9001 又进行了一次修订,并于 2008 年 11 月 15 日生效(中国国家版 GB/T 19001:2008 年版于 2009 年 3 月 1 日开始生效)。2009 年 11 月 15 日开始不再颁发 ISO 9001:2000 证书,2010 年 11 月 15 日开始 ISO 9001:2000 年版证书失效。

目前,世界各国已普遍推行 ISO 9000 系列标准,我国也把推行 ISO 9000 系列标准作为开展质量管理工作的重点。各企业推行 ISO 9000 系列标准,有利于强化企业内部管理,降低生产(或服务)成本,建立客户对企业的信心,提高经济效益,大大提高企业在市场上的竞争力。

另外，在国际贸易中，获得 ISO 9000 认证相当于在国际上获得贸易绿卡，有利于消除国际贸易壁垒，扩大贸易份额，在产品品质竞争中立于不败之地。

二、质量保证模式的选择

(一)质量保证模式的含义与特点

所谓质量保证模式是指为满足给定的合同环境下外部质量保证的要求选择一定数量互相联系的质量体系要素构成的质量保证体系的结构形式。ISO 9001、ISO 9002、ISO 9003 三种质量保证模式对供方的质量体系都用要素的形式作出规定，并且这 3 种标准包含的要素是逐级包含的关系。其中 ISO 9001 有 20 个要素，ISO 9002 有 19 个要素，ISO 9003 有 16 个要素。标准的选择主要是看产品所覆盖的范围。

如果为顾客提供的主要产品是需专门设计的，或是为适应市场需求，不断开发新产品，那么选择最好用 ISO 9001 标准。比如汽车或冰箱，它们的型号不断地推陈出新，对设计的要求就比较多。

当顾客不需要为他们专门设计，或是产品模式比较固定，那就可以申请 ISO 9002 标准的认证。比如一个食品厂生产色拉酱，它的配方一直是固定的，而且市场也认可了这种味道，它就不需要设计新的配方了。但即使是有设计部门的厂家，如果觉得实施 ISO 9001 暂时还没把握，也可先申请 ISO 9002 认证，以后时机成熟再升级到 ISO 9001。

如果产品是特别简单的，完全可以通过最后的检验和实验来判断，那就选 ISO 9003。

(二)质量体系认证时模式的选择

企业申请质量体系认证的主要目的是通过有权威的第三方(认证机构)审核，来客观、公正地证明其质量保证能力，以提高其产品的质量信誉，扩大其产品市场。同时，通过认证前的准备和认证活动来促进企业质量体系的完善，以提高产品质量、降低成本、改善管理体制的运行。因此，供方和认证机构就使用哪一个模式标准作为认证的依据进行磋商时，既要有助于上述企业目标的实现，又要确保顾客和社会的利益，使供方能真正稳定提供合格质量的产品。在实际选择时一般应考虑以下因素：

1.顾客的需要

企业在申请质量体系认证时，首先要考虑在合同情况下或第二方认定(顾客选择合格的供方)时，顾客有可能使用哪个模式标准作为提质量体系要求或进行评定的依据，选择该模式标准进行认证，往往能省去多重的第二方审核，取得顾客的信任。同时，第三方也应对供方申请的模式标准进行审查，该模式对其申请认证的产品范围是否适宜，是否确能控制产品质量的形成过程，使潜在的顾客和社会能得到满意质量的产品，而不会从供方顾客的观点造成误解。例如，企业申请认证覆盖的产品复杂，不少关键特性无法通过最终检验来检测把关，却申请按 GB/T 19003 标准进行体系认证，然后，再广泛宣传该企业产品已获得质量体系认证合格的资格，就有可能对分不清模式标准有差别的顾客造成一种假象，似乎该企业已具备确保产品质量的能力。这样选择的模式标准是不合适的，第三方应予以劝阻。

2. 设计复杂性和成熟性

若要在 GB/T 19001 和 GB/T 19002 之间做出选择，则设计活动的作用和特性就特别重要。如企业产品质量稳定，受到顾客信赖，设计定型且设计成熟程度又高，顾客能信任供方的设计能力，则可选用 GB/T 19002 标准。或者企业生产的产品设计简单(如标准件、紧固件)，顾客一般能信任供方的设计能力，也可选用 GB/T 19002 标准。反之，如企业为适应市场需求，不断开发新的产品，且设计较复杂，成熟程度也较低，这种情况下，就应选用 GB/T 19001 标准。

3. 认证覆盖的产品范围及产品特性

企业申请质量体系认证时，要明确标明所覆盖的产品范围，第三方将在此范围内对供方的能力进行评定。因此，在颁发的质量体系认证的合格证书中，除标出依据的质量保证模式标准外，还明确标出覆盖的产品范围。选择模式标准时，要考虑使该模式能适合不同产品的多种情况。

显然，在这些产品中应以结构复杂、设计和生产难度较大的主要产品作为选择模式标准的依据。一般在 GB/T 19001 和 GB/T 19002 之间进行选择，只有非常简单的产品，其性能完全可通过最终检验和试验来判断的才选用 GB/T 19003 标准。

属于工艺协作的专业化企业，如铸造、锻造、热处理、电镀等，属于维修、服务企业，如以修理、安装服务为主的企业，这一类型的企业由于一般不承担产品设计任务，故常选用 GB/T 19002 标准。

三、质量保证体系的建立和实施

企业贯彻 ISO 9000 标准是建立和完善质量体系并被确认的过程，是市场经济发展和国际贸易竞争的要求。建立和实施质量保证体系一般要经历质量体系的确立，质量体系文件的编制、质量体系的实施运行三个阶段。

(一)质量体系的确立

1. 教育培训，统一认识

首先对企业领导进行培训，使他们认识到建立、完善质量管理体系的迫切性和重要性，明确决策层领导在质量管理体系建设中的关键地位和领导作用。第二对企业各部门的负责人，以及与建立质量体系有关的人员进行培训，使他们全面接受 ISO 9000 标准有关内容的培训。第三对产品质量形成全过程有关的作业人员进行培训。对这一层次人员主要培训与本岗位质量活动有关的内容，包括在质量活动中应承担的任务，完成任务应赋予的权限，以及造成质量过失应承担的责任等。

2. 组织落实，拟定计划

成立以最高管理者为组长，质量主管领导为副组长的质量体系建设领导小组。其主要任务包括：质量体系建设的总体规划、制定质量方针和目标，按照职能部门进行质量职能的分解。

成立各职能部门领导参加的工作班子。这个工作班子一般由质量部门和计划部门的领导共同牵头，其主要任务是按照体系建设的总体规划具体组织实施。

成立贯彻标准工作小组。根据各职能部门的分工，明确质量体系要素的责任单位，按不同层次分别制订工作计划。

3.确定质量方针,制定质量目标

质量方针是企业进行质量管理,建立和实施质量体系,开发各项质量活动的根本准则,质量目标是质量方针的重要组成部分。制定质量方针时,应根据企业的具体情况、发展趋势和市场形势研究确定,应与总方针相协调,确保各级人员都能理解执行。

4.现状调查和分析

现状调查和分析的目的是合理地选择体系要素,内容包括:

(1)体系情况分析,即分析本组织的质量体系情况,以便根据所处的质量体系情况选择质量体系要素的要求。

(2)产品特点分析,即分析产品的技术密集程度、使用对象、产品安全特性等,以确定质量体系要素的采用。

(3)组织结构分析,组织的管理机构设置是否适应质量体系的需要。应建立与质量体系相适应的组织结构,并确立各机构间隶属关系、联系方法。

(4)生产设备和检测设备能否适应质量体系的有关要求。

(5)技术、管理和操作人员的组成、结构及水平状况的分析。

(6)管理基础工作情况分析,即标准化、计量、质量责任制、质量教育和质量信息等工作的分析。

5.调整组织结构,配备资源

企业应根据自身的实际情况,筹划设计组织机构的设置。机构设置的原则是有利于各项工作的顺利开展,有利于质量职能的发挥和管理。将各个质量活动分解落实到有关部门,根据各部门承担的质量活动,确定其质量职责以及赋予相应权限。职能分析的通常做法是:一个质量职能部门可以负责或参与多项质量活动,但不应让一项质量活动由多个职能部门来负责。

资源是质量体系的重要组成部分,企业应根据设计、开发、检验等活动的需要,积极引进先进的设备,提高设计、工艺水平,对涉及的软件和人员进行适当的调配和充实。

(二)质量体系文件的编制

质量体系文件是描述一个企业质量体系的结构、职责和工作程序的一整套文件,是质量体系审核和质量体系认证的主要依据。编制质量体系文件应必须具有系统性、协调性、适用性和可操作性。质量体系文件的内容一般包括:质量手册、程序文件、质量计划和质量记录。

1.质量手册的编制

质量手册是阐明一个组织的质量方针,并描述其质量体系的文件。它为企业提供了一套完整的工作规范和制度,是企业建立、实施和保持质量体系长期遵循的文件。质量手册一般应包括以下内容:

(1)企业的质量方针。

(2)企业的组织机构、质量职责及其相互关系。

(3)各体系要素或过程的基本控制程序。

(4)质量手册的评审、修改和控制的管理办法。

2. 程序文件的编制

质量体系程序文件是规定完成各项质量活动方法的文件。它规定开展某项活动的控制原则、控制方法和证实方法，阐明与质量活动有关人员的责任，作为开展各项活动的依据。2000年版标准明确提出了6个必须编制的程序文件：

(1)文件控制程序。

(2)质量记录管理程序。

(3)内部审核程序。

(4)不合格品控制程序。

(5)纠正措施控制程序。

(6)预防措施控制程序。

这些程序文件适用于不同类型企业，是通用型管理程序。各企业应根据实际需要，灵活掌握来编写程序文件，以能达到质量目标的要求和使过程受控为准则。

3. 质量计划的编制

质量计划是针对特定的产品、项目或合同规定专门的质量措施、资源和活动顺序的文件。质量计划是为了达到质量目标所进行的筹划安排，是质量策划活动的结果。质量计划的编写格式和详细程度应与顾客的要求、企业的操作方式和活动复杂性相适应。在内容上，应着重规定为达到特定目标所需的组织结构、程序、过程和资源。当企业已建立了文件化的质量体系，编制质量计划时可以根据需要，从中选择、采用或对其补充。

4. 质量记录的编制

质量记录是质量活动的真实记载，是产品质量及质量体系运作情况的客观反映，为已完成的活动或达到的结果提供客观证据。质量记录是质量体系文件的一个组成部分，任何质量活动均会产生质量记录，因此质量记录的确立、编制和管理对质量体系的运行会产生重大影响。企业应根据自己的具体情况，结合各项质量活动的特点，设计出一套适用的质量记录表格，使必要的信息得以保存。

质量记录的形式可以是书面的，也可以贮存在任何媒体上。

(三)质量体系的实施运行

1. 质量体系的试运行

质量体系文件编制完成后，要按照有关规定由最高领导批准，将文件下发到各部门和全体工作人员，进行宣传贯彻，并做好组织协调、质量监督、质量信息管理等工作。通过试运行，考验质量体系文件的有效性和协调性，并对暴露出的质量问题，采取改进措施和纠正措施，进一步完善质量体系文件。

2. 质量体系的审核与评审

质量体系审核在体系建立的初始阶段往往更加重要。在这一阶段，质量体系审核的重点，是验证和确认体系文件的适用性和有效性。

3. 记录和考核

在质量体系运行过程中，对企业采取的组织协调、质量监督、质量信息管理、质量体系的审核与评审等过程和结果都应及时、准确的记录，以此作为考核各项工作的依据，调动全体员工实施质量体系的积极性。

四、质量体系认证

(一)质量认证的基本概念

1.认证

ISO/IEC 指南 2:1986 中对认证的定义是:“由可以充分信任的第 3 方证实某一经鉴定的产品或服务符合特定标准或规范性文件的活动。”举例来说,对第 1 方(卖方)生产的产品甲,第 2 方(买方)无法判定其质量是否合格,而由第 3 方来判定。第 3 方既要对第 1 方负责也要对第 2 方负责,出具的证明要能获得双方的信任,这样的活动叫作“认证”。

2.质量认证

第 3 方根据程序对某项产品、过程或服务符合规定的要求所给予的书面保证(合格证书)。质量认证包括产品质量认证和质量管理体系认证。

产品质量认证的对象是产品,认证的依据是产品标准和相应的技术要求,经认证机构确认,并通过颁发认证证书和认证标志来证明某一产品符合相应标准和技术要求的活动。

产品质量认证又包括合格认证和安全认证。依据标准中的性能要求进行认证叫作合格认证;依据标准中的安全要求进行认证叫作安全认证。

质量体系认证的对象是过程,认证的依据是质量管理体系标准,如 GB/T 19000(ISO 9000)系列标准,对企业的质量管理体系实施评定。评定合格的颁发质量体系认证证书,并予以注册公布。

(二)质量体系认证的实施程序

1.质量体系认证的申请

(1)获得 ISO 9000 认证的条件　申请方持有法律地位证明文件;申请方已按 GB/T 19000～ISO 9000 系列标准或国际公认的质量管理体系建立了文件化的质量管理体系。

不同的认证机构在其上级认可机构的要求下,会有不同的具体要求。

(2)质量体系认证的申请　申请方按照规定向认证机构提交书面申请及所需的附件。申请书或附件应包括:

①申请方简况,如组织的性质、名称、地址、法律地位以及有关人力和技术资源;②覆盖所申请认证质量体系的质量手册;③申请认证质量体系所覆盖的产品或服务范围;④法人营业执照复印件,必要时提供资质证明、生产许可证复印件;⑤最近一次国家产品质量监督检查情况;⑥有关质量体系及活动的一般信息;⑦申请方表示愿意遵守认证管理办法规定的声明;⑧申请认证的质量保证模式的说明。

(3)认证申请的审查与批准　认证机构收到正式申请后,经审查若符合规定的申请要求,决定受理,就向申请方发出“接受申请通知书”,并通知申请方下一步与认证有关的工作安排、预交的认证费等,双方签订“质量认证体系认证合同”。

2.建立审核组

认证机构受理认证申请后,应及时建立审核组,审核组人数视企业的规模、产品复杂程度等因素确定。审核组正式成员应是注册审核员,必要时可聘请有关的技术专家协助审核工作。

审核组成员应确保不与申请方发生利益冲突，至少有一名成员熟悉申请方生产技术特点。

3. 质量体系文件的审查

文件审查的主要对象是申请方的附件，即申请方的质量手册、程序文件及其他说明申请方质量体系的材料。审核内容包括：了解申请方的基本情况、审核质量手册中描述的质量体系是否符合相应的质量模式标准的要求、质量体系文件的总体构成状况等。

4. 现场审核

(1)现场审核前的准备　制订现场审核计划，包括现场审核日期、审核组成员的工作分工、检查活动的日程安排和时间分配等。

编制现场审核表，包括检查项目与检查方法、审核依据、记录栏等。

(2)现场审核　现场审核的目的是通过查证质量手册、程序文件的实际执行情况，对申请方质量体系运行的有效性做出评价，判定是否真正具备相应的质量保证模式标准的能力。现场审核的主要程序为：

①召开首次会议　向受审核方介绍审核组成员及分工；明确审核目的、范围和依据文件；说明审核方式，确认审核计划及需要澄清的问题。

②实施现场审核　审核组应根据审核计划，采取提问、交谈、查阅资料、现场观察等方法，检查和评定受审核方质量体系的实际运行情况，质量手册的贯彻执行情况。对现场检查过程中发现的问题，审核员及时做现场记录，同时由受审核方人员签名，作为编制不符合项报告的依据。

③做出不符合项报告　不符合项是指审核员在审核中所确认的审核发现与审核准则之间不相一致的客观事实。

④研究审核报告　审核结论是审核组在分析所有的审核发现和审核证据的基础上产生的。审核结论有 3 种情况：没有或仅有少量的一般不符合，建议通过认证；存在个别严重不符合，短期内可以采取措施进行纠正，建议推迟认证；存在多个严重不符合，短期内不可能改正，建议进行重审，即本次审核不能通过，尚需要重新审核。

⑤召开末次会议　审核组与受审核方举行末次会议，向受审核方介绍审核情况，报告审核发现，包括各不符合项和审核结论，提出后续工作的要求，包括纠正措施、跟踪验证要求等。受审核方可以对审核组的初步报告进行评论，提出不同意见进行解释和说明。对有争议的事实，必要时可进行再核实，以确保审核结果实事求是。

(3)提出审核报告　审核报告是现场审核结果的证明文件，由审核组编写，审核组长签署后报认证机构。审核报告一般包括：审核的目的和范围、审核依据、审核概述、受审核方质量体系综合评价和审核结论、不符合项及统计分析等。

5. 审批与注册发证

认证机构对审核组提交的审核报告进行全面的审查，决定是否通过认证。若批准通过认证，由认证机构颁发质量体系认证证书并予以注册。获准认证的受审核方可以利用认证证书及准予使用的认证标志，做广告宣传，提高本单位的声誉，但认证标志不能标在产品上，也不能以其他被误解为表示产品合格的方式使用。

任务五 食品安全管理体系(ISO 22000)

[任务目标]

掌握建立食品安全管理体系的方法。

[技能训练]

训练食品安全管理体系的掌握程度。

[知识链接]

一、认识 ISO 22000

食品安全管理体系是用于提高食品安全的科学和系统的方法，是从初级生产到最终消费过程中，对特定危害及其控制措施进行确定和评价，从而确保食品安全。

ISO 22000 是由国际标准化组织(ISO)于 2005 年 9 月 1 日正式发布的食品安全管理体系。该标准进一步确立了 HACCP 在食品安全管理体系中的作用，整合了在世界各国采用的食品质量、卫生、安全方面的标准与技术规程，为食品安全管理体系提供了国际标准，该标准的实施更加有效和动态地进行食品安全控制，在组织内部及食品链中实现资源利用最优化，充分体现了从农田到餐桌全程监管的食品安全新理念与新模式。中国也于 2006 年 7 月 1 日将此标准同等转化为 GB/T 22000:2006《食品安全管理体系　对食物链中任何组织的要求》，推动了我国食品行业与国际惯例接轨。

ISO 22000 系列标准包括：

(1)ISO 22000:2005 《食品安全管理体系　对食物链中任何组织的要求》国际标准于 2005 年 9 月 1 日发布，它提供了全球食品行业产品的统一标准，该标准可以单独用以认证、内审或合同评审，也可与其他管理体系，如 ISO 9001:2000 组合实施。

(2)ISO/TS 22004:2005 《食品安全管理体系 ISO 22000:2005 应用指南》，于 2005 年 11 月 15 日发布，主要是帮助中小企业建立和实施 ISO 22000 标准。

(3)ISO/TC 22003:2007 《食品安全管理体系　对提供食品安全管理体系审核和认证机构的要求》，于 2007 年 2 月发布，将对 ISO 22000 认证机构的合格评定提供协调一致的指南，并详细说明审核食品安全管理体系符合标准的准则。

(4)ISO 22005:2007 《饲料和食物链的可追溯性　体系设计和开发通用原理和指南》，为饲料和食物链的可追溯性体系设计和发展提供了总的导则。

二、食品安全管理体系的建立

(一)明确管理职责，搞好资源管理

(1)企业管理者应任命一名食品安全小组组长，成立由管理人员、技术人员、安全卫生控制

人员、购销人员及有关专家组成的质量安全管理领导小组，负责制定、建立、保持和评审质量安全管理体系。

(2)确定管理体系的应用范围，明确管理体系覆盖的产品和生产场地。

(3)制定与法律法规要求及顾客要求一致，与企业自身经营目标相适应的食品安全方针和目标。

(4)明确管理体系涉及的各部门及人员的职责和权限。

(5)对影响食品安全活动的人员进行食品安全标准和技术的培训，使其具备相应的能力和技能。

(6)对企业内部和外部的沟通做出预先安排，获得充分食品安全方面的信息。

(7)建立实施应急准备和响应程序，或根据单项潜在紧急情况制定应急预案，以管理能影响食品安全的潜在紧急情况和事故，并应与企业在食品链中的作用相适宜。

(8)企业应提供充足的资源，以建立、实施、保持和更新食品安全管理体系。

(二)建立前提方案(PRPs)

ISO 22000 标准中对前提方案的定义为：在整个食品链中为保持卫生环境所必需的基本条件和活动，以适合生产、处置和提供安全终产品和人类消费的安全食品。

企业建立、实施和保持前提方案应有助于控制食品安全危害通过工作环境进入产品，控制产品的生物、化学和物理污染(包括产品之间的交叉污染)，控制产品和产品加工环境的食品安全水平。

建立前提方案时，应考虑以下几个方面信息：

(1)制定前提方案时，应考虑和利用适当信息，如法律法规要求、顾客要求、公认的指南、国际食品法典委员会的法典原则和操作规范，国际、国家或行业标准。

(2)前提方案与企业在食品安全方面的需求相适宜。食品企业在食品链中的位置不同，法律法规的要求也不同，企业的前提方案也就不同。在食品链的前端是种植和养殖业，企业应执行《良好农业规范》(GAP)和《良好兽医规范》(GVP)。在食品链的末端是分销阶段，企业应执行《良好分销规范》(GDP)、《良好零售规范》(GRP)。在食品加工和贮藏阶段，企业应执行《良好操作规范》(GMP)。

(3)企业应该根据自身的特点建立并执行前提方案，例如，企业的规模和类型、生产过程和产品的特性不同，制定的前提方案就不同。

(4)前提方案的内容应该涉及整个食品从采购原辅料、加工、贮存到销售等生产工艺、基础设施、环境卫生的要求。

(三)危害分析及控制措施

1. 实施危害分析的预备步骤

通过建立食品安全(HACCP)小组，描述产品特性(包括原、辅料以及产品接触的材料)，确定终端产品用途，绘制流程图和描述工艺过程。

2. 危害分析

在食品加工过程中，应识别所有可能存在的食品安全危害，包括物理危害、生物危害、化学危害、食品状态产生的危害，并进行食品安全危害评价，包括危害的严重性评价、危害发生的可能性评价、危害风险程度的评价，根据客观的依据（如收集的信息、数据、行业经验、实验结果等）来决定上述危害可被接受的水平，以便确定哪些危害应该重点控制，哪些危害可以实施一般控制，哪些危害目前可以不予关注。

3. 制定 HACCP 计划和操作性前提方案

（1）HACCP 计划　HACCP 计划是为确保对影响食品安全的危害实施控制并遵照 HACCP 原理而制定的书面计划，包括食品危害分析和预防措施、关键控制点、关键限值、监控程序、纠正措施、验证程序、文件控制与记录保持程序等。

（2）操作性前提方案（OPRP）　ISO 22000 标准中对操作性前提方案的定义为：通过危害分析确定的必需的前提方案，以控制食品安全危害引入的可能性和（或）食品安全危害在产品或加工环境中污染或扩散的可能性。

操作性前提方案应形成文件，其中每个方案应包括：由每个方案控制食品安全危害、控制措施、监视程序、当操作性前提方案失控时所采取的纠正措施、职责和权限、监视的记录等。

操作性前提方案用于控制或降低产品或加工环境中食品安全危害的影响，HACCP 计划用于管理确定的关键控制点，以消除、防止或降低通过危害分析确定的具体食品安全危害。二者的区别是控制的严格程度不同：HACCP 计划对关键控制点的控制有明确的区分可接受与不可接受的关键限值，对 CCP 过程的监视要求更高，对监视设备要求校准频率更高；HACCP 计划所采取的纠正程序中对潜在不安全产品的处置有更严格的要求。

（四）预备信息的更新、描述前提方案和 HACCP 计划文件的更新

制定操作性前提方案、HACCP 计划后，为了保证其持续满足规定的控制要求，组织应对产品的预期用途、工艺流程图、过程步骤、控制措施进行及时更新，必要时，应对 HACCP 计划以及描述前提方案的程序和指导书进行修改。

（五）验证的策划

1. 验证的目的

验证是通过提供客观证据对规定要求是否得到满足予以认定，目的是证实食品安全管理体系和控制措施的有效性。

2. 验证的方法

常见的验证活动分为日常验证和定期验证。

（1）日常验证活动　通过检查质量记录、复查现场操作执行情况、检验产品、对工作环境卫生状况的微生物进行抽样检测等方法进行验证。

（2）定期验证活动　定期对整个体系进行评审，以确定体系是否按策划有效实施，是否需要更新或改进。定期的验证活动一般通过内审活动来实现。

（3）验证活动的频次　日常的验证活动的频率，应根据验证活动的重要性、风险等级、验证活动的成本等内容来确定，一般为一周至半年的时间不等。定期验证活动的频率，因为是对体系的总体评价，所以至少每年进行一次验证。

（4）验证活动的职责　验证活动应保证操作性前提方案得以实施、危害分析的输入持续更新、HACCP 计划中的要素和操作性前提方案得以实施且有效、危害水平在确定的可接受水平之内、组织要求的其他程序得以实施且有效。

应记录验证的结果，且传达到食品安全小组。应提供验证的结果以进行验证活动结果的分析。

（六）建立可追溯性系统

ISO 22000 标准条款 7.9 可追溯性系统规定“组织应建立且实施可追溯性系统，以确保能够识别产品批次及其与原料批次、生产和交付记录的关系。可追溯性系统应能够识别直接供方的进料和终产品初次分销的途径。应按规定的期限保持可追溯性记录，以便对体系进行评估，使潜在不安全产品得以处理；在产品撤回时，应按规定的期限保持记录。可追溯性记录应符合法律法规要求、顾客要求，例如可以是基于终产品的批次标识。”

企业建立可追溯性系统方法，一种方法是从上往下进行追溯，即从食品原材料供应商、加工商、运输商、POS 销售点，如果企业所生产的产品质量出现问题，可以对不安全产品进行处理，并将产品撤回；另一种方法从下往上进行追溯，如果消费者发现食品质量有问题，可以追溯到生产厂家。

（七）不符合控制

1.造成不符合的原因

(1)不符合过程控制要求(过程失控)，生产出来的产品为不合格产品。

(2)超出关键限值的条件下生产，最终产品为潜在不安全产品。

(3)不符合操作性前提方案条件下生产，最终产品有可能是不安全产品。

2.不符合控制

建立和保持形成文件的程序，规定适宜的措施防止其再次发生。在不符合发生后，使相应的过程或体系恢复受控状态。

例如，有的食品公司建立了《潜在不安全产品处置程序》、《纠正和纠正措施控制程序》、《召回控制程序》，对生产中出现的关键限值超出或操作性前提方案失控时，能识别和控制受影响的产品，以防止非预期的使用或交付，并对其进行适宜的处置。当其不在公司的控制范围内时，及时通知相关方，撤回不安全产品。

3.不安全产品的处置

(1)对于有些不安全产品，尽管不符合，但仍能满足相关食品安全危害规定的可接受水平，经过授权人员批准，适用时，可经顾客批准，让步使用、放行或接受产品。

(2)对于不合格产品，需经有关授权人员批准，在组织内或组织外重新加工或进一步加工，以确保食品安全危害能得到消除或降至可接受水平，或者进行销毁和按废物处理。

(3)对于撤回的产品，根据评估结果，可以进行销毁、重新加工、改变预期用途等方式处置。

（八）食品安全管理体系的持续改进

食品质量安全管理体系建立后，最高管理者应确保组织采用沟通、管理评审、内部审核、单项验证结果和食品安全管理体系更新，使食品安全管理体系持续改进。具体方法是食品安全小组根据变化的因素对体系实施验证，验证活动可以采用以下形式：

(1)内部审核　食品安全小组可以将基础设施、设备现状和维护、主要生产经营过程的要求、CCP 的监控、纠正和验证措施要求等列成检查表。

(2)巡视　这是非正式的检查。食品安全小组成员随时可以通过观察员工的操作、与其交谈等方式,得到反馈信息。

(3)审核记录　HACCP小组应定期审核记录,检查记录是否与规定保持一致。

(4)模拟回收　鉴于有可能出现产品在交货后才发现存在安全危害的情况,企业应建立文件化的程序,通知相关方或召回产品,并对产品在生产中和交货后的可追溯性等事项做出规定。

(5)抽样及检测　通过对最终产品的抽样检测,验证食品安全管理体系运行的效果。

(6)评价投入品供应商　食品安全小组应定期确定供应商承诺的产品质量是否符合相关要求。

三、食品安全管理体系文件的编写

(一)文件编写要求

ISO 22000:2005标准中明确提出食品安全管理体系文件应包括:

(1)形成文件的食品安全方针和相关目标的声明。

(2)标准要求的形成文件的程序和记录。

(3)组织为确保食品安全管理体系有效建立、实施和更新所需的文件。

体系文件的详略程度可以根据组织的规模和活动的类型、过程程序或过程的复杂程度、过程控制人员的能力等来决定,文件的编写原则是能够满足食品安全控制及管理的需要。

(二)文件编写框架

食品安全管理体系文件一般包括:食品安全手册、过程控制文件、记录。

文件的编写可以遵循“5W1H”原则,即明确“做什么(What);谁做、谁检查评定(Who);在哪里做(Where);什么时候做(When);为什么做(Why);怎么做、依据方法(How)”。

1.食品安全手册的编写

食品安全手册是阐明一个组织的食品质量安全方针和目标。一般内容包括:目录,发布令,企业简介,适用范围,食品安全方针,食品安全目标,组织机构,手册使用指南或编制、修订、管理,职责和权限,标准中其他各项要求,程序文件目录,其他所需附件等。

2.过程控制文件

过程控制文件是指程序文件或作业指导书,程序文件是规定完成各项质量活动的文件,包括规定开展某项活动的控制原则、控制方法和证实方法,阐明与质量活动有关人员的责任。作业指导书是规定具体的作业活动的方法和要求的文件,程序文件的支持性文件。

3.记录

记录是提供符合要求和食品安全管理体系有效运行的证据,应该保持清晰、易识别和检索。对反映产品卫生质量情况的有关记录,应制定其标记、收集、编目、归档、存储和处理的程序,并贯彻执行,所有质量记录应真实、准确、规范。

四、食品安全管理体系审核

审核是指为获得审核证据并对其进行客观的评价，以确定满足审核准则的程度所进行的系统的、独立的并形成文件的过程。

食品安全管理体系审核是验证组织食品安全管理活动及其结果是否达到食品安全目标的系统性的审核，同时也是确保组织食品安全管理体系正常运行并保持稳定的有效管理手段。

食品安全管理体系审核的类型按照实施审核的主体分为第 1 方审核、第 2 方审核、第 3 方审核和联合审核。

第 1 方审核通常称为内部审核，是企业自己的审核员对质量体系的有效性所做的检查和评定，主要目的是及时发现存在的问题，促使有关部门采取改进措施，使体系能够更有效地运行。第 2 方审核是由企业的顾客或由其他人以顾客的名义进行的审核。主要的目的是使企业与顾客建立良好的互利关系。第 3 方审核是由外部独立的认证机构进行的检查、评定活动。目的是获得第 3 方认证，避免过多的第 2 方审核，减少企业和顾客双方不必要的费用，提高企业信誉，增强市场竞争能力。

联合审核是指两个或两个以上审核组织合作，共同审核同一受审核方。

(一)审核准备

1.建立审核组

在组织进行内部审核时，由组织领导根据具体情况与特点，指定审核组及审核组长。在进行第 3 方认证审核时，由认证机构按照要求确定审核资源需要，建立审核组，指定审核组长。

2.明确审核的目的、范围、准则

(1)审核目的　内部审核的目的是确定组织的食品安全管理体系是否符合策划的安排和 ISO 22000 标准的要求，是否能得到有效的实施和保持。外部审核的目的是验证组织食品安全管理体系建立的科学性和合理性，评定其实施的有效性。

(2)审核范围　内部审核的范围可以自行确定；第 2 方审核的范围是按合同约定的审核范围进行；第 3 方审核的范围则由审核组长与受审核方共同确定，可以是全面审核如注册认证或复评，也可以是部分审核如监督审核、跟踪审核。

(3)审核准则　审核依据 ISO 22000:2005《食品安全管理体系　食品链中各类组织的要求》、组织制定的食品安全管理体系文件的要求、适用的相关法律法规和顾客要求进行审核。

3.与受审核方建立联系

以第 3 方审核认证为例，当申请人提出认证申请后，审核组要与受审核方建立沟通渠道，确定联系方式、方法，提供审核时间安排和审核组成员等信息，受审核方应提交相关的文件和资料，包括食品安全管理体系认证申请；有关法规规定的行政许可证明文件；食品安全管理体系手册和程序文件；申请认证产品的生存、加工或服务工艺流程图；生产、加工或服务过程中执行的相关法律、法规、标准和规范清单；产品符合卫生安全要求的相关证据和自我声明；生产、加工设备清单和检验设备清单；其他需要的文件。

(二)文件评审

文件评审的目的是确定体系文件与审核准则、法律法规的符合性，了解食品安全管理体系的建立和实施过程，以便制定审核计划，编制检查表，为现场审核等工作做准备。文件评审的内容包括：

1. 食品安全方针、目标的评审

按照审核准则评审食品安全方针是否与组织的宗旨相一致，是否体系满足要求和持续改进的承诺，是否符合法律法规和顾客的要求；食品安全目标是否与食品安全方针相一致，是否具体和可测量。

2. 对食品安全手册的评审

评审手册是否描述了食品安全管理体系的范围，是否编制了食品安全管理体系要求的文件化程序和对其引用，是否清晰描述了食品安全管理体系过程的相互作用，包括其层次、结构及相互关系。

3. 对程序文件的评审

评审程序文件与标准要求的符合性，与食品安全手册和其他文件的引用、接口关系的协调性。

文件评审过程中要消除与受审核方在理解上的差异，做出文件评审记录，如果发现不符合，可以与现场审核发现的不符合一并以不符合项的形式提出。

(三)现场审核

1. 现场审核的准备

(1)确定审核的日期。

(2)制定审核计划，准备审核工作文件。

(3)编制检查表，明确检查项目与检查方法。

2. 现场审核

(1)首次会议　审核组与受审核方代表召开会议，确认审核的范围，简要介绍评审的方法和程序、审核计划和分工，讨论有关审核的事宜，通报审核中应注意的事项。

(2)现场审核　食品安全管理体系的内部审核可以一次完成，外部审核参照《食品安全管理体系认证实施规则》，把现场审核分为第1阶段审核和第2阶段审核。

第1阶段审核的目的是调查申请人是否已具备实施认证审核的条件，第1阶段的审核工作应在现场进行。审核的内容包括：文件的符合性、适宜性和充分性；适用法律、法规的识别情况及在相关文件中落实法律、法规的情况；申请所在场所和其生产产品的特殊性，在其内部和食品链上进行沟通的符合性和适宜性，申请人对认证标准要求的理解和对影响产品安全关键过程的识别、危害识别的充分性，及HACCP计划制定的可行性，采取的控制措施和可接受水平的合理性；与申请人就认证范围再次确认，了解申请人为接受第2阶段审核的准备情况，并商定第2阶段的审核安排；申请人内部审核和管理评审的实施情况。

第2阶段审核应在具备实施认证审核的条件下进行，如果第1阶段审核提出影响实施第2阶段审核的问题，这些问题应在第2阶段审核前得到解决。第2阶段审核的目的是通过在申请人的现场进行系统、完整地审核，评价申请人的食品安全管理体系是否满足所有适用的认证依据的要求，是否推荐认证注册。应将前提方案、关键过程控制要求和产品检测(见专项技术要求)列为第2阶段审核的重点。内容包括(但不限于)：食品安全管理体系实施的有效性，包括HACCP计划与前提方案的实施、对产品安全危害的控制能力等；与适用法律、法规及标准的符合性；当法律、法规的要求变更和新的危害产生时能否及时地调整危害分析并有效控制；有关验证的实施和有关程序的实施；产品实物或服务的安全状况；实现食品安全方针及目标的能力。

(3)产品安全性验证　为验证危害分析的输入持续更新、危害水平在确定的可接受水平之内、HACCP 计划和操作性前提方案得以实施且有效，特别是产品实物的安全状况等情况，适用时，在现场审核或相关过程中，需要采取对产品进行抽样检验的方法验证产品的安全性。审核组可根据有关指南、标准、规范或相关要求策划抽样检验活动。

抽样检验可以采用以下 3 种方式：委托具备相应能力的检测机构完成；由现场审核人员利用申请人的检验设施完成；由现场审核人员确认由其他检验机构出具的检验结果的方式完成。

当采用利用申请人的检验设施完成检验时，审核组应提出对所用检验设施的控制要求；当采用确认由其他检验机构出具检验结果的方式完成检验时，审核组对此应提出以下相应的控制要求：检验结果时效性的合理界定；出具检验结果的检验机构应具备的条件；检验结果中的检验项目不全时的处理方式。

(4)评定　由审核组成员研究、汇总审核情况，对审核结果做出实事求是的评价，形成审核发现的记录。对于审核过程中发现的不符合项，审核组以不符合项报告的方式提交审核部门，并以此做出对受审核方食品安全管理体系有效性评价的结论。

审核结论分为“推荐通过认证”、“有条件推荐通过认证”和“不推荐通过认证”3 种。推荐通过认证：审核中没有发现不符合项或发现少量一般不符合项；有条件推荐通过认证：审核中发现少量严重不符合项和一般不符合项或个别过程或区域需要再次进行现场审核，受审核方在现场审核期间没有采取纠正措施；不推荐通过认证：审核中发现存在多个造成系统失效的严重不符合。

(5)末次会议　审核组完成审核后，召开末次会议，向受审核方报告审核发现和审核结论，报告不符合项和观察项，征求受审核方意见，同被审核方商定纠正措施完成时间，商定未尽事宜，包括纠正措施及跟踪审核安排。

(四)提出审核报告

审核报告是现场检查和评价结果的证明文件，由审核组编写。报告应概括描述审核范围，说明审核组的构成，描述所使用证据的来源，概括描述审核结果。审核报告由审核组组长签字，保证其准确性和完整性。

(五) 审核完成

审核计划中的所有活动完成之后，对与审核相关的文件与信息应进行适当的保存或保密。

如果受审核方需要对产品进行认证，需将审核报告提交给认证机构，认证机构对审核结果进行综合评价，若通过认证，由认证机构颁发食品安全管理体系认证证书。

【导入案例评析】

在 1961 年，曾发现一种用于妇女妊娠反应的药物——“反应停”，导致了成千上万例的畸胎(海豹胎)事件。此药是德国一家药厂生产并在市场上已经流通了 6 年，在此期间也先后收到该药的毒性反应报告近百例。美国是当时少数几个幸免此灾难的发达国家之一。早在 1906 年，美国就对食品、药品和化妆品进行立法管理，并成立了 FDA 机构对食品和药品进行管理。因此，当时在审查“反应停”进口时，发现该药缺乏足够的临床资料而拒绝该药进口，所以避免了这场世界性灾难的遭遇。通过由药物致畸的教训，美国在 1962 年重新对食品、药品和化妆品的管理进行修正时，对制药企业提出了 3 方面的要求：①药厂出厂的产品不仅要证明有效，而且要证明是安全的；②药厂必须向 FDA 机构报告药品不良反应；③制药企业必须实施 GMP。于是，美国 FDA 机构在 1963 年就颁布了世界上第一部 GMP，并把它载入药典。

【本项目小结】

GMP 是一种具有专业特性的品质保证或生产管理体系，是为了保障食品安全、质量而制定的贯穿食品生产全过程的一系列措施、方法和技术要求。GMP 的核心内容包括：良好的生产设备和卫生设施，合理的生产工艺，完善的质量管理和控制体系。GMP 的重点内容是：确认食品生产过程安全性；防止异物、毒物、微生物污染食品；有双重检验制度，防止出现人为的损失；标签的管理、生产记录、报告的存档以及建立完善的管理制度。GMP 可以被形象地看作是一把伞的伞柄，从糕点、低酸性罐头开始，到瓶装、软包装食品，各类食品加工厂的卫生规范被不断地制定出来，并应用于实际，收到良好的效果。因此，食品良好操作规范是食品工业现代化、科学化的必要条件，是食品质量安全和卫生安全的保证体系。

SSOP 是食品加工企业为了保证达到 GMP 所规定的要求，确保加工过程中消除不良的人为因素，使其加工的食品符合卫生要求而制定的指导食品生产加工过程中如何实施清洗、消毒和卫生保持的作业指导文件。食品生产的 SSOP 应至少包含 8 个关键方面的内容：接触产品（包括原料、半成品、成品）或与产品有接触的物品的水和冰应当符合安全、卫生要求，接触产品的器具、手套和内外包装材料等必须清洁、卫生和安全，确保产品免受交叉污染，保证操作人员手的清洗消毒、保持洗手间设施的清洁，防止润滑剂、燃料、清洗消毒用品、冷凝水及其他化学、物理和生物等污染物对产品造成安全危害，正确标注、存放和使用各类有毒化学物质，保证与产品接触的员工的身体健康和卫生，清除和预防鼠害、虫害。对各项卫生操作，都应记录其操作方式、场所、由谁负责实施等；另外，还应考虑卫生控制程序的监测方式、记录方式，怎样纠正出现的偏差。程序的目标和频率必须充分保证生产条件和状况达到 GMP 的要求。SSOP 的制定应易于使用和遵守，不能过于详细，也不能过松。过于详细的 SSOP 将达不到预期的目标，因为很难每次都严格执行程序，而且可能被非正式的修改。同样，不够详细的 SSOP 对企业也没有多大用处，因为员工可能不知道该怎样做才能完成任务。

HACCP 体系是用于对食品生产、加工过程进行安全风险识别、评价和控制的一种系统方法。HACCP 体系能显著地减少食品安全危害的风险，其控制方法已为全世界所认可。HACCP 体系验证和认证有助于树立公众对食品安全的信心。HACCP 的基本原理为：①危害分析；②确定关键控制点；③确定关键限值；④确定关键控制点的监控措施；⑤确定校正措施；⑥建立审核 HACCP 计划正常运转的评价程序；⑦确定有效记录的保持程序。实施 HACCP 的一般步骤为：成立 HACCP 小组；描述产品；确定产品用途及消费对象；编制工艺流程图；现场验证工艺流程图；危害分析及确定控制措施；确定关键控制点；为每个关键控制点设定临界限值；为每个关键控制点建立监测系统；建立纠正措施；建立审核程序；建立记录和文件存档系统。

ISO 9000 系列标准是由 ISO 制定的关于质量管理和质量保证的国际标准，通用性强，适用于 4 大类产品企业（硬件、软件、流程性材料、服务），是组织为建立质量保证体系，实现质量方针和质量目标，提供的国际通用标准。2000 年版 ISO 9000 提出了 8 项质量管理原则：以顾客为关注焦点；领导作用；全员参与；过程方法；管理的系统方法；持续改进；基于事实的决策方法；与供方互利的关系。企业按照 ISO 9000 系列标准建立和实施质量管理体系，通过 ISO 9000 认证，可以证实其有能力稳定地提供满足顾客和适用的法律法规要求的产品，有效地运作体系，可以使企业不断改进，获得更好的效益，而且使我国质量管理和质量保证工作更好地与国际接轨。

ISO 22000 是基于 CAC 在《食品卫生通则》附件中《危害分析及关键控制点（HACCP）体系及实施指南》为原理的食品安全管理体系标准。标准规定了食品安全管理体系的组成要素及其运行的各项要求，具体包括 8 个方面的内容：适用范围、规范性引用文件、术语和定义、政策及管理、食品安全管理体系的设计、实施、保持，以及管理评审。实施 ISO 22000 标准的目的，就是让食物链中的各类组织执行食品安全管理体系，更加有效和动态地进行食品安全风险控制等。建立食品安全管理体系的方法就是通过建立前提方案、HACCP 计划和操作性前提方案、控制不符合项、建立追溯系统等几个步骤来实现。而获得 ISO 22000 认证，等于获得一张食品的国际通行证。

【同步练习】

1. 名词解释：GMP、SSOP、HACCP、食品质量标准、质量认证
2. 简述食品良好操作规范的主要内容。
3. SSOP 的一般要求是什么？
4. 简述卫生标准操作程序内容。
5. 卫生监控和记录的主要内容有哪些？
6. 简述食品质量标准的特点与作用。
7. 简述 HACCP 的原则及其应用。
8. 简述质量体系认证的实施程序。
9. 简述质量保证体系和食品质量安全管理体系的建立方法。
10. 如何编制食品质量安全体系文件？

项目九

食品产品认证

【学习目标】

知识目标

1. 明确认证认可的基本概念，知道认证的种类，了解我国从事认证认可的机构；
2. 理解认证的程序，了解认证的标准；
3. 认识无公害农产品、绿色食品、有机产品、地理标识产品的标志，会正确使用标志。

技能目标

1. 初步学会做认证要准备的材料；
2. 会协助认证机构开展认证工作。

【导入实例】

随着我国食品工业的发展，市场上食品的品种和数量都得到了快速的增长，而食品生产中新技术的应用和食品新资源的开发使得食品无论在内在营养，还是在外在的感官上都有了巨大的变化。我国的农业生产，随着联产承包责任制的推行，近30年来，粮食产量迅速提高，农产品的品种不断更新，农业生产的新技术不断应用，农业投入的不断增加，在农作物上使用的农药、化学肥料、植物生长调理剂等农用生产资料的数量和种类越来越多。另外，在一些地区，随着工业的发展，也带来了严重的环境污染，使农作物生长的土壤环境、大气环境、水环境受到了严重的破坏。在这样的生产技术下，在这样的生态环境中生产的食品是否安全，对于普通的消费者来说是难以判断的，这就需要通过食品产品认证为其提供选购上的指导。食品认证的种类主要有：GMP认证、ISO认证、HACCP认证、QS认证、无公害农产品认证、绿色食品认证、有机产品认证、农产品地理标志认证。食品产品认证是国际上通行的对食品进行评价的方法，它也是许多国家的政府和机构用来对食品产品质量和安全进行管理的重要手段。

上海某农庄是专门从事有机蔬菜种植和销售的公司，致力于都市有机生态农业建设，为消费者提供安全、新鲜、健康的有机及天然蔬菜，倡导低碳、绿色、环保的生活理念。先后在上海、北京、黑龙江、宁夏、浙江、福建、四川、云南和海南等区域在建或已建有机农业生产基地共计10余个，全国范围内处于有机种植及转换期的土壤总面积达2万亩。

任务一　认识食品产品认证

[任务目标]

掌握认证认可的基本概念，了解认证的种类和我国的认证机构。

[技能训练]

查找从事无公害农产品、绿色食品、有机产品、地理标志产品的认证机构名称和相关网址，阅读各板块的内容。

[知识链接]

一、认识认证、认可

(一)认证

1. 认证定义

认证是国际上广泛应用的合格评定活动的一种类型。国际标准化组织(ISO)对认证的定义为：第三方依据程序对产品、过程或服务符合规定的要求给予书面证明(合格证书)。在《中华人民共和国认证认可管理条例》中对认证的定义是：由认证机构证明产品、服务、管理体系符合相关技术规范、相关技术规范的强制性要求或者标准的合格评定活动。

2. 认证分类

认证按强制程度分为强制性认证和自愿性认证两种，按认证对象分为体系认证和产品认证。

强制性认证包括中国强制性产品认证和官方认证，中国强制产品认证又称"3C"认证。CCC认证是中国国家强制要求的对在中国大陆市场销售的产品实行的一种认证制度，无论国内生产还是国外进口，凡列入CCC目录内且在国内销售的产品均需获得CCC认证，除特殊用途的产品外(符合免于CCC认证的产品)。CCC认证是由国家认可的认证机构实施的产品认证。官方认证即市场准入性的行政许可，是国家行政机关依法对列入行政许可目录的项目所实施的许可管理，凡是需经官方认证的项目，必须获得行政许可方可准予生产、经营、仓储或销售。食品质量安全(QS)认证和食品良好操作规范(GMP)认证均属于官方认证。

自愿认证是某组织根据组织本身或顾客、相关方的要求自愿申请的认证。如质量管理体系认证、环境管理体系认证、HACCP认证、食品GMP认证、有机产品认证、农产品地理标志认证等在我国是自愿认证。

认证按其对象可分为质量管理体系认证和产品质量认证。

质量管理体系认证的对象是生产企业的管理体制，包括质量管理体系、环境管理体系等，体现的是企业保证产品质量的能力，如ISO 9000系列标准认证和HACCP认证等。产品质量认证的对象是特定的产品或服务，如无公害农产品、绿色食品、有机产品的认证属于产品认证。在我国的《中华人民共和国产品质量认证管理条例》中，对产品质量认证的定义是："产品质量认证是依据产品标准和相应技术要求，经认证机构确认，并通过颁发认证证书和认证标志来证明某一产品符合相应标准和相应技术要求的活动。”

(二)认可

《中华人民共和国认证认可条例》规定：认可是由认可机构对认证机构、检查机构、实验室以及从事审核、评审等认证活动人员的能力和执业资格予以承认的合格评定活动。认可机构是由国务院认证认可监督管理部门确定，除经确定的认可机构外，其他任何单位不得直接或者变相从事认可活动。在我国，定义中的“权威机构”指“中国合格评定国家认可委员会”。它是由国家认证认可监督管理委员会批准设立并授权的国家认可机构，统一负责对认证机构、实验室和检查机构等相关机构的认可工作。

中国合格评定国家认可委员会组织机构包括：全体委员会、执行委员会、认证机构技术委员会、实验室技术委员会、检查机构技术委员会、评定委员会、申诉委员会、最终用户委员会和秘书处。中国合格评定国家认可委员会委员由政府部门、合格评定机构、合格评定服务对象、合格评定使用方和专业机构与技术专家等 5 个方面，总计 64 个单位组成。

二、认证机构

认证机构是指对产品、服务、管理体系按照相关技术法规、相关技术规范的强制性要求或标准进行合格评定活动的机构。在我国境内从事与认证有关的经营性活动的机构必须得到国家认证认可监督管理委员会的批准，并依法取得法人资格后，方可从事批准范围内的认证活动。未经批准，任何单位和个人不得从事认证活动。

认证机构可分为分支机构、分包认证机构和办事机构 3 种类型。分支机构是指认证机构在其法人登记住所之外设立的从事认证经营活动的机构，分支机构不具有独立的法人资格。分包认证机构是指分包其他认证机构认证业务的机构，分包机构具有独立的法人资格。如劳氏质量认证(上海)有限公司，它是外商投资的认证机构，主要从事质量管理体系认证业务；环境管理体系认证业务；分包英国劳氏质量认证有限公司质量管理体系认证业务、环境管理体系认证业务、职业健康安全管理体系认证业务。办事机构是指认证机构在其法人登记住所之外设立的从事其经营范围内的业务联络和介绍、市场调研、技术交流等业务活动的机构，办事机构不得从事认证经营性活动；境外认证机构在华设立的代表机构属于此类机构。

《中华人民共和国认证认可条例》规定，认证机构应当有固定的办公场所、必要的设施和一定的注册资本(不少于 300 万元人民币)、有符合认证认可要求的管理制度、有一定数量的相应领域的专职认证人员(不少于 10 人)，不同认证领域对认证人员的要求也不同。认证机构应当根据认证基本规范、认证规则规定的程序从事认证活动，确保认证、检查、检测的完整、客观、真实，不得增加、减少、遗漏程序。认证机构及其认证人员对认证结果负责。

三、“三品一标”认证

“三品一标”是对无公害农产品、绿色食品、有机产品和农产品地理标志的总称。“三品一标”认证包括无公害农产品认证、绿色食品认证(A 级和 AA 级)、有机产品认证、农产品地理标志认证。

在我国，目前大众消费的食品经过认证的无公害农产品、绿色食品、有机产品，只占食品总量的一部分。大部分食品仍是常规食品，常规食品是指在常规生态环境和生产条件下，生产和加工的产品，并经过政府行政主管部门检验，达到国家现行食品卫生标准的食品，是目前大众消费的主要对象。常规食品虽经政府行政主管部门检验，但没有经过质量与安全认证；另外，由于我国目前的农业生产大多数是一家一户的小农经济，许多农民对农产品的安全生产技术掌握不够。因此，常规食品在生产和销售过程中也就不能保证完全符合有关部门的质量安全标准。

与常规食品相比，经过安全认证的食品有以下显著特征：①产地环境无污染。经过认证的产地一般要求产地环境和周边环境不能存在污染源。②生产过程中达到无公害化。生产过程中至少应该用无公害的生产技术，控制、减少乃至完全不使用化肥、农药等人工合成的化学物质，可以有效地防止生产过程中对农产品和环境的污染。③产品质量确保安全。无公害农产品、绿色食品、有机产品实行从"农田到餐桌"的全程质量控制，确保食品的安全。④通过专门机构的认证。安全认证食品是通过专门机构认证，并获得相应产品使用标志的产品。无公害农产品是安全认证食品的初级层次，绿色食品是安全认证食品的中级层次，有机产品是安全认证食品的高级层次(图 9-1)。国际上安全认证食品只有有机产品一个层次。

农产品地理标志是指：标示农产品来源于特定地域，产品品质和相关特征主要取决于自然生态环境和历史人文因素，并以地域名称冠名的特有农产品标志。

无公害农产品认证和农产品地理标志认证由农业部农产品质量安全中心组织实施，绿色食品和有机产品认证由中国合格评定国家认可委员会认可的具有相应资质的机构组织实施，这些机构的名称在中国合格评定国家认可委员会的网站上可以查到。

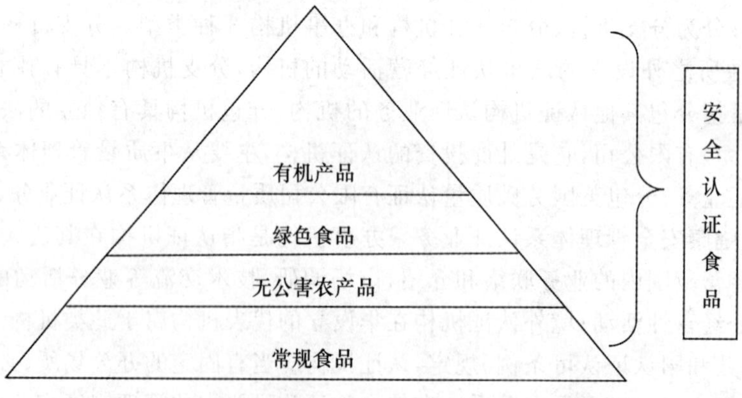

图 9-1　我国食品层级结构示意图

四、我国实施食品产品认证的意义

1. 指导消费者消费

实行产品质量认证后，凡是认证合格的食品都准许在产品和包装上使用认证标志，这就向消费者提供了一种质量信息，即带有认证标志的食品是经过公正的第三方认证机构对其进行了审核和评价，证明其质量符合国家规定的标准，这样对消费者选购食品起到了指导作用。

2.促进企业的产品提高质量,从而提高产品的市场竞争能力

企业要获准质量认证,必须通过认证机构对其产品进行检验和(或)对其质量体系进行严格的检查。因此,实施食品产品认证能促进企业严格根据有关标准生产食品。

3.是国家实行食品质量管理的重要手段

针对我国食品安全的现状,食品生产管理体系认证和食品的产品认证都是行之有效的管理措施。开展和建立健全优质农产品和食品的产品认证和标志制度,是采取市场经济办法发展优质农产品的重要途径。发达国家都将对优质农产品进行认证和加贴相关标志作为质量管理的重要手段。

4.促进食品的国际贸易

建立国内外大市场,依据国际认证制度开展跨国的质量认证,有利于与国际接轨,促进食品国际贸易的发展。

[练一练]

查找从事无公害农产品、绿色食品、有机产品、地理标志产品的认证机构名称和相关网址,阅读各板块的内容。

任务二 无公害农产品认证

[任务目标]

掌握无公害农产品的概念,认识无公害农产品标志,了解无公害农产品的产地条件和产地产品认证程序,了解无公害农产品标准体系。

[技能训练]

无公害农产品产地认证和产品认证材料准备,配合认证机构开展认证工作。

[知识链接]

一、认识无公害农产品

无公害农产品是指使用安全的投入品,按照规定的技术规范生产,产地环境、产品质量符合国家强制性标准并使用特有标志的安全农产品。无公害农产品的定位是保障消费安全、满足公众需求。无公害农产品由产地认定和产品认证两个环节组成。产地认定由省级农业行政主管部门组织实施,产品认证由农业部农产品质量安全中心组织实施。无公害农产品认证是政府行为,采取逐级行政推动,认证不收费。

二、无公害农产品标志

无公害农产品标志图案(图 9-2)由麦穗、对勾和无公害农产品字样组成,麦穗代表农产品,对勾表示合格,金色寓意成熟和丰收,绿色象征环保和安全。无公害农产品标志具有权威性、证明性和可追溯性等特点,除了多种传统静态防伪技术外,还具有防伪数码查询功能的动态防

伪技术,可以通过电话、手机短信息、互联网查询真伪。

该标志是由农业部和国家认证认可监督管理委员会联合制定并发布的,是用于获得全国统一无公害标志农产品认证的产品或产品包装上的证明性标识,而印制在标签、广告、说明书上的无公害农产品标志图案,不能作为无公害农产品标志使用。消费者区分普通农产品和无公害农产品的主要方法是看其销售时的产品或产品的外包装上是否加贴全国统一使用的无公害农产品标志,并通过辨别标志的真伪,来判别该产品是否是无公害农产品。

图 9-2 无公害农产品标志

标志的申请、审核、发放、使用应遵守 2003 年 5 月,农业部和国家认证认可监督管理委员会联合制定的《无公害农产品标志管理办法》的规定。无公害农产品标志是由农业部和国家认证认可监督管理委员会联合制定并发布的,是加施于获得无公害农产品认证的产品或者其包装上的证明性标记。

三、无公害农产品的产地条件

在《无公害农产品管理办法》中明确规定无公害农产品产地应当符合下列条件:

(1)产地环境符合无公害农产品产地环境的标准要求;

(2)区域范围明确;

(3)具备一定的生产规模。

对于无公害农产品的生产管理应当符合下列条件:

(1)生产过程符合无公害农产品生产技术的标准要求;

(2)有相应的专业技术和管理人员;

(3)有完善的质量控制措施,并有完整的生产和销售记录档案。

四、无公害农产品产地产品认证程序

从事无公害农产品生产的单位或者个人,应当严格按规定使用农业投入品。禁止使用国家禁用、淘汰的农业投入品。无公害农产品产地应当树立标示牌,标明范围、产品品种、责任人。凡符合无公害农产品认证条件的单位和个人,可以向所在地县级农产品质量安全工作机构(简称"工作机构")提出无公害农产品产地认定和产品认证申请,并提交申请书及相关材料。

(一)认证依据

认证的依据是《农产品质量安全法》、《无公害农产品管理办法》、《无公害农产品产地认定程序》、《无公害农产品认证程序》、《无公害农产品标志管理办法》及其他相关技术规范要求(详见中国农产品质量安全网)。

(二)认证申请

首次认证申请需提交的材料:

(1)《无公害农产品产地认定与产品认证申请书》;

(2)附报材料目录(含页码);

(3)国家法律法规规定申请者必须具备的资质证明文件(复印件);

(4)《无公害农产品内检员证书》(复印件);

(5)无公害农产品生产质量控制措施;

(6)无公害农产品生产操作规程;

(7)最近生产周期使用农药(兽药、渔药)的生产记录(复印件);

(8)《产地环境检验报告》和《产地环境现状评价报告》或者《产地环境调查报告》或者《产地认定证书》;

(9)《产品检验报告》。

(10)以农民专业合作经济组织作为主体和公司+农户形式申报的,提交与合作农户签署的含有产品质量安全管理措施的合作协议和农户名册(包括农户名单、地址、种植或养殖规模)。

(11)规定提交的其他相应材料。

产品扩项认证申请需提交的材料:

(1)《无公害农产品产地认定与产品认证申请书》;

(2)无公害农产品生产操作规程;

(3)《无公害农产品内检员证书》(复印件);

(4)最近生产周期使用农药(兽药、渔药)的生产记录(复印件);

(5)《产品检验报告》;

(6)《无公害农产品产地认定证书》(复印件);

(7)已获证产品的《无公害农产品证书》(复印件)。

正常复查换证申请需提交的材料:

(1)《无公害农产品产地认定与产品认证申请书》;

(2)《无公害农产品内检员证书》(复印件);

(3) 最近生产周期使用农药(兽药、渔药)的生产记录(复印件);

(4)《产品检验报告》或省工作机构依据有关规定开展复查换证时,根据现场检查情况出具合格的《现场检查报告》;

(5)原《无公害农产品产地认定证书》(复印件);

(6)原《无公害农产品认证证书》(复印件)。

便捷式复查换证:

(1)《无公害农产品复查换证信息登录表》;

(2)《无公害农产品内检员证书》(复印件);

(3)《无公害农产品产地认定与产品认证复查换证申请和审查报告》。

(三)办理程序

1.受理

县级无公害农产品工作机构对申请材料接受审理。县级工作机构自收到申请之日起 10 个工作日内,负责完成对申请人申请材料的形式审查。符合要求的,报送地市级工作机构审查。

2. 预审

地市级无公害农产品工作机构对申请材料及前环节审查意见的真实性和符合性确认审查。地市级工作机构自收到申请材料、县级工作机构推荐意见之日起15个工作日内(直辖市和计划单列市的地级工作合并到县级一并完成),对全套材料(申请材料和工作机构意见)进行符合性审查。符合要求的,报送省级工作机构。

3. 初审

省级无公害农产品工作机构对申请材料及前环节审查意见的完整性和规范性初步审查。省级工作机构自收到申请材料及推荐、审查意见之日起20个工作日内,完成材料的初审工作,并组织或者委托地县两级有资质的检查员进行现场检查。通过初审的,报请省级农业行政主管部门颁发《无公害农产品产地认定证书》,同时将全套材料报送农业部农产品质量安全中心各专业分中心复审。

4. 复审

农业部农产品质量安全中心专业分中心(以下简称"分中心")对申请材料及前环节审查意见的专业性和技术性复核审查。各专业分中心自收到申请材料及推荐、审查、初审意见之日起20个工作日内,完成认证申请的复审工作,必要时可实施现场核查。通过复审的,将全套材料报送农业部农产品质量安全中心审核处。

5. 终审

农业部农产品质量安全中心(以下简称"部中心")通过召开无公害农产品认证专家评审会议形式对申请材料及前环节审查意见的综合性和合法性审查。农业部农产品质量安全中心自收到申请材料及推荐、审查、初审、复审意见之日起20个工作日内,对全套材料进行形式审查,提出形式审查意见并组织无公害农产品认证专家进行终审。终审通过符合颁证条件的,由农业部农产品质量安全中心颁发《无公害农产品证书》(图9-3)。

《无公害农产品产地认定证书》和《无公害农产品证书》有效期为3年。期满需要继续使用的,证书持有人应当在有效期满90日前按照本程序重新办理。

五、无公害农产品标准体系

无公害农产品标准大多数等同于国内普通食品标准,少部分高于国内普通食品标准。目前,我国无公害农产品生产执行的是国家质检总局发布的强制性的国家标准和农业部发布的行业标准。无公害食品行业标准由农业部制定,是无公害农产品认证的主要依据。无公害农产品标准体系包括:农业投入品使用标准(包括农药、化肥、兽药等),无公害食品产品标准(包括种植业产品、畜牧业产品、渔业产品),产地环境标准(包括蔬菜、设施蔬菜、水生蔬菜、海水养殖、淡水养殖、食用菌等),生产管理技术规程标准,加工技术规程,认证管理技术规范类标准。其中,生产管理技术规程和认证管理技术规范属于推荐性标准,其他标准为强制性标准。这里主要介绍产地环境标准、生产技术标准、产品标准、农业投入品使用标准。

1. 无公害农产品产地环境质量标准

农产品生产首先受当地的土壤环境、大气环境、水环境的制约。无公害农产品产地应选择在具有良好农业生态环境的区域,达到空气清新、水质洁净、土壤未受污染。周围及水源上游或上风方向一定范围内应没有对产地环境可能造成污染的污染源,尽量避开工业区和交通要

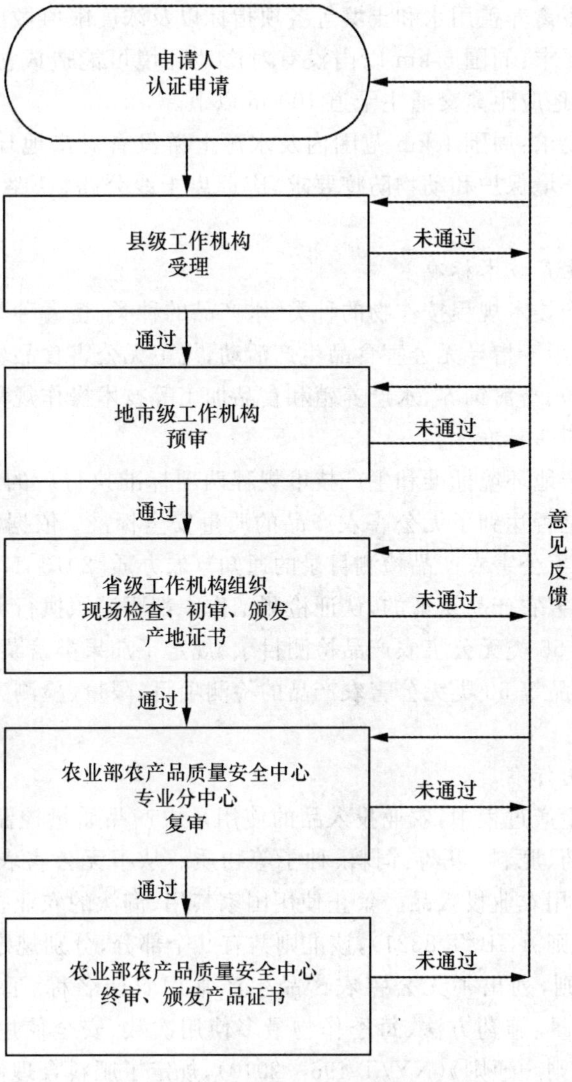

图 9-3　无公害农产品认证流程图

道，并要与交通要道保持一定的距离，以防止农业环境遭受工业“三废”、农业废弃物、医疗废弃物、城市垃圾和生活污水等的污染。产地生产两种以上农产品且分别申报无公害农产品产地的，其产地环境条件应同时符合相应的无公害农产品产地环境条件要求。无公害农产品产地应区域明确，相对集中连片，产品相对稳定，并具有一定规模，而产地规模的数量又必须是依据当地的自然条件、生产组织程度以及生产技术条件确定。

无公害农产品产地环境质量标准主要依据：一是国家质量监督检验检疫总局颁布的《农产品安全质量》产地环境要求。它包括：GB/T 18407—2001，分为无公害蔬菜产地环境要求、无公害水果产地环境要求、无公害畜禽肉产地环境要求和无公害水产品产地环境要求 4 个部分；GB/T 18407—2003，无公害乳和乳制品产地环境要求。二是农业部制定的《无公害食品　蔬菜产地环境条件》(NY 5010—2002)、《无公害食品　淡水养殖水质标准》(NY 5361—2010)、《无公害食品　淡海水养殖水质标准》(NY 5362—2010)等标准。两者都对产地的空气、农田灌溉水质、渔业水质、畜禽养殖用水和土壤等各项指标以及浓度限值做出了具体规定。

种植业周边环境要求：周围 5 km 以内没有对产地环境可能造成污染的污染源，蔬菜、茶叶、果品等园艺产品产地应距离交通主干道 100 m 以上。

畜牧业周边环境要求：周围 1 km 范围内及水源上游没有对产地环境可能造成污染的污染源。养殖区应符合环境保护和动物防疫要求，应远离干线公路、铁路、城镇、居民区、公共场所等。

2. 无公害农产品生产技术标准

无公害农产品生产技术规程按作物的种类、水产品的种类、畜禽种类等和不同农业区域的生产特性分别制定的，用于指导无公害食品生产活动、规范无公害食品生产。包括农产品种植（粮食作物、蔬菜、水果）、畜禽饲养、水产养殖和食品加工等技术操作规程。

3. 无公害农产品产品标准

产品质量标准是产地环境标准和生产技术规程两项标准执行后的最终评判标准，主要是判断生产出来的产品是否达到了无公害农产品的质量安全标准。依据《农业部办公厅关于印发茄果类蔬菜等 55 类无公害农产品检测目录的通知》（农办质[2013]17 号）要求，自 2013 年 6 月 1 日起，凡申请无公害农产品认证的，认证检测工作中都要遵照执行无公害农产品检测目录规定。《茄果类蔬菜等 55 类无公害农产品检测目录》规定了茄果类蔬菜、瓜果类蔬菜、食用菌、玉米、水果、猪肉、水产品等 55 类无公害农产品的检测项目、限量、检测方法及检测方法的执行依据。

4. 农业投入品使用标准

在无公害农产品生产过程中，农业投入品的使用是农产品质量控制的关键环节之一。常用的农业投入品有农药、肥料、兽药、饲料、种子等物质。从事无公害农产品生产的单位或个人，应当严格按规定使用农业投入品。禁止使用国家禁用、淘汰的农业投入品。

《农药合理使用准则》（GB/T 8321），该准则共有 9 个部分，分别规定了 310 种农药在不同作物上的合理使用准则，列出了无公害农产品生产常用农药名称、适用作物、防治对象、每 667 m^2 每次制剂施用量、施药方法、每季作物最多使用次数、安全使用间隔期及最高残留限量。《肥料合理使用准则　通则》（NY/T 496—2010），规定了肥料合理使用的原则。

《无公害食品　畜禽饲养兽药使用准则》（NY 5030—2006），该准则规定了食品动物禁用的兽药及其他化合物清单，兽药使用记录、兽药使用要求、兽药不良反应报告等事项。《无公害食品　畜禽饲料及饲料添加剂使用准则》（NY 5032—2006），该准则规定了生产无公害畜禽产品所需的各种饲料的使用技术要求及加工过程、标签、包装、贮存、运输、检验的规则。适用于生产无公害畜禽产品所需的单一饲料、饲料添加剂、药物饲料添加剂、配合饲料、浓缩饲料和添加剂预混合饲料。

六、无公害农产品的监督管理

无公害农产品认证由农业部农产品质量安全中心组织实施。为确保获证无公害农产品质量安全，依据《无公害农产品管理办法》规定，获得认证的产品农业部农产品质量安全中心每年对无公害农产品开展质量安全跟踪监测工作。农业部农产品质量安全中心要对其进行跟踪检查，并受理有关的投诉、申诉工作。任何单位和个人不得伪造、冒用、转让、买卖无公害农产品产地认定证书、产品认证证书和标志。

[练一练]

1. 查找并阅读国务院令第 404 号《兽药管理条例》、国务院令第 609 号《饲料和饲料添加剂管理条例》、农办质[2013]17 号文件及《茄果类蔬菜等 55 类无公害农产品检测目录》。

2. 调查大型超市无公害农产品销售现状、存在问题并提出合理化建议。

任务三 绿色食品认证

[任务目标]

掌握绿色食品的概念，认识绿色食品标志，懂绿色食品认证程序，了解绿色食品标准体系及管理体系。

[技能训练]

绿色食品认证材料的准备，配合认证机构开展绿色食品认证。

一、认识绿色食品

(一)绿色食品的概念

绿色食品是指产自优良环境，按照规定的技术规范生产，实行全程质量控制，产品安全、优质，并使用专用标志的食用农产品及加工品。

绿色食品按产品级别可分为：初级产品、初加工产品、深加工产品 3 大类；按产品类别分，包括农林产品及其加工品、畜禽类、水产类、饮品类和其他产品。

绿色食品内在质量特征为“无污染的安全、优质、营养类食品”。无污染是指除食品固有物理、化学和生物学特性外，没有能引起食用危害的物理、化学和生物学因素。而在安全、优质、营养的特征中，绿色食品首先强调的是安全性，这是绿色食品的基本特性。绿色食品安全性主要体现在通过产地环境和产品质量的两端监测，把住生产源头的环境质量关和消费者直接消费的产品质量关；通过对生产过程的监督管理和指导，把住生产中的投入品(如农药、兽药、食品添加剂)关，并控制其他可能产生的危害。最终体现到绿色食品产品上，就是减少或完全去除农药残留、兽药残留、食品添加剂残留等，将食品中重金属含量、生物自身或生产中自然产生的毒素或有害物质的含量都控制到最低程度，从而保障人们的食用安全。除了安全性以外，优质和营养也是绿色食品的重要质量特征，即绿色食品应具有优良的感官、品质质量和较高的营养价值。

(二)绿色食品认证机构

绿色食品认证由中国绿色食品发展中心负责实施，该中心成立于 1992 年，是负责全国绿色食品开发和管理工作的专门机构，隶属农业部，与农业部绿色食品管理办公室合署办公。内设：办公室、认证审核处、标志管理处、质量监督处、科技标准处、计划财务处、市场信息处等部门。现有 36 个省级工作机构，并在全国定点委托了 60 个绿色食品产品质量检测机构，65 个绿色食品产地环境监测机构。

二、绿色食品标志

绿色食品标志是由中国绿色食品发展中心（以下简称“中心”）在国家工商行政管理局商标局正式注册的质量证明商标。凡是符合中国绿色食品发展中心制定的绿色食品标准，经认证合格后，都可以向其付费，申请商标的使用。绿色食品标志图形由 3 部分构成：上方的太阳、下方的叶片和蓓蕾。标志图形为正圆形，意为保护、安全。整个图形描绘了一幅明媚阳光照耀下的和谐生机，告诉人们绿色食品是出自纯净、良好生态环境的安全、无污染食品，能给人们带来蓬勃的生命力。绿色食品标志还提醒人们要保护环境和防止污染，通过改善人与环境的关系，创造自然界新的和谐。如图 9-4 所示，该标志共有 4 种形式。

图 9-4　绿色食品标志

绿色食品实施商标使用许可制度，使用有效期为 3 年。在有效使用期内，绿色食品管理机构每年对绿色食品标志使用企业实施年检，组织绿色食品产品质量定点检测机构对产品质量进行抽检，并进行综合考核评定，合格者继续许可使用绿色食品标志，不合格者限期整改或取消绿色食品标志使用权。

三、绿色食品的认证程序

（一）绿色食品申报单位的资质

为加强对绿色食品申请人的管理，规范绿色食品的标致许可审查工作，根据《绿色食品标志许可审查程序》的规定，绿色食品申请人应具备以下资质：

（1）能够独立承担民事责任。如企业法人、农民专业合作社、个人独资企业、合伙企业、家庭农场等，国有农场、国有林场和兵团团场等生产单位；

（2）具有稳定的生产基地；

（3）具有绿色食品生产的环境条件和生产技术；

（4）具有完善的质量管理体系，并至少稳定运行一年；

（5）具有与生产规模相适应的生产技术人员和质量控制人员；

（6）申请前 3 年内无质量安全事故和不良诚信记录；

（7）与绿色食品工作机构或检测机构不存在利益关系。

（二）绿色食品认证申请前材料准备

申请人至少在产品收获、屠宰或捕捞前 3 个月，向所在省级绿色食品工作机构提出申请，完成网上在线申报并提交下列文件：

(1)《绿色食品标志使用申请书》及《调查表》(在中国绿色食品发展中心网站“下载区”下载);

(2)资质证明材料,如《营业执照》、《全国工业产品生产许可证》、《动物防疫条件合格证》、《商标注册证》等证明文件复印件;

(3)企业质量控制规范;

(4)生产技术规程;

(5)基地图、加工厂平面图、基地清单、农户清单等;

(6)合同、协议,购销发票,生产、加工记录;

(7)含有绿色食品标志的包装标签或设计样张(非预包装食品不必提供);

(8)应提交的其他材料。

(三)绿色食品认证受理中

绿色食品标志许可审查程序如图 9-5 所示。

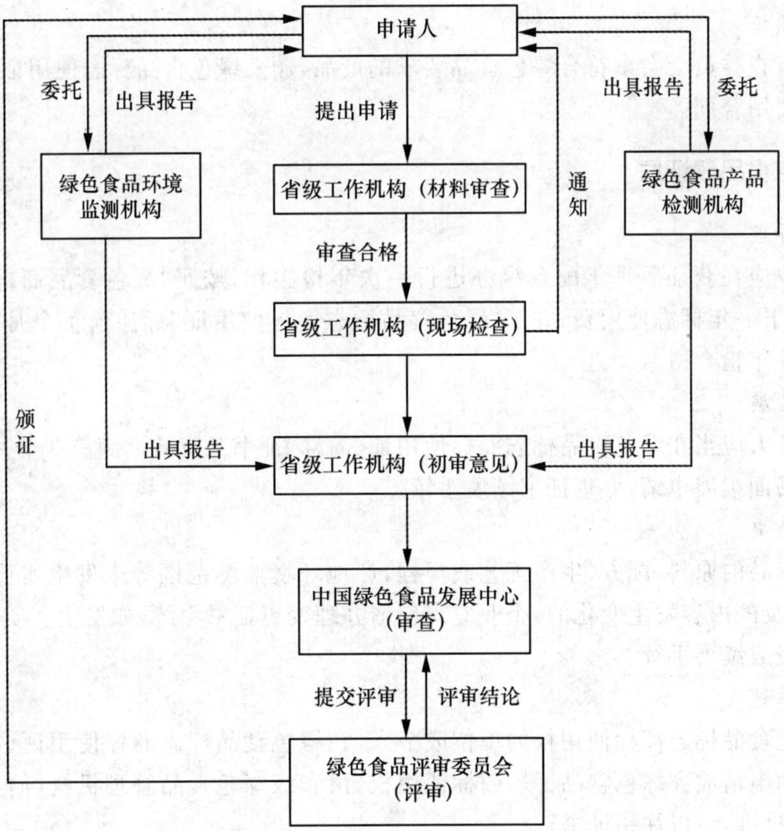

图 9-5　绿色食品标志许可审查程序

1. 认证申请

将申报材料递交给本省(区、市)的绿色食品管理机构(简称省绿办)。企业在申请时缴纳绿色食品认证费。

2. 材料审核

省绿办收到上述申请材料后，进行登记、编号，5个工作日内完成对申请认证材料的审查工作，并向申请人发出《文审意见通知单》，同时抄送中心认证处。申请认证材料不齐全的，要求申请人收到《文审意见通知单》后10个工作日提交补充材料。申请认证材料不合格的，通知申请人本周期不再受理其申请。申请认证材料合格的，进入下一程序。

3. 现场检查

省绿办派绿色食品检查员赴企业实地考察，调查生产过程中投入品使用、生产工艺、设备、包装等是否符合绿色食品要求；同时由绿色食品定点环境质量监测机构对生产环境进行监测；检查员抽取产品封样送绿色食品定点产品质量监测中心进行产品质量检验。

4. 初审意见

省绿色食品办公室整理齐全企业申报材料，将初审合格的企业的材料提交中国绿色食品发展中心。

5. 审查

中国绿色食品发展中心认证处进行材料审核，对符合要求的提交专家审查委员会。

6. 评审颁证

经专家审查委员会会审符合绿色食品要求的产品，颁发绿色食品标志使用证书，并签订绿色食品商标使用合同。

（四）绿色食品颁证后

1. 年检办理

获证企业应在获证后每年配合绿办进行一次年检工作，按照"绿色食品商标使用许可合同"约定交纳下一年标志使用费，并于"绿色食品标志商标使用证"标注前1个月，到其所在地的省绿办加盖年检合格章。

2. 证书续展

续展申请人应当在绿色食品标志商标使用证（简称"证书"）有效期满前3个月向其所在的省绿办提出书面续展申请，办理证书续展手续。

3. 证书变更

在获证产品的原料、配方、生产工艺或规程、产地环境监测范围等未发生实质性变化的前提下，证书涉及的内容发生变化的，企业应当申请办理变更证书手续；如发生实质性变化的，企业应办理增报或续展手续。

4. 证书注销

获得绿色食品标志商标使用权的单位或个人，在绿色食品标志商标使用证（简称"证书"）有效期内主动申请放弃绿色食品标志商标使用权，由省级绿色食品管理机构（简称"省绿办"）核实，经中心批准，予以注销证书。

四、绿色食品的标准体系

绿色食品标准是应用科学技术原理，结合绿色食品生产实践，借鉴国内外相关标准所制定的，在绿色食品生产中必须遵循，在绿色食品质量认证时必须依据的技术性文件。绿色食品标准是推荐性农业行业标准(NY/T),是绿色食品生产企业必须遵照执行的标准。截至2014年8月绿色食品标准体系中现行有效标准126项,包括绿色食品产地环境质量标准、生产技术标准、产品标准和包装贮藏运输标准四部分,贯穿绿色食品生产全过程。

五、绿色食品管理体系

1.管理机构

中国绿色食品发展中心(CGFDC),是负责全国绿色食品开发和管理工作的专门机构,也是绿色食品标志商标的所有者,隶属农业部。该中心的主要职能是:受农业部委托,制定绿色食品发展方针、政策及规划,组织制定和推行绿色食品的各类标准;依据标准,认证绿色食品;依据《农产品质量安全法》、《中华人民共和国商标法》,实施绿色食品产品质量监督和标志商标管理;组织开展绿色食品科研、示范、技术推广、培训、宣传、国际交流与合作等工作;指导各省、市(区)绿色食品管理机构的工作;组织、协调绿色食品产地环境和产品质量监测工作。

中国绿色食品发展中心在全国共组建设立了36家省级绿色食品工作机构,定点委托了125家绿色食品产品质量检测机构、产地环境监测机构。这些机构构成了绿色食品管理网络。

2.检查监督体系

中国绿色食品发展中心在全国设立的地方绿色食品工作机构都配备了专职检验员进行检查监督工作。所有的专职检验人员均经过培训、考核并持证上岗。他们都精通质量认证的知识,熟悉绿色食品标准,同时还具备相关的专业技术知识。检查人员会随时定期不定期地深入到使用绿色食品标志的生产企业进行检查,检查时对照企业的各种质量保证制度和工艺手册,逐项检查其落实情况。检查人员的检查报告将成为中国绿色食品发展中心是否许可生产企业继续使用标志的重要依据。检查人员的行为是否符合规则,接受中心专门机构的考评。

3.监督检验测试体系

遍布全国的绿色食品产品质量检测机构和绿色食品产地环境监测机构组成了绿色食品检测体系,它将随时掌握绿色食品及其原料的生态环境及最终产品质量的动态变化。通过量化的数据报告,及时向有质量隐患的生产企业发出预警,对于出现了严重问题的企业,检测机构上报中心,由中心及时发出停产整改通知,或取消绿色食品标志使用权。监测体系是检查监督体系的完善和补充,通过这两个体系的协调运行对绿色食品的质量进行监管。

中国绿色食品发展中心根据《绿色食品监测机构管理办法》和《绿色食品监测机构能力验证办法》的要求,对绿色食品产品质量定点监测机构进行检测能力验证工作,以保证全面提高监测机构检测技术水平。

4.市场监管体系

市场监管体系包括两部分,一部分由各地的绿色食品标志专职管理部门组成,这些部门配备了绿色食品标志专职管理人员,专门从事绿色食品标志管理工作。国家绿色食品管理机构对省级绿色食品标志专职管理人员进行统一培训、考核,并对符合条件者颁发绿色食品标志专职管理人员资格证书。另一部分是主要依靠国家的专业执法部门(工商部门),他们根据绿色食品标志的注册特点,主动清理和打击市场上各种侵犯绿色食品标志合法权益的行为。市场监管体系保证了企业使用绿色食品标志的合法性、规范性、真实性和公平性,从而使绿色食品标志越来越具有权威性。

5. 绿色食品标志管理

《绿色食品标志管理办法》自 2012 年 10 月 1 日起施行，本办法共 5 章 32 条。绿色食品标志使用证书有效期 3 年。未经中国绿色食品发展中心许可，任何单位和个人不得使用绿色食品标志。禁止将绿色食品标志用于非许可产品及其经营性活动。任何单位和个人不得伪造、转让绿色食品标志和标志使用证书。证书有效期满，需要继续使用绿色食品标志的，标志使用人应当在有效期满 3 个月前向省级工作机构书面提出续展申请。

[练一练]

查找绿色食品生产记录表，进行模拟填写。

任务四　有机产品认证

[任务目标]

掌握有机产品认证的概念，认识有机产品认证标志，了解有机产品认证标准，了解有机产品认证程序。

[技能训练]

训练企业有机产品认证材料的准备，配合认证机构办理有机产品认证。

[知识链接]

一、认识有机产品

(一)有机产品认证的发展历史

有机产品是有机农业生产发展的产物。从 20 世纪 20 年代，德国的鲁道夫・施泰纳首次提出“有机农业”的概念。20 世纪 30 年代，瑞士的汉斯・米勒提出了“有机生物农业”的概念，提倡用有机肥来保持土壤肥力。20 世纪 70 年代，发生了石油危机，同时出现了比较严重的生态环境问题，人们开始对现代农业进行反思，以合理利用自然资源、保护环境、改善食品安全为宗旨的生产模式逐渐得到部分国家政府的重视，有机农业、生态农业得到进一步的深入思考和实践。英国“土壤协会”在国际上率先创立了有机产品的标识、认证和质量控制体系。1972 年，国际有机农业运动联盟(IFOAM)在法国成立。成立初期只有英国、美国、法国、瑞典和南非 5 个国家的代表。经过 30 多年的发展，IFOAM 组织已经发展成为当今世界上最广泛、最庞大、最权威的一个拥有来自 115 个国家 570 多个集体会员的国际有机农业组织。目前，欧盟各国、美国和日本是全球最大的有机产品市场。我国有机产品的生产最早开始于 1990 年的有机茶叶生产，当时是应国外贸易商的要求而生产的。浙江省临安市的裴后茶园和临安茶厂是我国第一个经荷兰有机认证机构 SKAL 认证的有机产品生产企业。随后，我国相继成立了自己的认证机构，并开展了相应的认证工作。1994 年成立了“国家环境保护总局有机产品发展中心”(OFDC)，2003 年改称为“南京国环有机产品认证中心”。2002 年 10 月，按照农业部的要求，由中国绿色食品发展中心组建了“中绿华夏有机食品认证中心(COFCC)”，并成为在国家认监委登记的第一家有机产品认证机构，专门从事农业系统有机产品的认证工作。2004 年 3 月国家环保总局将有机产品认证认可的管理工作交由国家认证认可监督管理委员会统一管理。2013 年 4 月 23 日国家质量监督检验检疫总局局务会议审议通过了《有机产品认证管理办法》(总局令第 155 号)，自 2014 年 4 月 1 日起施行。根据《中华人民共和国认证认可条例》和《有机产品认证管理办法》，2014 年 4 月 23 日中国国家认证认可监督管理委员会发布了《有机产品认证实施规则》，并于 2014 年 4 月 23 日起实施。

目前，在中国开展有机产品认证业务的除了“南京国环有机产品认证中心”和“中绿华夏有机产品认证中心”外还有几家国外认证机构，主要有美国的“国际有机作物改良协会”(OCIA)、法国的 ECOCERT、德国的 BCS、瑞士的 IMO 和日本的 JONA 等机构。

(二)有机产品的基本概念

(1)有机农业　指遵照一定的有机农业生产标准，在生产中不采用基因工程获得的生物及其产物，不使用化学合成的农药、化肥、生长调节剂、饲料添加剂等物质，遵循自然规律和生态学原理，协调种植业和养殖业的平衡，采用一系列可持续发展的农业技术以维持持续稳定的农业生产体系的一种农业生产方式。

在有机农业生产体系中，施用有机肥料是提高土壤肥力的重要措施；作物轮作以及各种物理措施、生物措施、生态措施是控制杂草和病虫害的主要手段；作物或动物品种没有通过基因工程进行选育；有机农业禁止使用化学合成的肥料、农药和药品。

(2)有机产品　是指生产、加工和销售符合中国有机产品国家标准的供人类消费、动物食用的产品。

有机产品认证，是指认证机构依照本办法的规定，按照有机产品认证规则，对相关产品的生产、加工和销售活动符合中国有机产品国家标准进行的合格评定活动。

二、有机产品认证标志

中国有机产品认证标志标有中文“中国有机产品”字样和英文“ORGANIC”字样，如图 9-6 所示。中国有机产品认证标志应当在认证证书限定的产品类别、范围和数量内使用。

认证机构应当按照国家认监委统一的编号规则，对每枚认证标志进行唯一编号(以下简称有机码)，并采取有效防伪、追溯技术，确保发放的每枚认证标志能够溯源到其对应的认证证书和获证产品及其生产、加工单位。获证产品的认证委托人应当在获证产品或者产品的最小销售包装上，加施中国有机产品认证标志、有机码和认证机构名称。获证产品标签、说明书及广告宣传等材料上可以印制中国有机产品认证标志，并可以按照比例放大或者缩小，但不得变形、变色。

有下列情形之一的，任何单位和个人不得在产品、产品最小销售包装及其标签上标注含有“有机”、“ORGANIC”等字样且可能误导公众认为该产品为有机产品的文字表述和图案：

(1)未获得有机产品认证的；

(2)获证产品在认证证书标明的生产、加工场所外进行了再次加工、分装、分割的。

图 9-6　有机产品认证标志

三、有机产品认证标准

GB/T 19630—2011《有机产品》，各认证机构统一按照该标准开展有机产品认证工作。该标准共分 4 个部分：

(一)有机产品第 1 部分(GB/T 19630.1)　生产

规定了农作物、食用菌、野生植物、畜禽、水产、蜜蜂及其未加工产品的有机生产通用规范和要求，适用于有机生产的全过程，主要包括：作物种植、食用菌栽培、野生植物采集、畜禽养殖、水产养殖、蜜蜂养殖及其产品的运输、贮藏和包装。主要内容如下：

1. 农场范围

农场应边界清晰、所有权和经营权明确；也可以是多个农户在同一地区从事农业生产，这些农户都愿意根据本标准开展生产，并且建立了严密的组织管理体系。

2. 产地环境要求

有机生产需要在适宜的环境条件下进行。有机生产基地应远离城区、工矿区、交通主干线、工业污染源、生活垃圾场等。

基地的环境质量应符合以下要求：

(1)土壤环境质量符合 GB 15618 中的二级标准。

(2)农田灌溉用水水质符合 GB 5084 的规定。

(3)环境空气质量符合 GB 3095 中二级标准和 GB 9137 的规定。

3. 设置缓冲带和天敌栖息地

如果农场的有机生产区域有可能受到邻近的常规生产区域污染的影响，则在有机和常规生产区域之间应当设置缓冲带或物理障碍物，保证有机生产地块不受污染。以防止临近常规地块的禁用物质的漂移。

在有机生产区域周边设置天敌的栖息地，提供天敌活动、产卵和寄居的场所，提高生物多样性和自然控制能力。

4. 建立转换期

转换期是指从按照本标准开始管理至生产单元和产品获得有机认证之间的时段。

一年生作物的转换期至少为播种前 24 个月，草场和多年生饲料作物的转换期至少为有机饲料收获前的 24 个月，饲料作物以外的多年生作物的转换期一般不少于 36 个月。

新开荒的、撂荒 36 个月以上或有充分证据证明 36 个月以上未使用本标准禁用物质的地块，也应经过至少 12 个月的转换期。

转换期内必须完全按照有机农业的要求进行管理。

5. 作物种植

(1)禁止在有机生产体系或有机产品中引入或使用转基因生物及其衍生物。禁止使用经禁用物质和方法处理的种子和种苗。

(2)应采用作物轮作和间套作等形式以保持区域内的生物多样性，保持土壤肥力。保证施用足够数量的经过无害化处理的有机肥，有机肥应主要源于本农场或有机农场(或畜场)；外购的商品有机肥，应通过有机认证或经认证机构许可。

限制使用人粪尿，必须使用时，应当按照相关要求进行充分腐熟和无害化处理，并不得与作物食用部分接触。禁止在叶菜类、块茎类和块根类作物上施用。禁止使用化学合成肥料和城市污水污泥。

(3)病虫草害防治应优先采用农业措施，通过选用抗病、抗虫品种，非化学药剂种子处理，培育壮苗，加强栽培管理，中耕除草，秋季深翻晒土，清洁田园，轮作倒茬、间作套种等一系列措施起到防治病、虫、草害的作用。还应尽量利用灯光、色彩诱杀害虫，机械捕捉害虫，机械和人工除草等措施，防治病虫草害。以上方法不能有效控制病虫害时，允许使用一些动植物来源、矿物来源、生物来源的植物保护产品。

6.污染控制

有机地块与常规地块的排灌系统应有有效的隔离措施，以保证常规农田的水不会渗透或漫入有机地块。常规农业系统中的设备在用于有机生产前，应得到充分清洗，去除污染物残留。在使用保护性的建筑覆盖物、塑料薄膜、防虫网时，只允许选择聚乙烯、聚丙烯或聚碳酸酯类产品，并且使用后应从土壤中清除。禁止焚烧，禁止使用聚氯类产品。有机产品的农药残留不能超过国家食品卫生标准相应产品限值的5%，重金属含量也不能超过国家食品卫生标准相应产品的限值。

(二)有机产品第2部分(GB/T 19630.2)　加工

规定了有机加工的通用规范和要求，适用于以GB/T 19630.1生产的未加工产品为原料进行加工及包装、贮藏和运输的全过程。主要内容如下：

1.加工厂的要求

有机产品加工的工厂应符合GB 14881—2013的要求。周围不得有粉尘、有害气体、放射性物质和其他扩散性污染源；不得有垃圾堆、粪场、露天厕所和传染病医院；不得有昆虫大量滋生的潜在场所。生产区建筑物与外缘公路或道路应有防护地带。

2.配料、添加剂和加工助剂

加工所用的配料必须是经过认证的有机原料、天然的或认证机构许可使用的。这些有机配料在终产品中所占的重量或体积不得少于配料总量的95%。

允许使用GB/T 19630中规定的添加剂和加工助剂。禁止使用矿物质(包括微量元素)、维生素、氨基酸和其他从动植物中分离的纯物质，法律规定必须使用或可证明食物或营养成分中严重缺乏的例外。禁止使用来自转基因的配料、添加剂和加工助剂。

3.加工要求

有机加工应配备专用设备，如果必须与常规加工共用设备，则在常规加工结束后必须进行彻底清洗。加工工艺应不破坏食品的主要营养成分，可以使用机械、冷冻、加热、微波、烟熏等处理方法及微生物发酵工艺；可以采用提取、浓缩、沉淀和过滤工艺，但提取溶剂仅限于符合国家食品卫生标准的水、乙醇、动植物油、醋、二氧化碳，在提取和浓缩工艺中不得添加其他化学试剂。

4.包装、储藏、运输

提倡使用由木、竹、植物茎叶和纸制成的包装材料，允许使用符合卫生要求的其他包装材料。

经过认证的产品在贮存过程中不得受到其他物质的污染。有机产品应单独存放。产品出入库和库存量必须有完整的档案记录，并保留相应的单据。

运输工具在装载有机产品前应清洗干净，有机产品在运输过程中应避免与常规产品混杂或受到污染，运输和装卸过程必须有完整的档案记录，并保留相应的单据。

(三)有机产品第3部分(GB/T 19630.3)　标识与销售

规定了有机产品标识和销售的通用规范和要求，适用于按 GB/T 19630.1、GB/T 19630.2 生产或加工并获得认证的产品的标识和销售。主要内容如下：

1. 产品的标识要求

按有机产品国家标准生产并获得有机产品认证的产品，且有机配料含量等于或者高于 95%，方可在产品名称前标识“有机”，在产品或者包装上加施中国有机产品认证标志并标注认证机构的标识或者认证机构的名称。标识中的文字、图形或符号等应清晰、醒目。图形、符号应直观、规范。文字、图形、符号的颜色与背景色或底色应为对比色。未获得有机产品认证的产品，不能使用有机产品认证标志。

2. 销售要求

(1)为保证有机产品的完整性和可追溯性，销售者在销售过程中应当采取但不限于下列措施：

①有机产品应避免与非有机产品的混合；

②有机产品避免与本部分不允许使用的物质接触；

③建立有机产品的购买、运输、储存、出入库和销售等记录。

(2)有机产品进货时，销售商应索取有机产品认证证书等证明材料，有机配料低于 95% 并标识“有机配料生产”等字样的产品，其证明材料中应能证明有机产品的来源。

(3)应对有机产品的认证证书的真伪进行验证，并留存认证证书复印件。

(4)应在销售场所设立有机产品销售专区或陈列专柜，并与非有机产品销售区、柜分开。

(5)在有机产品的销售专区或陈列专柜，应在显著位置摆放有机产品认证证书复印件。

(四)有机产品第4部分(GB/T 19630.4)　管理体系

规定了有机产品生产、加工、经营过程中应建立和维护的管理体系的通用规范和要求，适用于有机产品的生产者、加工者、经营者及相关的供应环节。主要内容如下：

1. 基本要求

(1)有机产品生产、加工、经营者应有合法的土地使用权和合法的经营证明文件。

(2)有机产品生产、加工、经营者应按 GB/T 19630.1～GB/T 19630.3 的要求建立和保持有机生产、加工、经营管理体系，并形成以下系列文件，加以实施和保持。

①生产基地或加工、经营等场所的位置图；

②有机生产、加工、经营的质量管理手册；

③有机生产、加工经营的操作规程；

④有机生产、加工、经营的系统记录。

2. 记录的控制

有机产品生产、加工、经营者应建立并保护记录。记录应清晰准确，为有机生产、加工活动提供有效证据。记录至少保存5年并应包括但不限于以下内容：

(1) 生产单元的历史记录及使用禁用物质的时间及使用量；

(2)种子、种苗、种畜禽等繁殖材料的种类、来源、数量等信息；

(3) 肥料生产过程记录；

(4) 土壤培肥施用肥料的类型、数量、使用时间和地块；

(5)病、虫、草害控制物质的名称、成分、使用原因、使用量和使用时间等；

(6)动物养殖场所进入、离开该单元动物的详细信息(品种、来源、识别方法、数量、进出日期、目的地等)；

(7)动物养殖场所有药物的记录使用情况，包括：产品名称、有效成分、使用原因、用药剂量；被治疗动物的识别方法、治疗数目、治疗起始日期、销售动物或其产品的最早日期；

(8)所有生产投入品的台账记录(来源、购买数量、使用去向与数量、库存数量等)及购买单据；

(9)植物收获记录，包括品种、数量、收获日期、收获方式、生产批号等；

(10)动物(蜂)产品的屠宰、捕捞、提取记录；

(11)加工记录，包括原料购买、入库、加工过程、包装、标识、储藏、出库、运输记录；

(12)加工厂有害生物防治记录和加工、贮存、运输设施清洁记录；

(13)销售记录及有机标识的使用管理记录；

(14)培训记录；

(15)内部检查记录。

3. 资源管理

有机产品生产、加工者应具备符合运作要求的人力资源并进行培训和保持相关的记录。

(1)应配备有机产品生产、加工的管理者，并具备以下条件：

①本单位的主要负责人之一；

②了解国家相关的法律、法规及相关要求；

③了解 GB/T 19630.1～GB/T 19630.4 的要求；

④具备 5 年以上农业生产和(或)加工的技术知识或经验；

⑤ 熟悉本单位的有机生产、加工管理体系及生产和(或)加工过程。

(2)应配备内部检查员，并具备以下条件：

①了解国家相关的法律、法规及相关要求；

②相对独立于被检查对象；

③熟悉并掌握 GB/T 19630.1～GB/T 19630.4 的要求；

④具备 3 年以上农业生产和(或)加工的技术知识或经验；

⑤熟悉本单位的有机生产、加工和经营管理体系及生产和/或加工过程。

4. 内部检查

应建立内部检查制度，内部检查应由内部检查员来承担。内部检查员的职责是：

①配合认证机构的检查和认证；

②对照本部分，对本企业的质量管理体系进行检查，并对违反本部分的内容提出修改意见；

③对本企业追踪体系的全过程确认和签字；

④向认证机构提供内部检查报告。

5.追踪体系

为保证有机生产完整性，有机产品生产、加工者应建立完善的追踪系统，保存能追溯实际生产全过程的详细记录（如地块图、农事活动记录、加工记录、仓储记录、出入库记录、销售记录等）以及可跟踪的生产批号系统。

6.持续改进

应利用纠正和预防措施，持续改进其有机生产和加工管理体系的有效性，促进有机生产和加工的健康发展，以消除不符合或潜在不符合有机生产、加工的因素。有机生产和加工者应：

(1)确定不符合的原因；

(2)评价确保不符合不再发生的措施的需求；

(3)确定和实施所需的措施；

(4)记录所采取措施的结果；

(5)评审所采取的纠正或预防措施。

四、有机产品的认证程序

有机产品的认证程序见图9-7。

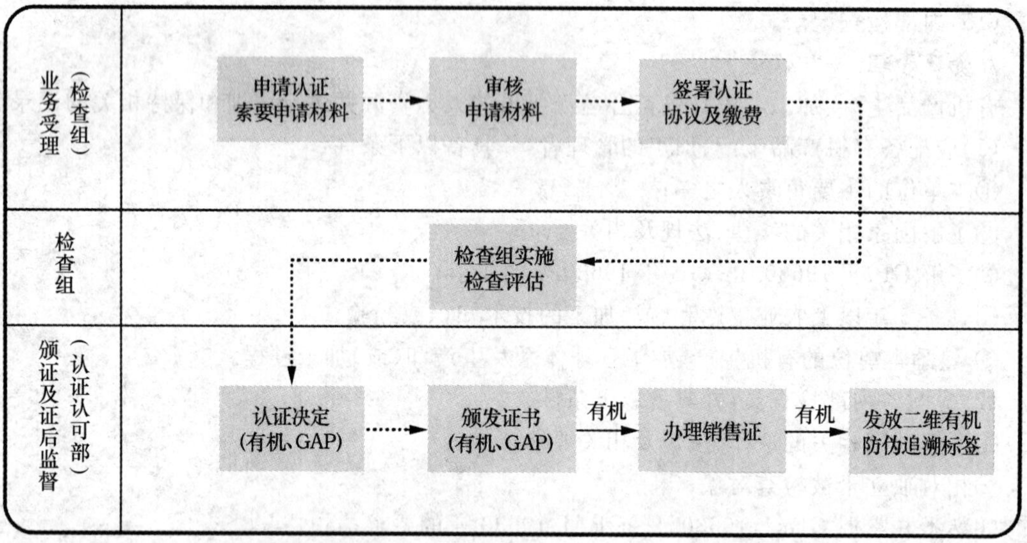

图9-7 有机产品认证程序（摘自南京国环有机产品认证中心）

（一）申请

(1)申请人登录认证中心网站下载《有机产品认证申请书》、《有机产品认证调查表》和《有机产品认证书面资料清单》并填写。

(2)申请人向分中心提交《有机产品认证申请书》、《有机产品认证调查表》以及《有机产品认证书面资料清单》要求的文件，提出正式申请。

(3)分中心要求申请人按GB/T 19630《有机产品》第4部分“管理体系”的要求，建立本企业的质量管理体系、质量保证体系的技术措施和质量信息追踪及处理体系。

(二)预审并制定初步的检查计划

(1)分中心对申报材料进行初审。初审合格,分中心将初审意见连同企业申报材料提交给认证中心。

(2)认证中心对申报材料进行审核。

(3)审核合格,认证中心向企业寄发《受理通知书》、《有机产品认证检查合同》(简称《检查合同》)并同时通知分中心。

(4)认证中心根据检查时间和认证收费管理细则,制定初步检查计划和估算认证费用。

(5)当审核不合格,认证中心通知申请人且当年不再受理其申请。

(三)签订有机产品认证检查合同

(1)申请人确认《受理通知书》后,与认证中心签订《检查合同》。

(2)根据《检查合同》的要求,申请人交纳相关费用的50%,以保证认证前期工作的正常开展。

(四)实地检查评估

(1)企业寄回《检查合同》及缴纳相关费用后,认证中心派出有资质的检查员。

(2)检查员应从认证中心或分中心处取得申请人相关资料,依据本准则的要求,对申请人的质量管理体系、生产过程控制体系、追踪体系以及产地、生产、加工、仓储、运输、贸易等进行实地检查评估。

(3)必要时,检查员需对土壤、产品抽样,由申请人将样品送指定的质检机构检测。

(五)编写检查报告

(1)检查员完成检查后,按认证中心要求编写检查报告。

(2)检查员在检查完成后两周内将检查报告送达认证中心。

(六)综合审查评估意见

(1)认证中心根据申请人提供的申请表、调查表等相关材料以及检查员的检查报告和样品检验报告等进行综合审查评估,编制颁证评估表。

(2)提出评估意见并报技术委员会审议。

(七)认证决定人员/技术委员会决议

认证决定人员对申请人的基本情况调查表、检查员的检查报告和认证中心的评估意见等材料进行全面审查,做出同意颁证、有条件颁证、有机转换颁证或拒绝颁证的决定。证书有效期为一年。

当申请项目较为复杂(如养殖、渔业、加工等项目)时,或在一段时间内(如6个月),召开技术委员会工作会议,对相应项目做出认证决定。

认证决定人员/技术委员会成员与申请人如有直接或间接经济利益关系,应回避。

(1)同意颁证　申请内容完全符合有机产品标准,颁发有机产品证书。

(2)有条件颁证　申请内容基本符合有机产品标准,但某些方面尚需改进,在申请人书面承诺按要求进行改进以后,亦可颁发有机产品证书。

(3)有机转换颁证　申请人的基地进入转换期一年以上,并继续实施有机转换计划,颁发有机转换基地证书。从有机转换基地收获的产品,按照有机方式加工,可作为有机转换产品,即"转换期有机产品"销售。

(4)拒绝颁证　申请内容达不到有机产品标准要求,技术委员会拒绝颁证,并说明理由。

(八)有机产品标志的使用

根据证书和《有机产品标志使用管理规则》的要求,签订《有机产品标志使用许可合同》,并办理有机产品商标的使用手续。

五、有机产品认证管理

(一)认证机构

有机产品认证机构应当经国家认监委批准,并依法取得法人资格后,方可从事有机产品认证活动。认证机构实施认证活动的能力应当符合有关产品认证机构国家标准的要求。

(二)认证实施

(1)从事有机产品认证检查活动的检查员,应当经国家认证人员注册机构注册后,方可从事有机产品认证检查活动。有机产品生产者、加工者(以下统称认证委托人),可以自愿委托认证机构进行有机产品认证,并提交有机产品认证实施规则中规定的申请材料。认证机构不得受理不符合国家规定的有机产品生产产地环境要求,以及有机产品认证目录外产品的认证委托人的认证委托。认证机构应当自收到认证委托人申请材料之日起 10 日内,完成材料审核,并做出是否受理的决定。对于不予受理的,应当书面通知认证委托人,并说明理由。认证机构应当在对认证委托人实施现场检查前 5 日内,将认证委托人、认证检查方案等基本信息报送至国家认监委确定的信息系统。认证机构受理认证委托后,认证机构应当按照有机产品认证实施规则的规定,由认证检查员对有机产品生产、加工场所进行现场检查,并应当委托具有法定资质的检验检测机构对申请认证的产品进行检验检测。

(2)按照有机产品认证实施规则的规定,需要进行产地(基地)环境监(检)测的,由具有法定资质的监(检)测机构出具监(检)测报告,或者采信认证委托人提供的其他合法有效的环境监(检)测结论。符合有机产品认证要求的,认证机构应当及时向认证委托人出具有机产品认证证书,允许其使用中国有机产品认证标志;对不符合认证要求的,应当书面通知认证委托人,并说明理由。认证机构及认证人员应当对其做出的认证结论负责。

(3)认证机构应当保证认证过程的完整、客观、真实,并对认证过程做出完整记录,归档留存,保证认证过程和结果具有可追溯性。产品检验检测和环境监(检)测机构应当确保检验检测、监测结论的真实、准确,并对检验检测、监测过程做出完整记录,归档留存。产品检验检测、环境监测机构及其相关人员应当对其做出的检验检测、监测报告的内容和结论负责。记录保存期为 5 年。

(4)认证机构应当按照认证实施规则的规定，对获证产品及其生产、加工过程实施有效跟踪检查，以保证认证结论能够持续符合认证要求。

(5)认证机构应当及时向认证委托人出具有机产品销售证，以保证获证产品的认证委托人所销售的有机产品类别、范围和数量与认证证书中的记载一致。

(6)有机配料含量(指重量或者液体体积，不包括水和盐，下同)等于或者高于 95%的加工产品，应当在获得有机产品认证后，方可在产品或者产品包装及标签上标注“有机”字样，加施有机产品认证标志。认证机构不得对有机配料含量低于 95%的加工产品进行有机认证。

(三)有机产品进口

(1)向中国出口有机产品的国家或者地区的有机产品主管机构，可以向国家认监委提出有机产品认证体系等效性评估申请，国家认监委受理其申请，并组织有关专家对提交的申请进行评估。评估可以采取文件审查、现场检查等方式进行。

(2)向中国出口有机产品的国家或者地区的有机产品认证体系与中国有机产品认证体系等效的，国家认监委可以与其主管部门签署相关备忘录。该国家或者地区出口至中国的有机产品，依照相关备忘录的规定实施管理。

(3)未与国家认监委就有机产品认证体系等效性方面签署相关备忘录的国家或者地区的进口产品，拟作为有机产品向中国出口时，应当符合中国有机产品相关法律法规和中国有机产品国家标准的要求。

(4)需要获得中国有机产品认证的进口产品生产商、销售商、进口商或者代理商(以下统称进口有机产品认证委托人)，应当向经国家认监委批准的认证机构提出认证委托。

(5)进口有机产品认证委托人应当按照有机产品认证实施规则的规定，向认证机构提交相关申请资料和文件，其中申请书、调查表、加工工艺流程、产品配方和生产、加工过程中使用的投入品等认证申请材料、文件，应当同时提交中文版本。申请材料不符合要求的，认证机构应当不予受理其认证委托。

认证机构从事进口有机产品认证活动应当符合本办法和有机产品认证实施规则的规定，认证检查记录和检查报告等应当有中文版本。

(6)进口有机产品申报入境检验检疫时，应当提交其所获中国有机产品认证证书复印件、有机产品销售证复印件、认证标志和产品标识等文件。

(7)各地出入境检验检疫机构应当对申报的进口有机产品实施入境验证，查验认证证书复印件、有机产品销售证复印件、认证标志和产品标识等文件，核对货证是否相符。不相符的，不得作为有机产品入境。必要时，出入境检验检疫机构可以对申报的进口有机产品实施监督抽样检验，验证其产品质量是否符合中国有机产品国家标准的要求。

(8)自对进口有机产品认证委托人出具有机产品认证证书起 30 日内，认证机构应当向国家认监委提交以下书面材料：获证产品类别、范围和数量；进口有机产品认证委托人的名称、地址和联系方式；获证产品生产商、进口商的名称、地址和联系方式；认证证书和检查报告复印件(中外文版本)；国家认监委规定的其他材料。

(四)认证证书与标志管理

(1)国家认监委负责制定有机产品认证证书的基本格式、编号规则和认证标志的式样、编号规则。认证证书有效期为1年。

(2)认证证书应当包括以下内容:认证委托人的名称、地址;获证产品的生产者、加工者以及产地(基地)的名称、地址;获证产品的数量、产地(基地)面积和产品种类;认证类别;依据的国家标准或者技术规范;认证机构名称及其负责人签字、发证日期、有效期。

(3)获证产品在认证证书有效期内,有下列情形之一的,认证委托人应当在15日内向认证机构申请变更。认证机构应当自收到认证证书变更申请之日起30日内,对认证证书进行变更:认证委托人或者有机产品生产、加工单位名称或者法人性质发生变更的;产品种类和数量减少的;其他需要变更认证证书的情形。

(4)有下列情形之一的,认证机构应当在30日内注销认证证书,并对外公布:认证证书有效期届满,未申请延续使用的;获证产品不再生产的;获证产品的认证委托人申请注销的;其他需要注销认证证书的情形。

(5)有下列情形之一的,认证机构应当在15日内暂停认证证书,认证证书暂停期为1～3个月,并对外公布:未按照规定使用认证证书或者认证标志的;获证产品的生产、加工、销售等活动或者管理体系不符合认证要求,且经认证机构评估在暂停期限内能够能采取有效纠正或者纠正措施的;其他需要暂停认证证书的情形。

(6)有下列情形之一的,认证机构应当在7日内撤销认证证书,并对外公布:获证产品质量不符合国家相关法规、标准强制要求或者被检出有机产品国家标准禁用物质的;获证产品生产、加工活动中使用了有机产品国家标准禁用物质或者受到禁用物质污染的;获证产品的认证委托人虚报、瞒报获证所需信息的;获证产品的认证委托人超范围使用认证标志的。

获证产品的产地(基地)环境质量不符合认证要求的;获证产品的生产、加工、销售等活动或者管理体系不符合认证要求,且在认证证书暂停期间,未采取有效纠正或者纠正措施的。

获证产品在认证证书标明的生产、加工场所外进行了再次加工、分装、分割的;获证产品的认证委托人对相关方重大投诉且确有问题未能采取有效处理措施的;获证产品的认证委托人从事有机产品认证活动因违反国家农产品、食品安全管理相关法律法规,受到相关行政处罚的;获证产品的认证委托人拒不接受认证监管部门或者认证机构对其实施监督的;其他需要撤销认证证书的情形。

[练一练]

××公司有机大米认证:

1.查资料:生产基地环境标准(水、土、气)、有机大米标准、农业投入品标准等。

2.申报材料准备:4～6人一组,分别担任不同角色(企业内部检查员、认证机构检查员、检测机构检验员等)。研究确定认证机构。填写有机产品认证申请书、有机产品认证调查表、有机产品认证书面资料清单,申报材料附件准备,递交申报材料。

3.签订认证检查合同。

4.配合实地检查评估。

5.有机产品标志的申领。

任务五　农产品地理标志

[任务目标]

掌握农产品地理标志的定义，认识农产品地理标志公共标识图案，明确农产品地理标志登记条件，了解农产品地理标志的申请程序。

[技能训练]

训练农产品地理标志的申请材料准备。

[知识链接]

一、认识农产品地理标志

农产品地理标志是指标示农产品来源于特定地域，产品品质和相关特征主要取决于自然生态环境和历史人文因素，并以地域名称冠名的特有农产品标志。所称农产品是指来源于农业的初级产品，即在农业活动中获得的植物、动物、微生物及其产品。

农产品地理标志是长期的农业生产和百姓生活中形成的地方优良物质文化财富，建立农产品地理标志登记制度，对优质、特色的农产品进行地理标志保护，是合理利用与保护农业资源、农耕文化的现实要求，有利于培育地方主导产业，形成有利于知识产权保护的地方特色农产品品牌。

农业部负责全国农产品地理标志登记保护工作。农业部农产品质量安全中心负责农产品地理标志登记审查、专家评审和对外公示工作。省级人民政府农业行政主管部门负责本行政区域内农产品地理标志登记保护申请的受理和初审工作。农业部设立的农产品地理标志登记专家评审委员会负责专家评审。农产品地理标志登记的依据是：农业部颁布的《农产品地理标志管理办法》。

农产品地理标志登记的范畴是来源于农业的初级产品，即在农业活动中获得的植物、动物、微生物及其产品。主要包括：蔬菜、果品、粮食、食用菌、油料、糖料、茶及饮料植物、香料、药材、花卉、烟草、棉麻桑蚕、畜禽产品、水产品等。

二、农产品地理标志公共标识图案

农产品地理标志公共标识基本图案（图 9-8）由中华人民共和国农业部中英文字样、农产品地理标志中英文字样、麦穗、地球、日月等元素构成。麦穗代表生命与农产品，橙色寓意成熟和丰收，绿色象征农业和环保。图案整体体现了农产品地理标志与地球、人类共存的内涵。

图 9-8　农产品地理标志公共标识

三、农产品地理标志登记条件

1. 申报地理标志登记的农产品应当符合的条件

(1)称谓由地理区域名称和农产品通用名称构成。

(2)产品有独特的品质特性。

(3)产品品质和特色主要取决于独特的自然生态环境和人文历史因素。

(4)产品有限定的生产区域范围和特定的生产方式。

(5)产地环境、产品质量符合国家强制性技术规范要求。

2. 农产品地理标志申请人类型

登记申请人需要政府授权。农产品地理标志是一种带有地域公共属性的知识产权，经营管理农产品地理标志的组织或机构必须最大程度的代表该地区符合质量控制技术规范的生产者；另外，同时还必须具有相关资质和能力，政府授权实际上是以政府公信力对登记申请人的代表性及其资质和能力的保证。农产品地理标志是由特定地域内符合一定生产规范的生产者共同创造的，是由这些生产者共有的知识产权，为防止这种权利被企业、个人独占，因此农产品地理标志登记不接受企业和个人的申请。

申请人类型主要包括农民专业合作经济组织、社团法人和事业法人。农民专业合作经济组织，如“米脂小米”的证书持有人为米脂县金颗粒小米专业合作社；社团法人包括协会、学会等，如“麻城福自菊”的证书持有人为麻城市福自菊产业协会，“凉山清甜香烤烟”的证书持有人为凉山州烟草学会；事业法人包括技术推广站、畜牧兽医站、产业办公室等，如“莱阳五龙鹅”的证书持有人为莱阳市照旺庄畜牧兽医工作站，“延庆国光苹果”的证书持有人为延庆县果品服务中心。

四、农产品地理标志的申请程序

符合农产品地理标志登记条件的申请人，可以向省级人民政府农业行政主管部门提出登记申请，并提交申请材料，包括：登记申请书；申请人资质证明；产品典型特征特性描述和相应产品品质鉴定报告；产地环境条件、生产技术规范和产品质量安全技术规范；地域范围确定性文件和生产地域分布图；产品实物样品或样品图片；其他必要的说明性或证明性材料。

省级人民政府农业行政主管部门自受理农产品地理标志登记申请之日起，在45个工作日内完成申请材料的初审和现场核查并提出初审意见。符合条件的，将申请材料和初审意见报送农业部农产品质量安全中心；不符合条件的，在提出初审意见之日起10个工作日内将相关意见和建议通知申请人。

农业部农产品质量安全中心自收到申请材料和初审意见之日起20个工作日内，对申请材料进行审查，提出审查意见，并组织专家评审。经专家评审通过的，由农业部农产品质量安全中心代表农业部对社会公示。有关单位和个人有异议的，可自公示之日起20日内向农业部农产品质量安全中心提出。公示无异议的，由农业部做出登记决定并公告，颁发《中华人民共和国农产品地理标志登记证书》，公布登记产品相关技术规范和标准。专家评审没有通过的，由农业部做出不予登记的决定，书面通知申请人，并说明理由。

农产品地理标志登记证书长期有效。但有下列情形之一的，登记证书持有人应当按照规定程序提出变更申请：①登记证书持有人或者法定代表人发生变化的；②地域范围或者相应自然生态环境发生变化的。登记的地理标志农产品或登记证书持有人不符合《农产品地理标志管理办法》第七条、第八条规定的，由农业部注销其地理标志登记证书并对外公告。

登记证书持有人或者法定代表人发生变化以及地域范围或者相应自然生态环境发生变化的，登记证书持有人应当向省级农业行政主管部门提出变更申请。经省级农业行政主管部门审查同意后，报农业部农产品质量安全中心。变更申请内容符合规定要求的，由农业部农产品质量安全中心按照《农产品地理标志登记程序》第十条和第十一条的规定进行公示和处理。同意变更的，重新核发《中华人民共和国农产品地理标志登记证书》并公告，原登记证书予以收回、注销。

五、农产品地理标志使用

1.标志使用人应具备的条件

(1)生产经营的农产品产自登记确定的地域范围；

(2)已取得登记农产品相关的生产经营资质；

(3)能够严格按照规定的质量技术控制规范组织开展生产经营活动；

(4)具有地理标志农产品市场开发经营能力。使用农产品地理标志，应当按照生产经营年度与登记证书持有人签订农产品地理标志使用协议，在协议中载明使用的数量、范围及相关的责任义务.

2.农产品地理标志登记证书持有人与标志使用人关系

农产品地理标志登记证书持有人与标志使用人是契约管理关系，证书持有人与标志使用人之间要签订标志使用协议。农产品地理标志登记证书持有人应当建立规范有效的标志使用管理制度，对农产品地理标志使用人实行动态管理、定期检查，并提供技术咨询与服务。农产品地理标志使用人应当建立农产品地理标志使用档案，如实记载地理标志使用情况，并接受登记证书持有人的监督。

3.农产品地理标志使用申请

符合规定条件的标志使用申请人可以向登记证书持有人提出标志使用申请，并提交下列材料：

(1)使用申请书；

(2)生产经营者资质证明；

(3)生产经营计划和相应质量控制措施；

(4)规范使用农产品地理标志书面承诺；

(5)其他必要的证明文件和材料(应包括产品质量安全检测报告或无公害农产品、绿色食品、有机产品认证证书)。经审核符合标志使用条件的，农产品地理标志登记证书持有人应当按照生产经营年度与标志使用申请人签订农产品地理标志使用协议，在协议中载明标志使用数量、范围及相关责任义务。农产品地理标志使用协议期限为3年。协议期满，农产品地理标志登记证书持有人和标志使用人按原程序需重新签订协议。

农产品地理标志使用协议生效后，标志使用人方可在农产品或者农产品包装物上使用农产品地理标志,并可以使用登记的农产品地理标志进行宣传和参加展览、展示及展销活动。

农产品地理标志使用人应当自觉接受登记证书持有人的监督检查,保证地理标志农产品的品质和信誉,正确规范地使用农产品地理标志。

县级以上人民政府农业行政主管部门应当加强农产品地理标志的监督管理工作,定期对登记的地理标志农产品的地域范围、标志使用等进行监督检查。登记的地理标志农产品或登记证书持有人不符合相关规定的,由农业部注销其地理标志登记证书并对外公告。对伪造、冒用农产品地理标志和登记证书的单位和个人,由县级以上人民政府农业行政主管部门依照《中华人民共和国农产品质量安全法》有关规定进行处罚。

4.标识订制

标志使用人选择全国可追溯防伪加贴型标识时,应根据年度实际生产量进行订制,并填写防伪加贴型标识征订单,注明数量,经农产品地理标志登记证书持有人审核后,将标识制作成本费支付给证书持有人,由证书持有人统一订制防伪标识;或证书持有人审核后,由标志使用人自行订制。征订单可从"中国农产品质量安全网"下载。

[练一练]

某农业合作社向"龙井茶"农产品地理标志持有人申请"龙井茶"标志使用权,应当提交的材料准备。

【导入案例评析】

本项目导入实例中提到的上海某农庄,近年来先后获得了南京国环有机产品认证中心(OFDC)有机产品认证、ISO 9001质量管理体系认证、ISO 14001环境管理体系认证、HACCP食品安全管理体系认证以及中国GAP良好农业规范管理体系认证。2010年世博会期间,作为有机农业参展商,在城市未来馆展现上海都市新农业的风貌。该农庄采用先进的"从田间到餐桌"直供会员的服务模式,从土壤的改良培育、有机肥研制、有机植保、产品现代化包装、全程冷链配送等各个环节均有严格的管理和把控。农庄与中国联通等企业合作,运用先进的物联网和云平台等技术建设"智慧农庄",实现有机食品质量追溯和现代农业系统综合管理。

【本项目小结】

根据认证对象的不同,认证可分为产品认证和体系认证。在我国食品行业和其他行业一样,都实行产品认证和体系认证。产品认证的对象是特定的产品,而体系认证对象是供方的质量管理体系。本项目介绍了食品产品的认证。食品产品认证在我国目前主要有:无公害农产品认证、绿色食品认证、有机产品认证、农产品地理标志认证。

认证是由认证机构证明产品、服务、管理体系符合相关技术法规、相关技术规范的强制性要求或者标准的合格评定活动。认证的对象是产品、过程、服务和管理体系;认证的依据是标准;认证资格的证明方式是合格证书或合格标志;认证的性质是属于第三方从事的合格评定活动。认可是由认可机构对认证机构、检查机构、实验室以及从事审核、评审等认证活动人员的能力和执业资格予以承认的合格评定活动。我国的认可机构是"中国合格评定国家认可中心"。认证机构是指对产品、服务、管理体系按照相关技术法规、相关技术规范的强制性要求或标准进行合格评定活动的机构。

无公害农产品是指产地环境、生产过程和产品质量符合国家有关标准和规范的要求,经认证合格获得认证证书并允许使用无公害农产品标志的未经加工或者初加工的食用农产品。无公害农产品的认证由农业部农产品质量安全中心负责，该中心在各省级农业行政主管部门设立了无公害农产品认证的省级承办机构，它是公益性的认证，不收费。无公害农产品的认证实行产地认证和产品认证相结合的方式。无公害农产品的认证是市场准入的基本条件，目的是满足大众消费的需要，保证食品的基本安全。无公害农产品标准大多数等同于国内普通食品标准，少部分高于国内普通食品标准。目前，我国无公害农产品生产执行的是国家质检总局发布的强制性的国家标准和农业部发布的行业标准。无公害农产品行业标准由农业部制定，是无公害农产品认证的主要依据。无公害农产品标准体系包括：农业投入品使用标准，无公害农产品标准，产地环境标准，生产管理技术规程标准，加工技术规程，认证管理技术规范类标准。其中，生产管理技术规程和认证管理技术规范属于推荐性标准，其他标准为强制性标准。这里主要介绍产地环境标准、生产技术标准、产品标准、农业投入品使用标准。

绿色食品是指遵循可持续发展原则，按照特定生产方式生产，经专门机构认定，许可使用绿色食品标志，无污染的安全、优质、营养类食品。绿色食品的认证是市场化运作，绿色食品标志是有偿使用。

有机产品是指来自有机农业生产体系，根据有机农业生产要求和相应标准生产加工，并且通过合法的有机产品认证机构认证的农副产品及其加工品。有机产品认证由农业部下属的中绿华夏有机产品认证中心等机构负责；也有一些国外有机产品认证机构在我国开展有机产品的认证工作。不同的认证机构认证标准和认证标志不同。有机产品在生产过程中不允许使用任何人工合成的化学物质。有机产品的认证也实行市场化运作，标志也是有偿使用。

农产品地理标志是指标示农产品来源于特定地域，产品品质和相关特征主要取决于自然生态环境和历史人文因素，并以地域名称冠名的特有农产品标志。

认证工作一般都有如下程序：①符合条件的申请人向有关部门提出申请，填写相关表格，并提供必须提供的各种资料；②相关部门进行材料审核；③相关部门进行现场检查或进行抽样检测；④根据审核、检查、检测结果进行审定；⑤审定合格的，则由相关部门颁发证书并允许使用相关标志。

【同步练习】

1. 名词解释：认证、认可、认证机构、无公害农产品、无公害农产品认证、有机产品、绿色食品、农产品地理标志、“三品一标”认证

2. 我国实施食品产品认证的意义是什么？

3. 简述无公害农产品、绿色食品、有机产品三者的异同点。

4. 无公害农产品的产地应具备哪些条件？

5. 简述无公害农产品产地认证和产品认证的一般程序。

6. 简述绿色食品标准体系的构成。

7. 有机产品的内部检查员的职责是什么？

8. 无公害农产品、绿色食品、有机农产品、农产品地理标志分别由哪些机构认证？哪些标志是非公益性的，需要付费使用的？

9. 农产品地理标志使用人应具备哪些条件？享有哪些权利？

10. 无公害农产品、绿色食品、有机产品、农产品地理标志的认证证书的有效期分别是多少时间？

项目十

食品卫生许可证和食品市场准入制度

【学习目标】

知识目标

1. 掌握食品卫生许可证的申请条件和申办流程;
2. 掌握食品质量安全市场准入制度的内容;
3. 掌握食品生产许可证的申办流程;
4. 申请食品生产许可证的必备生产许可条件以及现场核查的内容。

技能目标

1.《食品流通许可申请书》的填写;
2.《食品生产许可证申请书》的填写。

【导入实例】

"香港卤小二"油炸鸭子火起来的速度,着实有些快。从 2013 年 5 月开出第一家店之后,不到 4 个月的时间,已经快速开出了 6 家加盟店。"香港卤小二"油炸鸭子受市民追捧的程度,也让人有些吃惊——店开到哪里,长队就排到哪里。就在一切看起来都很正常的情况下,从 10 月开始,位于杭州解放路上的一家"香港卤小二"悄悄关门了。而同时,网络上也有网友爆料称,"香港卤小二"的鸭子疑似来自黑作坊。"香港卤小二"油炸鸭子有没有问题?还能吃吗?这是很多吃货,也是很多市民迫切想知道的问题。经过 1 周的暗访调查,记者发现,号称来自香港的卤小二鸭子疑团重重,不仅涉嫌无证经营,而且确实有门店的鸭子在黑作坊加工。相关负责人坦言,因为急于扩张,到目前为止,杭州的公司都还没有成立,各个门店也没有申领相关证照。至于"香港名吃,百年老卤"的说法,除了"卤小二"商标注册地为香港外,其他都与香港搭不上边。更让人费解的是,号称"百年名吃",但商标注册时间居然为 2012 年 11 月。根据工商登记,即使是"卤小二",经营范围也没有"鸭子"。工商部门的相关人员告诉记者,"卤小二"目前的行为,已经涉嫌违反了《商标法》的相关规定,属于商标使用者自行改变注册商标的注册事项。

任务一　食品卫生许可证

[任务目标]

掌握食品卫生许可证的申请条件及申请流程。

[技能训练]

训练《食品流通许可证申请书》的填写。

[知识链接]

一、卫生许可证申请条件

卫生许可证是单位和个人从事食品生产及餐饮店的经营活动，经卫生行政部门审查批准后，发给的卫生许可凭证，有注册备案的许可证号。根据 2005 年 12 月卫生部印发的《食品卫生许可证管理办法》，“任何单位和个人从事食品生产经营活动，应当向卫生行政部门申报，并按照规定办理卫生许可证申请手续；经卫生行政部门审查批准后方可从事食品生产经营活动，并承担食品生产经营的食品卫生责任。”“地方人民政府卫生行政部门遵守本办法，对食品生产经营者发放卫生许可证。”“食品添加剂、保健食品和新资源食品生产企业生产活动的卫生许可，由省级卫生行政部门发放卫生许可证。”

2009 年 6 月 1 日《食品安全法》实施停止发放卫生许可证，被“餐饮服务许可证”“食品流通许可证”“食品生产许可证”所取代。

国家对食品生产经营实行许可制度。从事食品生产、食品流通、餐饮服务，应当依法取得食品生产许可、食品流通许可、餐饮服务许可。

取得食品生产许可的食品生产者在其生产场所销售其生产的食品，不需要取得食品流通的许可；取得餐饮服务许可的餐饮服务提供者在其餐饮服务场所出售其制作加工的食品，不需要取得食品生产和流通的许可；农民个人销售其自产的食用农产品，不需要取得食品流通的许可。

食品生产加工小作坊和食品摊贩从事食品生产经营活动，应当符合本法规定的与其生产经营规模、条件相适应的食品安全要求，保证所生产经营的食品卫生、无毒、无害，有关部门应当对其加强监督管理，具体管理办法由省、自治区、直辖市人民代表大会常务委员会依照本法制定。

二、许可证申请、审查及发放

(一)《食品生产许可证》

1. 企业提出申请时应当提交的材料

(1)《食品生产许可证申请书》；

(2)营业执照、卫生许可证、企业代码、法人身份证复印件；

(3)原生产许可证证书及复印件换证企业；

(4)企业平面布局图、工艺流程图(应标明关键设备和参数)；

(5)企业质量管理制度；

(6)企业标准文本复印件(执行企业标准的)；

(7)已获得 HACCP 认证证书、出口食品卫生注册(登记)证的企业，提供证书复印件；

(8)《产品实施细则》中要求的其他材料。

2.申请受理

收到申请人食品生产许可申请后，材料齐全并符合要求的发给申请人《食品生产许可申请受理决定书》；申请材料不符合要求，应一次告知申请人补正材料；不属于食品生产许可事项的或不符合法律法规要求的，应发给申请人《食品生产许可申请不予受理决定书》。

(1)组成审查组　审查组织部门根据申请生产食品品种类别和审查工作量，确定审查组长和成员，并通知确定的人员及其所在单位。

(2) 制定审查计划　审查组拟定开展审查的时间，熟悉需要审查的申请材料，与申请人沟通，形成审查计划，报告审查组织部门确定。审查组织部门通知申请人，告知需要配合的事项。

(3)审核申请资料

①审核食品安全管理制度。审查组依据法律法规规定，审核申请人制定的组织食品生产的各项质量安全管理制度是否完备，文本内容是否符合要求。

②审核岗位责任制度。审核申请人制定的专业技术人员、管理人员岗位分工是否与生产相适应，岗位职责文本内容、说明等对相关人员专业、经历等要求是否明确。

③必要时审核申请材料可以与现场核查结合进行。

(4)实施现场核查　核查申请人生产现场实际具备的条件与申请材料的一致性，以及与申请生产的食品相关的卫生规范、条件及审查细则规定要求的合规性。

①核查厂区环境　主要核查厂区内外环境是否与申请材料申述情况一致，是否符合相关卫生规范及条件的要求。

②核查生产车间　主要核查车间布局及环境是否与申请材料申述情况一致，以及车间布局的合规性。

③核查原辅料及成品库房　主要核查各功能库房面积、防护条件、温湿度控制等是否与申请材料申述情况一致，以及是否能满足生产食品品种数量存放要求等。

④核查生产设备设施　主要核查所具有的生产设备设施是否与申请材料申述情况一致，以及对申请生产食品品种、数量的生产工艺和质量安全要求的满足性。

⑤核查检验条件　申请材料中申明自行出厂检验的，主要核查出厂检验设备是否齐全、精度是否满足要求、是否与申请材料申述情况一致。申明委托检验的，核查委托合同是否满足要求及其与申请材料的符合性。

⑥核查工艺流程　主要核查工艺流程布局、设备布局是否与申请材料申述情况一致，及其与审查细则的合规性。

⑦核查相关技术人员　主要核查专业技术人员与管理人员是否与申请材料申述情况一致。

(5) 形成初步审查意见和判定结果　在组长组织下，审查人员应当汇总、合并、讨论资料审核和现场核查情况，确定符合、基本符合和不符合项，形成初步审查意见和判定结果。

(6)与申请人交流沟通　在组长主持下，审查组应当对现场核查的初步审查意见和判定结果与申请人沟通。审查组全体人员应当参加沟通，申请人相关管理人员及技术人员可以参加沟通。

(7)填写审查记录表　审查组应当填写对设立食品生产企业的申请人规定条件审查记录表。

(8)判定原则及决定　对设立食品生产企业的申请人规定条件审查记录表中审查结论分为符合、基本符合、不符合。当全部项目的审查结论均为符合的，许可机关依法做出准予食品生产许可决定；当任何1～8个项目审查结论为基本符合的，申请人应对基本符合项进行整改，整改应在10日内完成，申请人认为整改到位的，由当地县局予以审查确认并签字，许可机关做出准予食品生产许可决定；当任何1个项目的审查结论为不符合或者8个以上项目为基本符合、预期未完成整改或整改不到位的，许可机关依法做出不予食品生产许可决定。

(9)形成审查结论　在组长主持下，审查组应当根据审查情况及与申请人的沟通情况，讨论形成审查结论，填写对申请人规定条件的审查报告。申请人应署名或签署意见，参加审查人员应一并签署。

(10)报告和通知　审查结论应报审查组织单位，审查组织单位应将审查结论书面告知申请人。需要申请人改进的，审查组织单位应在食品生产许可改进表中明确。

(11)意见反馈　申请人有权对审查全过程进行监督，并反馈现场核查意见。

3.生产许可检验工作程序及要点

资料审核和现场核查结论符合规定条件要求的，许可机关应当向申请人送达准予生产许可决定书和食品生产许可证及副本。告知申请人批量食品抽样基数、检验项目等食品审查细则规定的事项。

(1)样品抽取　许可机关接到申请人生产许可检验申请后，审查组织部门及时安排人员按细则规定的抽样方法实施抽样。样品一式两份，并加贴封条，填写抽样单。抽样单及样品封条应有抽样人员和申请人签字，并加盖申请人印章。

(2)选择检验机构　申请人在公布的检验机构名单中选择作为生产许可的检验机构。

(3)样品送达　封存的两份样品由申请人在7日内送达检验机构，一份用于检验，一份用于样品备份。申请人应当充分考虑样品的保质期，确定样品送达时间。

(4)样品接收　检验机构接收样品时应认真检查。对符合规定的，应当接受；对封条不完整、抽样单填写不明确、样品有破损或变质等情况的，应拒绝接收并当场告知申请人，及时通知审查组织部门。

对接收或拒收的样品，检验机构应当在抽样单上签章并做好记录。

检验机构应当妥善保管已接收的样品。

(5)实施检验　检验机构应当在保质期内按检验标准检验样品，并在10日内完成检验。

(6)检验结果送达　检验完成后2日内检验机构应当向审查组织部门及申请人递送检验报告。

(7)许可检验复检　检验结果不合格的，申请人可以在15日内向许可机关提出生产许可复检申请。许可机关接到申请人的生产许可复检申请后，按照有关规定进行复检，复检机构可以为初检机构，复检样品采用核查组封存的备份样品。如国家标准或其他法规规定不允许复检的，许可机关不予受理生产许可复检申请。

(8)食品生产许可证副页　食品检验合格后，许可机关发放《食品生产许可证》副页。已设立食品企业、食品生产许可证延续换证，审查工作和许可检验工作可同时进行。

(二)《食品流通许可证》

1. 企业申请领取时应当提交的材料

(1)《食品流通许可证申请书》。

(2)《名称预先核准通知书》或营业执照等主体资格证明材料复印件。

(3)与食品经营相适应的经营场所的使用证明。使用证明包括：①经营场所的产权证明；②经营场所产权所有人与使用人的使用、承租合同或协议；③其他能证明经营场所产权归属的证明及使用者能合法使用该经营场所的相关证明或文件。

(4)负责人及食品安全管理人员的身份证明。

(5)与食品经营相适应的经营设备、工具清单。

(6)与食品经营相适应的经营设施空间布局和操作流程文件。

(7)食品安全管理制度文本。

(8)食品流通安全责任承诺。(食品流通安全承诺书的签署：法人企业由法定代表人签字，非法人企业由企业负责人签字，个人独资企业由投资人签字，个人新设立的或个体工商户由业主本人签字，或者由他们书面授权的委托代理人签字。)

(9)法律、法规和上级工商局要求提供的其他材料，如《食品流通许可证现场核查表》。

2. 受理

许可机关收到《食品流通许可证申请书》及有关材料时，应当对申请事项及相关材料进行审查，并根据下列情况分别做出处理：

(1)申请事项依法不需要取得食品流通许可的，应当即时告知申请人不予受理。

(2)申请事项依法不属于许可机关职权范围的，应当即时做出不予受理的决定，并告知申请人向有关行政机关申请。

(3)申请材料存在可以当场更正的错误，应当允许申请人当场更正，由申请人在更正处签名或者盖章，注明更正日期。

(4)申请材料不齐备或者不符合法定形式的，应当当场或者5日内一次告知申请人需要补正的全部内容。当场告知时，应当将申请材料退回申请人。属于5日内告知的，应当收取申请材料并出具收到申请材料的凭据；逾期不告知的，自收到申请材料之日起即为受理。

(5)申请材料齐全、符合法定形式，或者申请人按照要求提交了全部补正材料的，许可机关应当予以受理。

3. 审查

许可机关应对申请人提交的相关材料进行审查。决定受理的，应当经县(区)级工商行政管理局通知申请人经营地工商分局进行现场核查。

现场核查：工商分局受理申请或者收到上级工商行政管理局的指定核查通知后，应当在5个工作日内对经营现场实地核查；现场核查由工商分局长指派2名以上执法人员，对申请人的经营场地、设施、人员、制度等条件进行现场核查；对未达到食品流通许可证发放条件的，应当提出整改意见，经限期整改仍达不到食品流通许可证发放条件的，撤销受理决定并告知申请人；对经现场核查，符合食品流通许可证发放条件的，应当填写《食品流通许可现场核查报告书》,由核查人员、分局长签署意见,连同申请受理材料一并报审核机关审核。重点核查内容：

(1)食品经营场所是否与有毒、有害场所及其他污染源距离超过 25 m(含 25 m);是否与有毒、有害物品一同存放。

(2)食品经营场所是否与个人生活空间分开;是否有单独的场所或以隔开物相分离。

(3)食品经营场所内部环境是否整洁、卫生。

(4)申请经营预包装食品的,是否具备相应的货架等设备设施;经营散装食品的,是否具备相应的防尘、防蝇等设备;经营冷藏食品的是否具备冷藏箱(柜)等设施。

(5)申请以批发形式经营的,是否具备相应存储条件。

经现场核查合格的,由核查人员签署"现场条件符合法定要求,提交核准人核准"的意见;现场条件可经改正后能够达到合格的,提出限期改正意见,5 日内重新核查;现场条件完全不合格的,签署不合格意见。

4.审核

审核机关应当对申请材料和《食品流通许可现场核查表》进行审核,自接受工商分局审查材料之日起 5 个工作日内做出许可决定。申请受理后至做出许可决定前,申请人书面要求撤回许可证申请的,工商所或审核机关应终止办理,并通知申请人。重点审查内容为：

(1)《食品流通许可证申请书》是否按照规定填写。填写申请书应当字迹工整,使用钢笔或签字笔(蓝色或者黑色)。

(2)申请人名称是否与《名称预先核准通知书》一致,或与营业执照字号一致,签字或盖章。

(3)申请许可证的住所(经营场所)是否具体明确,与所提交的使用证明标注的地址是否一致;经营场所应当具体核定到门牌号,核定为"××市(县)××区(乡镇)××街(路)、村××段××号",并与相关证明文件载明的门牌号相一致。多家企业使用同一门牌号的经营场所的,申请人应当提交以建筑物为平面图的地址分割方位图示。农村地址没有门牌号的,在申请人提交方位图示的情况下,将经营场所核定为"××村××组"。

(4)是否提交负责人及食品安全管理人员的身份证复印件(身份证复印件是否粘贴)。

(5)委托申请的,是否提交《指定委托书》及委托代理人或指定代表的身份证明复印件。

(6)是否制定食品安全管理的相关制度。

(7)食品经营质量安全承诺书(负责人签字或盖章)。

(8)经营设施空间布局和操作流程的文件。

(9)是否提交与经营活动相适应的食品经营设备设施及工具清单。

(10)应当进行重点审查的其他内容。

申请材料为复印件的,审查人员要与原件核对,由申请人签字或盖章予以确认。

5.发放

审核机关在做出准予许可决定后,应当在做出决定之日起 15 个工作日内,通知申请人领取许可证。

审核机关依法做出不予许可决定的,应当说明理由,并告知申请人享有依法申请行政复议或者提起行政诉讼的权利。发证人员应当对制作的许可证正、副本与核准的事项进行检查后发放。许可机关应当要求许可申请人或者其指定代表、委托代理人持身份证等有效证明和《准予许可通知书》领取许可证。

任务二　食品市场准入制度

［任务目标］

掌握食品质量安全市场准入制度的内容，掌握食品生产许可证的申办流程，了解申请食品生产许可证的必备生产许可条件以及现场核查的内容，掌握食品质量安全检验的具体内容。

［技能训练］

训练《食品生产许可证的申请书》的填写。

［知识链接］

一、认识食品市场准入制度

近年来，随着我国经济发展和人们生活水平不断提高，食品安全问题日益成为人们关注的焦点。我国的食品质量安全市场准入制度（QS 制度）是从源头上保障食品安全的一项重要措施，从制度实施以来，食品质量检验合格率有了大幅的提高，切实起到了提高食品质量，保障群众饮食安全的作用。

"QS"是质量安全 Quality Safety 的英文缩写。食品质量安全市场准入制度，是指为保证食品的质量安全，具备规定条件的生产者才允许进行生产经营活动，具备规定条件的食品才允许生产销售的监管制度，其核心内容主要包括以下 3 个方面：对食品生产加工企业实行生产许可证管理，对食品出厂实行强制检验，实施食品质量安全市场准入标志管理。

二、食品质量安全市场准入制度

食品质量安全市场准入制度就是为保证食品的质量安全，具备规定条件的生产经营活动，具备规定条件的食品才能允许生产销售的监管制度。

食品质量安全市场准入制度包括 3 项具体制度。

1. 对食品生产企业实施生产许可证制度

实行生产许可证管理是指对食品生产加工企业的生产环境、生产设备、加工工艺过程、原材料把关、执行产品标准、人员资质、贮运条件、检测能力、质量管理制度和包装要求等条件进行审查，并对其产品进行抽样检验。对符合条件且产品经全部项目检验合格的企业，颁发食品质量安全生产许可证，允许其从事食品生产加工。已获得出入境检验检疫机构颁发的《出口食品厂卫生注册证》的企业，其生产加工的食品在国内销售的；以及获得 HACCP 认证的企业，在申办食品安全质量许可证时可以简化或免于工厂生产必备条件审查。

2. 对企业生产的食品实施强制检验制度

其具体要求有 2 个：一是那些取得食品安全质量许可证并经质量技术监督部门核准，具有产品出厂检验能力的企业，可以实施自行检验其出厂的食品。实行自行检验的企业，应当定期将样品送到制定的法定检验机构进行定期检验；二是已经取得食品安全质量许可证，但不具备产品出厂检验能力的企业，按照就近就便的原则，委托指定的法定检验机构进行食品出厂检验。承担食品检验工作的机构，必须具备法定资格和条件，经省级以上(含省级)质量技术监督部门审查核准，有国家质检总局统一公布承担食品检验工作的检验机构名录。

3.对实施食品生产许可制度的产品实行市场准入标志制度

食品安全质量许可证的企业，其生产加工的食品经出厂检验合格的，在出厂销售之前，必须在最小销售单元的食品包装上标注由国家统一制定的食品安全质量许可证编号并加印或者加贴食品安全质量安全市场准入标志，并以“质量安全”的英文全称 Quality Safety 的缩写“QS”表示。国家质检总局统一制定食品质量安全市场准入标志的式样和使用方法。

三、食品生产许可证制度

食品生产许可证是工业产品许可证制度的一个组成部分，是为保证食品的质量安全，由国家主管食品生产领域质量监督工作的行政部门制定并实施的一项旨在控制食品生产加工企业生产条件的监控制度。

该制度规定：从事食品生产加工的公民、法人或其他组织，必须具备保证产品质量安全的基本生产条件，按规定程序获得《食品生产许可证》，方可从事食品生产。没有取得《食品生产许可证》的企业不得生产食品，任何企业和个人不得销售无证食品。根据《加强食品质量安全监督管理工作实施意见》规定：“凡在中华人民共和国境内从事食品生产加工的公民、法人或其他组织，必须具备保证食品质量的必备条件，按规定程序获得《食品生产许可证》，生产加工的食品必须经检验合格并加贴(印)食品市场准入标志后，方可出厂销售。进出口食品的管理按照国家有关进出口商品监督管理规定执行。”

食品质量安全市场准入制度的适用地域是中华人民共和国境内，适用主体是一切从事食品生产加工并且其产品在国内销售的公民、法人或者其他组织，适用产品是列入国家质检总局公布的《食品质量安全监督管理重点产品目录》且在国内生产和销售的食品。进出口食品按照国家有关进出口商品监督管理规定办理。

为配合食品质量安全市场准入制度的实施，国家质检总局于 2003 年 7 月 4 日首次发布了《食品质量安全市场准入审查通则》(2003 版)(以下简称《审查通则》)，2004 年 12 月 23 日发布了《审查通则》(2004 版)，自 2005 年 1 月 1 日起施行，2010 年 8 月 23 日，国家质检总局组织修订了《食品生产许可审查通则》(2010 版)，自发布之日起执行，同时废止原《食品质量安全市场准入审查通则》(2004 版)。

《审查通则》适用于所有生产加工食品的质量安全市场准入审查。同时国家质检总局对 28 大类食品的每一大类都制定了几个具体的审查细则——《×××食品生产许可证审查细则》(以下简称《审查细则》)。《审查细则》是针对各类实施食品质量安全市场准入的食品而制定的，根据各类食品的生产特点，重点在生产设备、检验设备等硬件方面对食品生产加工企业提出了具体的要求。在《审查细则》中，对申证单元、企业必备的生产场所、生产设备、出厂检验设备以及食品检验项目和抽样方法等内容做出了具体规定。

四、食品生产许可

根据《中华人民共和国食品安全法》第二十七条、《食品生产许可管理办法》第八条，取得食品生产许可，应当符合食品安全标准，并符合下列要求：

一是具有与申请生产许可的食品品种、数量相适应的食品原料处理和食品加工、包装、贮存等场所，保持该场所环境整洁，并与有毒、有害场所以及其他污染源保持规定的距离。

二是具有与申请生产许可的食品品种、数量相适应的生产设备或者设施，有相应的消毒、更衣、盥洗、采光、照明、通风、防腐、防尘、防蝇、防鼠、防虫、洗涤以及处理废水、存放垃圾和废弃物的设备或者设施。

三是具有与申请生产许可的食品品种、数量相适应的合理的设备布局、工艺流程，防止待加工食品与直接入口食品、原料与成品交叉污染，避免食品接触有毒物、不洁物。

四是具有与申请生产许可的食品品种、数量相适应的食品安全专业技术人员和管理人员。

五是具有与申请生产许可的食品品种、数量相适应的保证食品安全的培训、从业人员健康检查和健康档案等健康管理、进货查验记录、出厂检验记录、原料验收、生产过程等食品安全管理制度。

法律法规和国家产业政策对生产食品有其他要求的，应当符合该要求。

(一)企业申请

1.领申请书

企业持工商营业执照(副本)到各市县食品科领取《食品生产许可证申请书》，工作人员向企业了解有关情况，向申请企业宣贯食品生产许可证有关规定和要求。

2.提交申请材料

食品生产加工企业申请《食品生产许可证》，每个申证单元均须提供如下书面材料：

(1)按照规定要求填写的《食品生产许可证申请书》一式两份；

(2)企业营业执照、食品卫生许可证、企业代码证(复印件)两份；

(3)企业生产场所布局图两份；

(4)企业生产工艺流程图(标注有关键设备和参数)两份；

(5)企业质量管理文件两份；

(6)如产品执行企业标准，还应提供经质量技术监督部门备案的企业产品标准两份；

(7)申请表中规定应当提供的其他材料。

《食品生产许可证申请书》封面应当加盖企业公章，复印的印章无效。

(二)申请受理

收到申请人《食品生产许可》申请后，材料齐全并符合要求的发给申请人《食品生产许可申请受理决定书》；申请材料不符合要求，应一次告知申请人补正材料；不属于食品生产许可事项的或不符合法律法规要求的，应发给申请人《食品生产许可申请不予受理决定书》。

审查组织部门根据申请生产食品品种类别和审查工作量，确定审查组长和成员，并通知确定的人员及其所在单位。

审查组拟定开展审查的时间，熟悉需要审查的申请材料，与申请人沟通，形成审查计划，报告审查组织部门确定。审查组织部门通知申请人，告知需要配合的事项。

(三)审查申请材料

审查组依据法律法规规定，审核申请人制定的组织生产食品的各项质量安全管理制度是否完备，文本内容是否符合要求。

审核申请人制定的专业技术人员、管理人员岗位分工是否与生产相适应，岗位职责文本内容、说明等对相关人员专业、经历等要求是否明确。

必要时审核申请材料可以与现场核查结合进行。

(四)现场审查、抽样和检验

核查申请人生产现场实际具备的条件与申请材料的一致性，以及与申请生产的食品相关的卫生规范、条件及审查细则规定要求的合规性。

1.核查厂区环境

主要核查厂区内外环境是否与申请材料申述情况一致，是否符合相关卫生规范及条件的要求。

2.核查生产车间

主要核查车间布局及环境是否与申请材料申述情况一致，以及车间布局的合规性。

3.核查原辅料及成品库房

主要核查各功能库房面积、防护条件、温湿度控制等是否与申请材料申述情况一致，以及是否能满足生产食品品种数量存放要求等。

4.核查生产设备设施

主要核查所具有的生产设备设施是否与申请材料申述情况一致，以及对申请生产食品品种、数量的生产工艺和质量安全要求的满足性。

5.核查检验条件

申请材料中申明自行出厂检验的，主要核查出厂检验设备是否齐全、精度是否满足要求、是否与申请材料申述情况一致。申明委托检验的，核查委托合同是否满足要求及其与申请材料的符合性。

6.核查工艺流程

主要核查工艺流程布局、设备布局是否与申请材料申述情况一致，及其与审查细则的合规性。

7.核查相关技术人员

主要核查专业技术人员与管理人员是否与申请材料申述情况一致。

(五)审核、报告、通知

对设立食品生产企业的申请人规定条件审查记录表中审查结论分为符合、基本符合、不符合。当全部项目的审查结论均为符合的，许可机关依法做出准予食品生产许可决定；当任何1～8个项目审查结论为基本符合的，申请人应对基本符合项进行整改，整改应在10日内完成，申请人认为整改到位的，由当地县局予以审查确认并签字，许可机关做出准予食品生产许可决定；当任何一个项目的审查结论为不符合或者8个以上项目为基本符合、预期未完成整改或整改不到位的，许可机关依法做出不予食品生产许可决定。

审查结论应报审查组织单位，审查组织单位应将审查结论书面告知申请人。需要申请人改进的，审查组织单位应在食品生产许可改进表中明确。

五、必备生产许可条件

根据《食品质量安全市场准入审查通则》(2010版)所称食品生产加工企业，是指有固定的生产加工场所、相应的生产加工设备和工艺流程，制作、销售食品的企业，不包括现做现卖、流动制作等形式的食品加工场点。食品生产加工企业应当依法设立，符合国家产业政策，并具备以下保证产品质量安全的必备条件(以下简称必备条件)：

1.环境卫生要求

企业周围应无有害气体、烟尘、灰尘、放射性物质及其他扩散性污染源。企业厂区、生产加工车间、原辅材料与成品库房、贮运工具的卫生条件和企业环保措施应当符合国家规定的要求。

2.生产资源要求

食品生产加工企业必须具备与保证产品质量安全相适应的生产设施、生产设备以及原料处理、生产加工、原料与成品贮存等场所。使用特殊设备生产加工食品的，还应当符合相关的法律法规规定要求。

3.原辅材料要求

食品生产加工所用的原辅材料必须符合相应的国家标准、行业标准及有关规定，不得使用非食品用原辅料生产食品。直接用于食品生产加工的水必须符合GB 5749—2006《生活饮用水卫生标准》的要求。采购已实施生产许可证管理的产品作为生产原辅材料时，企业应当索取该产品的生产许可证复印件并查验其有效性。

4.生产加工要求

食品加工工艺流程应当科学、合理。生产加工过程应当严格控制，防止生物性、化学性、物理性污染及原料与半成品、成品的交叉污染。严禁使用国家禁止使用或明令淘汰的生产工艺和设备。

5.产品要求

企业必须按照有效的产品标准组织生产。企业生产的产品必须符合国家标准、行业标准和审查细则的强制性规定以及企业明示的质量要求。使用食品添加剂和营养强化剂必须符合GB 2760《食品添加剂使用卫生标准》和GB 14880《食品营养强化剂使用卫生标准》，严禁在食品中超量或超范围使用食品添加剂和营养强化剂。

6.人员要求

企业负责人应当了解产品质量法律法规和企业的产品质量责任、义务。企业生产技术人员应当具有相关的专业知识。企业的生产操作人员和检验人员上岗前应当经过培训考核，检验人员应持证上岗。从事食品生产加工的人员应当身体健康，无传染性疾病。食品生产加工企业各类人员应当具有必要的食品质量安全知识。

7.检验要求

企业应当进行生产过程检验和出厂检验，企业应有能力对审查细则规定的产品出厂检验项目进行检验，企业使用的检验设备必须经检定、校准合格后在有效期内使用。企业检验部门应能够独立行使检验职权。

8.包装及标签标识要求

用于食品包装的材料必须符合国家法律法规及强制性标准的要求。定量包装食品的净含量应当符合相应的产品标准及《定量包装商品计量监督规定》。食品标签标识必须符合国家法律法规及食品标签标准和相关产品标准中的要求。

9.贮运要求

企业库房的条件应当与相关食品的贮存要求及生产规模相适应，成品库原则上应当专库专用。食品运输用的车辆、工具必须清洁卫生，不得将成品与污染物同车运输。有冷藏(冻)运输要求的食品，食品生产企业应具备冷藏(冻)运输车辆及工具。

10.质量管理要求

企业应当根据有关法律法规要求，建立健全企业质量管理制度。实施从原材料到最终产品的全过程质量管理，严格岗位质量责任，加强质量考核。

六、现场核查

实施食品生产加工企业必备条件核查工作应当遵循以下要求：

1.企业标准合理性审查

核查组应当对企业标准的合理性进行审查。审查的主要内容是：企业标准是否经过备案，是否符合强制性标准的要求，低于推荐性国家或行业标准要求的指标是否合理。

即企业标准应符合国家标准、行业标准的要求，并经当地标准化主管部门备案。企业制定的标准有2种，一种是用于内部控制的企业产品标准，一种是明示的用于交易的企业产品标准。这里所讲的企业标准，是指企业产品标准。企业产品标准，必须经过当地标准化部门备案。企业标准备案的前提条件有2个，一是企业产品标准要符合(达到)相关强制性标准在健康、安全、环保等方面的要求；二是不能与国家、行业推荐标准的要求相抵触。当然，企业产品标准中技术指标的高低，可参照相关国家、行业推荐性标准，由企业根据市场需求自行确定，但应当具备合理性。

2.现场核查

省级、市(地)级质量技术监督部门负责组织核查组，并委派1名观察员。核查组一般由2～3人组成。承担企业现场核查任务的核查人员(专家除外)必须经考试取得核查员资格，核查组长必须经省级质量技术监督部门批准，报国家质检总局备案。企业现场核查工作实行组长负责制。

省级、市(地)级质量技术监督部门应当于核查前5日通知企业，并将核查组的人员情况告之企业，企业有权对核查人员提出回避要求。

核查组在核查前应制订现场核查工作计划，并填写《食品生产加工企业必备条件现场核查工作计划表》。现场核查应按照本通则、《食品生产加工企业必备条件现场核查表》和有关的审查细则进行核查，并做好记录。现场核查应当做出明确的核查结论，并填写《食品生产加工企业必备条件现场核查报告》和《食品生产加工企业不合格项改进表》。并请企业认真填写《食品生产加工企业必备条件核查工作廉洁信息反馈表》。

一个企业如拥有多个不具备营业执照的分厂或生产加工点时，核查组应使用一份《食品生产加工企业必备条件现场核查表》进行现场核查，各个分厂或生产加工点出现的一般不符合项和严重不符合项应当累加计算。但各个分厂或生产加工点出现内容相同的一般不合格项，只按一项计算。其一般不合格项的总数不能超过8项(其中，重点项目的一般不合格项不能超过4项)，也不能出现严重不合格项。

3.免于现场核查

对通过HACCP认证和出口食品卫生注册(登记)的企业，可免于现场核查。但应当查验认证机构的资质和企业提交的认证、注册(登记)证书和不合格项记录及改进情况等材料，确认企业是否具备出厂检验能力，并在《食品生产加工企业必备条件现场核查报告》上填写核查结论。根据国家认证认可制度规定，在国内开展HACCP认证的认证机构，需要获得国家认监委的批准。获得国家认监委批准的HACCP认证机构名单及其获准认可的业务范围，应当以国家认监委网站(www.cnca.gov.cn)公布的为准。原则上免于现场核查的企业，其核查结论可定为合格(A级)；但核查组在确认企业是否具备出厂检验能力等过程中，发现企业确有一般不合格或者严重不合格问题的，应当按照食品生产加工企业必备条件现场核查结论确定原则，确定其核查结论。

4.分装企业要求

实施食品质量安全市场准入的食品，原则上不允许分装生产。所谓分装生产，是指大包换小包、大袋换小袋的加工生产。如果在换袋过程中有其他的加工工序，例如调配工序、抛光工序等，则应该视为生产加工，而非分装生产。《审查细则》中允许分装生产加工的食品，分装企业应当具备与生产企业一样的生产环境、原辅材料仓库、成品库，具有审查细则中规定的分装包装设备，具有出厂检验能力，并具有审查细则中要求的与其分装产品相适应的其他必备条件。其分装的食品来自国内的，必须提供供货企业的食品生产许可证复印件；来自境外的，必须具有出入境检验检疫机构出具的合格证明。

5.不合格项改进

核查组应当将企业存在的不合格项的内容填入《食品生产加工企业不合格项改进表》，并要求企业在规定的时间内对不合格项进行改进。一般不合格项通常在1个月内(或现场核查期间)完成改进，严重不合格项通常在3个月内完成改进。质量技术监督部门应当及时检查督促企业整改到位。

6.抽样

对现场核查合格的企业，核查组要按照相关食品审查细则中规定的抽样方法进行抽样，并填写抽样单。抽样基数和抽样量应符合相应审查细则的规定，所抽样品应为企业产量较大、生产加工难度较大的或容易出现质量问题的产品品种。如《碳酸饮料申证单元生产许可证审查细则》中规定，若企业同时生产充气运动饮料，则应抽查其充气运动饮料，主要是因为充气运动饮料的生产加工难度和产品质量控制内容比碳酸饮料要大和多。《乳制品生产许可证审查细则》中规定，乳粉类制品生产加工企业如果只生产一种产品，只对该种产品抽样。如果企业生产多种产品，如调味乳粉、全脂加糖乳粉、全脂乳粉、脱脂乳粉等，抽样时应按上述排列顺序，抽取一种产品进行检验。这也是根据抽取生产加工难度较大的产品品种的原则做出的规定。

核查组应将样品封好，在相应开口处加贴封条。检验用及备用样品，在抽样后的7日内

(保质期短的食品应及时送样),由企业(或委托核查组)安全送到指定的检验机构检验。

七、食品质量安全检验

所谓检验,就是依据国家强制性标准和企业明示的质量技术指标,使用相应仪器、设备对产品进行检测、试验,做出产品是否符合规定要求的判断。食品质量安全市场准入制度中的强制检验,就是为了保证食品质量安全和符合规定的要求,以法律法规的形式要求企业或者监督管理部门为履行其质量责任和义务必须开展的某些检验。

1. 检验项目

发证检验是对产品的全项目检验,检验项目按照相关食品审查细则规定的发证检验项目进行。定期监督检查按相关食品的审查细则规定的监督检验项目进行检验。出厂检验是依据标准进行的产品出厂前的检验,检验项目应当包含相关食品的审查细则中规定的出厂检验项目。

2. 发证检验

发证检验由国家质检总局或省级质量技术监督部门指定的检验机构实施。检验机构收到企业的样品后,应当检查包装、封条是否完好,样品是否符合规定。对符合规定的样品进行检验。不符合规定的样品,检验机构不予接收,并通知受理申请的质量技术监督部门处理。发证检验的备用样品应当保存3个月以上(特殊情况除外)。在发证检验中,对于企业在食品标签上标注的所有明示指标,检验机构都要进行检验。在发证检验报告上,要详细列出食品标签的具体检验内容。

检验机构应当于收到样品之日起15日内完成检验任务,检验完成后需出具检验报告一式5份(国家质检总局、省级质量技术监督部门、市(地)级质量技术监督部门、生产企业各1份,检验机构存档1份)。

检验机构应当确保产品检验的各项工作(如样品的处理、保管、检验、判定和检验报告的编制、审核、批准、发送等)符合要求,并对检验报告负责。

3. 发证检验判定

发证检验应当按照国家标准、行业标准进行判定,没有国家标准和行业标准的,可以按照地方标准进行判定,特殊情况下可以按照核查组确认的企业标准判定。企业明示的质量要求高于国家标准、行业标准时,应当按照企业明示的质量要求判定。原产地域产品等应当按照相应的产品标准进行检验判定。

检验项目全部符合规定的,判为符合发证条件;检验项目中有1项或者1项以上不符合规定的,判为不符合发证条件(审查细则另有规定的除外)。企业使用了某种食品添加剂,未按照食品标签标准规定在食品标签上注明的,判为不符合发证条件。

4. 出厂检验

生产企业应当具备审查细则中规定的必备的出厂检验设备,并有符合要求的实验室和检验人员,能完成审查细则中规定的出厂检验项目。企业应当按照生产批逐批进行出厂检验。企业同一批投料、同一条生产线、同一班次的产品为1个生产批。企业可以使用其他的检测设备、检验方法完成出厂检验,但必须能够证明其检验方法与标准检验方法间具有良好的一致性和相关性。自行出厂检验的企业,应当每年参加1次质量技术监督部门组织的出厂检验能力比对试验。

5."*"号检验项目的检验

企业应当每年检验"*"号项目2次以上(《审查细则》中另有规定的除外)。企业有"*"号项目检验能力的可自行检验;没有检验能力的,应当委托有资质的检验机构进行检验。企业接受的监督检验中包括"*"号项目且检验结论为"合格"的,可相应减少对"*"号项目的自检或委托检验次数。

八、市场准入标志制度

(一)食品质量安全市场准入标志

食品市场准入标志属于质量标志,由"质量安全"的英文(Quality Safety)字头"QS"组成。标志主色调为蓝色,字母"Q"与"质量安全"四个中文字样为蓝色,字母"S"为白色(图10-1)。该标志的式样、尺寸及颜色都有具体的制作要求,使用时可根据需要按比例放大或缩小,但不得变形、变色。编号前4位为受理机关编号,中间4位为产品类别编号,后4位为获证企业序号。

质量安全

图10-1 食品市场准入标志

1.受理机关编号

参照GB/T 2260—2007《中华人民共和国行政区划代码》的有关规定,受理机关编号由阿拉伯数字组成,前2位代表省、自治区、直辖市,由国家质检总局统一确定(如北京11、天津12、河北13、黑龙江23、上海31、江苏32、河南41……);后2位代表各市(地)由省级质量技术监督部门确定,并上报质检总局产品质量监督司备案。

2.产品类别编号

产品类别编号由阿拉伯数字组成,位于QS代码第5位至第8位,编号由国家质检总局统一确定,在各类产品的审查细则规定。如粮食加工品:小麦粉0101,大米0102,挂面0103;食用油、油脂及其制品:食用植物油0201;罐头:罐头0901;食糖:糖0303;蜂产品:蜂产品2601……

(二)食品市场准入标志的作用

食品市场准入标志,其作用主要有3个方面:一是表明本产品取得食品生产许可证,二是表明本产品经过出厂检验,三是企业明示本产品符合食品质量安全基本要求。政府通过对食品市场准入标志监督管理,有利于为企业创造良好的公平竞争市场环境,有利于消费者识别,有利于保护消费者的合法权益。

(三)食品市场准入标志的适用范围

《加强食品质量安全监督管理工作实施意见》规定,实施食品质量安全市场准入制度管理的食品,其产品出厂必须加印(贴)食品市场准入标志。没有食品市场准入标志的,不得出厂销售。也就是说,在中华人民共和国境内从事以销售为目的的食品生产加工活动的公民、法人和其他组织生产的,属于国家质检总局公布的《食品质量安全监督管理重点产品目录》范围内的产品，均需加印(贴)食品市场准入标志后方可出厂销售。但是，裸装食品和最小销售单元包装表面面积小于 10 cm^2 的食品应在其出厂的大包装上加印(贴)食品市场准入标志。

九、食品相关产品的市场准入制度

近年来，由于食品包装中有害物质残留过高，在食品中迁移而导致的食品安全事件屡有发生。包装的一项基本功能是保护内部商品的安全，然而，一些劣质的食品包装不仅没有起到保护食品的作用，反而由于包装本身不合格而污染了食品。因此，消除食品包装中的质量隐患，实施食品相关产品市场准入制度，对于加强食品用塑料包装、容器、工具的监管，提高产品质量，具有重要的现实意义。

国家质量监督检验检疫总局在 2006 年 7 月制定并实施了《食品用包装、容器、工具等制品生产许可通则》和《食品用塑料包装、容器、工具等制品生产许可审查细则》。

食品用包装、容器、工具等制品的监督检查制度主要包括：

1. 对获证企业监督管理

根据《工业产品生产许可证管理条例》规定，对获证企业的监督管理包括日常监督、定期监督检查、年度报告审查等。

2. 无证查处

《工业产品生产许可证管理条例》规定任何企业未取得生产许可证，不得生产列入目录的产品。任何单位和个人不得销售或者在经营活动中使用未取得生产许可证的产品。

3. 对发证监管部门的监督

按照权责一致的原则，建立健全审查、检验、发证等各个环节的岗位责任制，严格实行过错责任追究制度。

4. 对审查机构的监督

对审查机构的监督主要通过对审查材料的审查、对实地核查企业的抽样复查、根据群众举报进行检查等方式进行。重点检查审查工作质量、工作效率和工作纪律 3 个方面。

5. 对发证检验机构的监督

生产许可证管理部门要对生产许可证检验机构实施监管，通过查阅检验报告、组织开展比对试验、查处违规违纪行为等手段，切实加强对检验机构的监督管理，确保生产许可证检验工作的科学、公正和高效。

食品用包装、容器、工具等制品生产许可核查人员(以下简称核查人员)是指在实施市场准入制度过程中，从事企业实地核查的人员，包括注册审查员(以下简称审查员)、注册高级审查员(以下简称高级审查员)和技术专家。核查人员对企业的实地核查主要是审查生产企业的生产条件、生产设备、生产工艺和企业管理是否符合食品用包装容器工具等制品生产许可产品实施细则的要求，是否具备持续稳定生产合格产品的能力。核查人员掌握着生产企业能否获得生产许可的第一手材料，其素质的高低，决定着对企业实施实地核查工作的科学性、公正性，关系到国家和人民的切身利益。核查人员通过培训，考试合格取得相应资质，方可从事企业实地核查工作。对核查人员的管理包括培训、注册、晋级及监督等方面。

任务三　食品召回制度

［任务目标］

了解食品召回制度及我国食品的召回制度。

［技能训练］

食品召回制度的掌握程度。

［知识链接］

一、认识食品召回制度

产品召回制度最早源于美国汽车行业，之后被引入其他国家，逐渐进入食品等与消费者生命财产安全密切相关的其他行业，食品召回是一种消除缺陷产品危害风险的制度，食品的生产商、进口商或者经销商在获悉其生产、进口或经销的食品存在可能危害消费者健康、安全的缺陷时，依法向政府部门报告，及时通知消费者，并从市场和消费者手中收回问题产品，予以更换、赔偿的积极有效的补救措施，以消除缺陷产品的危害风险。目前，美国、加拿大、英国、新西兰、澳大利亚以及我国的香港、台湾地区等均建立了食品召回制度。如 2008 年 9 月我国三鹿、伊利、蒙牛、光明等多家企业的奶粉、液态奶中被检出含有三聚氰胺，有关企业根据国家质检总局的要求在销售地宣布召回和退货。2013 年 9 月 5 日日本明治公司全面召回"明治酸奶 R-1"与"明治 Probio 酸奶 LG21"的 3 款饮料，回收量将达到 100 万瓶，之所以会回收此款饮料，是由于 9 月 4 日的生产作业结束后，工作人员对机器进行检查时发现，产品中可能混入异物，混入饮料的异物，是一种大小在 0.1 mm 左右的微小胶质碎片。对此事，明治公司已向公众道歉。2014 年 8 月英国一家海鲜公司宣布召回多款烟熏鱼制品，因为烟熏三文鱼检出李斯特菌，烟熏鲭鱼的有效期不正确，Fine Seafood Company 正在将问题产品召回。

二、美国的食品召回制度

(一)实施主体与法律依据

美国产品召回制度是在政府行政部门的主导下进行的。负责监管食品召回的是农业部食品安全检疫局(FSIS)、食品和药品管理局(FDA)。FSIS 主要负责监督肉、禽和蛋类产品质量和缺陷产品的召回，FDA 主要负责 FSIS 管辖以外的产品即肉、禽和蛋类制品以外食品的召回。美国食品召回的法律依据主要是:《联邦肉产品检验法》(FMIA)、《禽产品检验法》(PPIA)、《食品、药品及化妆品法》(FDCA)以及《消费者产品安全法》(CPSA)。FSIS 和 FDA 是在法律的授权下监管食品市场，召回缺陷食品。

(二)食品召回的分级

美国 FSIS 和 FDA 对缺陷食品可能引起的损害进行分级并以此作为依据确定食品召回的级别。美国的食品召回有 3 级:第一级是最严重的,消费者食用了这类产品将肯定危害身体健康甚至导致死亡;第二级是危害较轻的,消费者食用后可能不利于身体健康;第三级是一般不会有危害的,消费者食用这类食品不会引起任何不利于健康的后果,比如贴错产品标签、产品标识有错误或未能充分反映产品内容等。

(三)食品召回的步骤

一种是企业得知产品存在缺陷,主动从市场上撤下食品;另一种是 FSIS 或 FDA 要求企业召回食品。无论哪种情况,召回都是在 FSIS 或 FDA 的监督下进行,FSIS 和 FDA 在食品召回中发挥着关键作用。

美国的食品召回遵循着严格的法律程序,其主要步骤如下:

(1)企业报告　食品的生产商、进口商或经销商在发现其生产、进口或经销的食品存在关系到大众安全问题时,如食用该食品会对消费者的身体造成严重的损害、有产生损害的可能以及食品不符合相关规定等,应在掌握情况的 24 小时内向 FSIS 或 FDA 提交问题报告。如果 FSIS 或 FDA 得到举报,或通过诉讼案件等获悉食品质量存在问题,要求企业予以说明,企业也必须提交书面报告。企业提交报告并不表示一定召回产品,是否属于需要召回的缺陷产品,由 FSIS 或 FDA 专家委员会来判断,要看对危害的评估报告。

(2)FSIS 或 FDA 的评估报告　在收到企业的报告后,FSIS 或 FDA 要迅速对食品是否存在缺陷、食品的缺陷等级进行评估。还要根据食品上市的时间长短、进入市场的数量多少、流通的方式及消费群体等资料,评估造成危害的严重程度。FSIS 或 FDA 的评估意见经企业认可,形成最终的评估报告。FSIS 或 FDA 的评估意见并不需要企业同意。

(3)制定召回计划　FSIS 或 FDA 的评估报告如果认定食品存在缺陷并应召回,企业一方面应立即停止该食品的生产、进口或销售,通知零售商从货柜上撤下该食品;另一方面根据食品的缺陷等级、进入市场的方式、销售的区域以及流通中的数量和已经销售的数量等,制定缺陷食品的召回计划。

(4)实施召回计划　企业制定的缺陷食品召回计划经 FSIS 或 FDA 认可后即可实施。首先由 FSIS 或 FDA 在自己的网站上或向新闻媒体发布召回新闻,然后由企业通过大众媒体向广大消费者、各级经销商公布经 FSIS 或 FDA 审查过的、详细的食品召回公告。最后在 FSIS 或 FDA 的监督下,企业召回缺陷食品,对缺陷食品采取补救措施或予以销毁,并同时对消费者进行补偿。当 FSIS 或 FDA 认为企业已采取了积极有效的措施,缺陷食品对大众的危害风险降到了最低,召回结束。企业自身发现食品存在潜在风险,且还没有造成严重危害,如果主动向 FSIS 或 FDA 提出报告,愿意召回缺陷食品并制定出切实有效的召回计划,FSIS 或 FDA 将简化召回程序,不作缺陷食品的危害评估报告,也不再发布召回新闻。

三、我国的食品召回制度

《食品召回管理规定》共五章四十五条,主要内容包括食品召回的管理体制;食品安全信息管理;食品安全危害调查和评估;食品召回实施,包括主动召回、责令召回和召回结果评估与监督以及召回食品后处理,以及法律责任。

根据这一规定,食品召回将采用“二级监管”的模式,由质检总局统一组织、协调全国食品召回的监管工作,监督、指导省级质监部门开展召回工作;省级质监部门根据国家质检部门的工作部署和要求,负责组织本行政区域内食品召回的监管工作,市级质监部门配合省级质监部门实施召回过程的监督管理。

国家质检总局将组织建立食品召回信息管理系统,统一收集、分析和处理有关食品召回信息。

食品生产者应向所在地省级质监部门及时报告食品安全危害相关信息。

食品生产者应通过建立完善的产品质量安全档案,准确记录并保存食品生产、加工、销售等方面的信息,确保一旦发生食品安全事件,能够在第一时间找到事发的根源。

在食品安全危害的调查和评估方面,食品生产者获知其提供的产品可能存在危害的,应立即进行缺陷调查和评估。必要时,所在地的省级以上质监部门启动监管部门调查和评估。并设立食品召回专家委员会,为食品安全危害调查、评估等工作提供技术支持和做出认定。在食品召回分级方面,根据食品安全危害程度的评估对食品召回分为三级,并根据召回级别对食品召回的具体行动做出时限要求,以迅速有效地实现召回目的,最大可能地消除食品安全危害。

食品的主动召回方面,食品生产者确认其加工制作的食品存在安全危害,决定实施主动召回的,应及时制定召回计划,提交所在地的省级质监部门备案。

食品的责令召回方面,食品生产者故意隐瞒安全危害问题,不主动实施召回的,由于食品生产者的过错造成食品安全危害扩大或再度发生的,以及国家监督抽查发现不符合食品安全标准的食品经调查、评估确认属于不安全食品的,由国家质检总局发出通知或公告责令企业召回不安全食品,并发布消费警示。

在食品召回结果评估方面,食品生产者按规定程序完成食品召回后,应向所在地的省级质监部门提交召回总结报告,监管部门必须对召回效果做出评估认定。

国家质检总局法规司司长刘兆彬表示,这一规定的出台为规范我国不安全食品的召回活动提供了制度保障。通过规范程序要求,食品生产者必须按照规定的程序,及时对不安全的食品通过更换、退货、补充或修正消费说明等方式,减少和消除不安全食品可能导致的危害。

实施食品召回是加强生产加工后续监管的一种有效措施。食品召回制度与食品质量安全市场准入制度相互配合,共同作用,对于进一步强化食品生产监管,有效应对食品安全突发事件具有非常重要的作用。

【导入案例评析】

《食品安全法》第三十一条规定了食品生产许可证的申请和办理程序以及法律依据“县级以上质量监督、工商行政管理、食品药品监督管理部门应当依照《中华人民共和国行政许可法》的规定,审核申请人提交相关资料,必要时对申请人的生产经营场所进行现场核查;对符合规定条件的,决定准予许可;对不符合规定条件的,决定不予许可并书面说明理由。具体到食品生产许可证,没有取得《食品生产许可证》的企业不得生产食品,任何企业和个人不得销售无证食品。《食品安全法》第八十四条规定违反本法,未经许可从事食品生产经营活动,由有关主管部门按照各自职责分工,没收违法所得、违法生产经营的食品和用于违法生产经营的工具、设备、原料等物品;违法生产经营的食品、食品添加剂货值金额不足1万元的,并处2 000元以上

5 万元以下罚款；货值金额 1 万元以上的，并处货值金额 5 倍以上 10 倍以下罚款。

案例中“香港卤小二”油炸鸭子连锁店并未取得食品生产卫生许可证，属于无证经营，应当由杭州市质量监督、工商行政管理、食品药品监督管理部门根据自己职责范围，对该其进行没收违法所得、违法生产经营的食品和用于违法生产经营的工具、设备、原料等物品，并处所生产销售油炸鸭子总金额五倍以上十倍以下罚款。

【本项目小结】

本项目详细叙述了食品质量安全市场准入制度、食品生产许可证制度、食品召回制度等 3 项现行的食品安全制度。食品质量安全市场准入制度又包括对食品生产企业实施生产许可证制度、对企业生产的食品实施强制检验制度、对实施食品生产许可制度的产品实行市场准入标志制度。其中食品生产许可证制度中详细阐述了食品生产许可证和食品流通许可证的申请、审查和发放的具体流程。取得食品生产许可，应当符合食品安全标准，并具有与申请生产许可的食品品种、数量相适应的食品原料处理和食品加工、包装、贮存等场所，保持该场所环境整洁，并与有毒、有害场所以及其他污染源保持规定的距离；具有与申请生产许可的食品品种、数量相适应的生产设备或者设施，有相应的消毒、更衣、盥洗、采光、照明、通风、防腐、防尘、防蝇、防鼠、防虫、洗涤以及处理废水、存放垃圾和废弃物的设备或者设施；具有与申请生产许可的食品品种、数量相适应的合理的设备布局、工艺流程，防止待加工食品与直接入口食品、原料与成品交叉污染，避免食品接触有毒物、不洁物；具有与申请生产许可的食品品种、数量相适应的食品安全专业技术人员和管理人员；具有与申请生产许可的食品品种、数量相适应的保证食品安全的培训、从业人员健康检查和健康档案等健康管理、进货查验记录、出厂检验记录、原料验收、生产过程等食品安全管理制度。根据《食品质量安全市场准入审查通则》食品生产加工企业应当依法设立，符合国家产业政策，并具备以下保证产品质量安全的必备条件：环境卫生要求、生产资源要求、原辅材料要求、生产加工要求、产品要求、人员要求、检验要求、包装及标签标识要求、质量管理要求。

根据《食品安全法》第五十三条的规定国家建立食品召回制度。食品召回制度要求食品经营者发现其经营的食品不符合食品安全标准，应当立即停止经营，通知相关生产经营者和消费者，并记录停止经营和通知情况。食品生产者认为应当召回的，应当立即召回。食品生产者应当对召回的食品采取补救、无害化处理、销毁等措施，并将食品召回和处理情况向县级以上质量监督部门报告。食品生产经营者未依照本条规定召回或者停止经营不符合食品安全标准的食品的，县级以上质量监督、工商行政管理、食品药品监督管理部门可以责令其召回或者停止经营。

【同步练习】

1. 名词解释：食品卫生许可证制度、食品安全市场准入制度、食品召回制度
2. 概述卫生许可证的审查内容。
3. 食品质量安全市场准入条件有哪些？
4. 简述食品生产许可证制度的主要内容。
5. 食品质量安全检验包含哪些内容？
6. 概述我国食品召回制度。

实训项目

实训项目一　食品行政执法与监督

【实训目的】

1. 了解我国的行政执法主体。

2. 熟悉食品行政执法监督的内容及食品安全监督管理制度。

3. 通过案例分析，提高学生分析问题的能力。

【实训原理】

食品行政执法主体是指依法享有国家食品行政执法权力，以自己的名义实施食品行政执法活动并独立承担由此引起的法律责任的组织。根据给定的案例进行分析，熟悉我国行政执法主体的职能，能根据案情确定执法依据，熟悉食品行政执法监督的内容及食品安全监督管理制度。

【实训方法和步骤】

(1)实训老师事先给学生一个食品安全事故案例，在班级中选取8～10人，分成两方，甲方作为执法监督人员，乙方作为当事人，模拟食品安全事故的查处现场。

(2)学生复习食品行政执法与监督的内容，查阅食品法律法规，根据班级人数将学生分成6～8组，结合案情从以下几个方面分组讨论。

①该案例反映了什么问题，该问题与食品安全的哪条法律法规有关？

②确定该案例的执法主体。

③根据国家有关食品的法律法规，你认为该案例应如何处理？

④从该案例中，我们要吸取哪些教训或取得哪些经验？

(3)上述任务以小组形式完成实训报告(含讨论记录、案例案情概要及执法处理结果、问题回答)。

【实训结果与评价】

实训报告字数要求2 000字以上，思路明确，层次清晰，结构合理。

【注意事项】

1. 教师提供典型案例、结合案情调整实训任务和思考的问题；

2. 学生自行收集整理资料，实训后按要求完成分析报告，并陈述观点或回答问题。

实训项目二　世界贸易组织(WTO)及主要区域经济组织

【实训目的】

了解世界贸易组织及主要区域经济组织的运行机制及当前组织活动情况。

【实训原理】

世界贸易组织及主要区域经济组织的运行机制；世界贸易组织及主要区域经济组织当前组织活动情况。了解国际贸易形势，把握国际贸易方向；了解国际贸易政策新动态，明确企业应对措施；了解当前国际贸易热点问题，提高对国际贸易问题的分析和处理能力；(在具体实训实施时，根据需要，选择其中的一项为实训对象)。

【实训方法和步骤】

1. 世界贸易组织方面

步骤一：进入 WTO 相关网站，了解世界贸易组织的运行机制及新要求。

步骤二：了解世界贸易组织的运行机制对企业进出口贸易的影响。

2. 区域经济组织方面

步骤一：上网进入 http://www.mofcom.gov.cn/(中华人民共和国商务部)等网站，了解区域经济合作组织如欧盟、东盟、北美自由贸易区、亚太经济合作组织等的最新动态。

步骤二：了解企业与这些区域经济组织成员方的贸易往来。

【实训结果与评价】

写出企业如何适应世界贸易组织或区域经济合作组织的规则要求和变化要求。

实训项目三　国际食品法典标准制定程序分解

【实训目的】

了解国际食品法典标准制定程序。

【实训原理】

根据 CAC 制定标准的原则及步骤、CAC 对食品标准的修订及各国对 CAC 标准的采纳措施，了解 CAC 制定程序。

【实训方法和步骤】

第 0 步：立项前的准备工作。

CAC 下属委员会或工作组讨论提出制定新标准，考虑 3 方面因素：

(1)是否满足 CAC 通过的《战略规划》中的工作重点；

(2)能否在合理的时期内制定；

(3)考虑 FAO 和 WHO 评估专家的科学建议。

若决定提出新标准建议，则起草项目文件提交执委会审议，内容包括：

(1)制定标准的目的；

(2)与 CAC 战略目标的相关性；

(3)标准的范围。

参照"工作重点"的情况，执委会严格审查后，提交 CAC 大会审议。

第 1 步：CAC 大会确定新标准计划。

第 2 步：起草标准草案。

由 CAC 秘书处安排相应的下属委员会或工作组起草标准草案，大多数采用由 1 个或几个国家牵头，其他成员参与的方式。

第 3 步：标准草案征求意见。

送各成员国和感兴趣的国际组织以及利益相关方征求意见。特别说明：由 JMPR 或 JECFA 提出 MRLS (如兽药 MRLS)直接进入第 3 步。

第 4 步：将标准草案和所征求的意见提交 CAC 下属委员会审议。

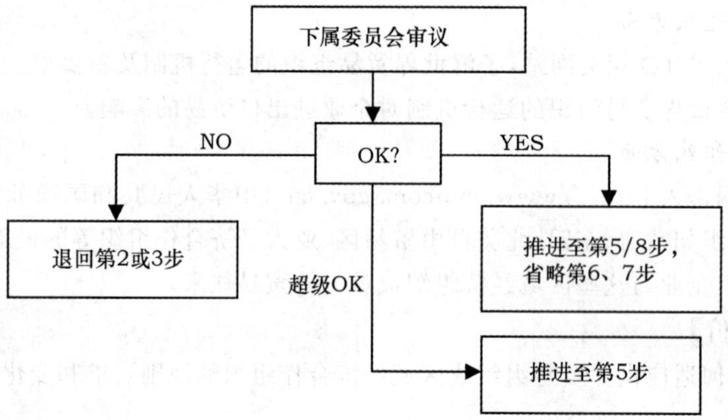

第 5 步：将修改后的标准草案和评议相关提交 CAC 大会审议。

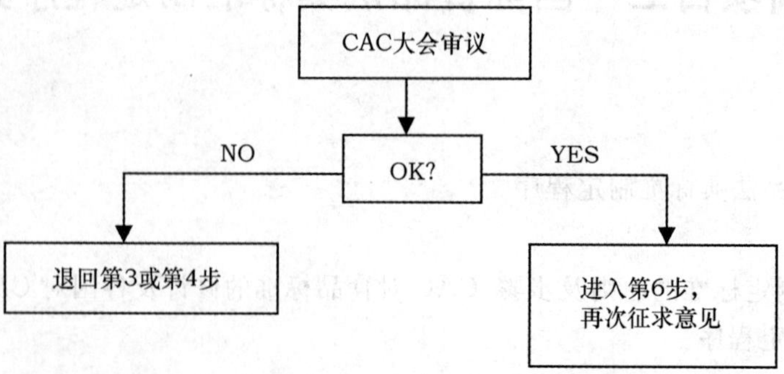

第 6 步：将标准草案和所征求的意见提交 CAC 下属委员会第二次审议。

第 7 步：将第 5 步的标准草案和第 6 步所征求的意见提交 CAC 下属委员会审议。

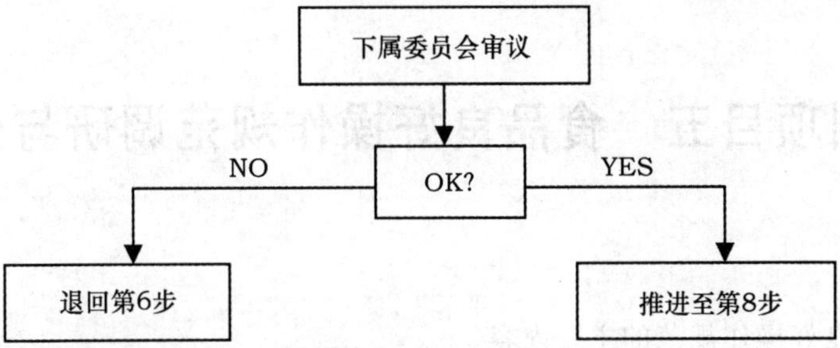

第 8 步：将第 7 步的标准草案和相关评论提交 CAC 大会审议。

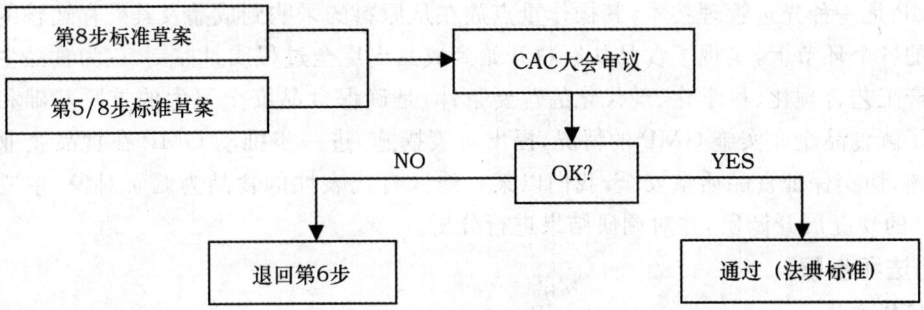

【实训结果与评价】

理解国际食品法典标准制定程序，并能查找相应的食品标准。

实训项目四　欧盟的技术标准、法规的技术壁垒状况

【实训目的】

了解欧盟的技术标准、法规的技术壁垒状况。

【实训原理】

欧盟是最先意识到国际贸易中技术壁垒的，同时这些成员国也是设置技术壁垒最严重的国家，由于其经济、技术实力较高，因而其技术标准水平较高，法规较严。2002 年欧盟《通用食品法》生效；2006 年有关食品卫生的新法规实施；食品标准法规体系主要包括相应的技术法规、农药残留标准、有机农业条例、食品包装、储运与标识、农产品进口标准及有机食品进口规定。

【实训方法和步骤】

进入欧盟的食品必须符合什么条件才允许进入市场；在技术标准、法规方面，不同成员国应用的标准有哪几种；欧盟关于合格评定的技术壁垒状况；采用标签、包装方面的技术壁垒；有关的绿色技术壁垒。

【实训结果与评价】

查找并熟悉几个欧盟成员国的一些技术标准及法规，对不同的技术壁垒进行查阅了解。

实训项目五　食品良好操作规范调研与分析

【实训目的】

1. 掌握食品良好操作规范的主要内容。

2. 调研分析某类(种)食品 GMP 的实施情况,发现存在的问题并提出改进意见。

【实训原理】

GMP 是一种先进管理技术,其操作重点放在从原料的采购到成品及其贮存运输的整个生产过程的各个环节上,实现了食品从原料开始到成品出厂全过程质量控制,成为食品生产企业实现生产工艺合理化、科学化、现代化的首要条件,是确保食品安全卫生的重要基础和条件之一。为了解食品企业实施 GMP 的情况,提出对策措施,进一步推动 GMP 在食品企业中的贯彻和实施,切实保证食品质量安全,我们以某一地区有代表性的食品为调研对象,主要对其实施 GMP 的现况展开调研,并对调研结果进行分析。

【实训方法和步骤】

1. 实训方法

采用现场考察和询问法进行调研。选择某类(种)食品,如糕点、乳品、肉类、饮料等。

2. 实训内容

根据《食品企业通用卫生规范》和某类(种)食品生产的专用 GMP,结合某一地区食品企业实际情况,设计《食品 GMP 实施状况调查表》。调查表内容包括审查环节、审查项目、审查内容。审查环节分食品生产环境卫生、厂房与设备、卫生设施、原料、卫生管理、成品、检验 7 个方面。每一审查环节又包括若干审查项目,并且对每一审查项目赋予相应的审查内容,按符合与否进行评定。

(1)食品生产企业的一般情况　主要包括食品企业名称、地址、员工人数(含人员的素质、受教育和培训程度,技术人员、管理人员和一般人员所占比例等)、企业的组织结构(含科室情况、车间、检验单位、食品质量安全管理机构等)、产品种类、质量等。

(2)食品生产环境卫生状况　厂址卫生包括地势的高低,污水的流向,地下水位,与居民及附近企业单位的距离,是否存在相互污染的可能;厂区卫生指厂区周围是否有有害气体、放射性源、粉尘和其他扩散性的污染源;厂区污染源状况指附近的河流是否受污染、周围是否有传染病医院;厂区道路铺砌是否合理;操作卫生制度等。

(3)食品生产厂房与设备卫生状况　厂房设计是否合理;建筑材料与形式是否耐洗,防止积尘、积水,是否容易脱落;厂房面积及功能分间是否满足要求;设备材料与设计是否合理;生产设备工艺先进状况;厂房设备布局及工艺流程是否符合卫生要求。

(4)食品生产卫生设施　厕所、更衣、盥洗、空气消毒、通风、采光、照明、三防、地墙顶保洁、容器工具设备消毒保洁、废弃物存放排污等设施是否符合食品企业卫生要求。

(5)食品生产原料卫生状况　食品原料验收登记卫生制度;食品原料索证规则;食品原料保存、使用卫生制度。

(6)食品生产卫生管理制度　从业人员是否进行健康检查和卫生培训;从业人员是否遵守个

人卫生要求；从业人员卫生知识掌握程度；食品企业卫生组织制度；食品企业卫生制度执行情况。

(7)食品成品卫生状况　产品检验标准及方法；产品标志管理制度及要求；产品保存卫生制度。

(8)食品检验管理制度　食品检验室设置是否合理；检验设备设施的配置是否满足检验要求；是否对检验员进行定期培训。

3. 实训步骤

(1)调研准备　熟悉被调研的同类食品企业的一般工艺卫生要求，根据有关的食品卫生法规以及食品企业 GMP 的要求，拟定出某类(种)食品 GMP 调研提纲和调研表格。

(2)参观考察　进入拟调研食品企业，听取接待人员介绍情况，参观厂区、车间、生产线等，与企业工人、技术人员和管理人员进行交谈。在条件允许的情况下，可以进行问卷调查。

(3)综合分析　根据调研的结果，综合分析被调研食品企业的卫生状况，找出存在的主要卫生问题及其原因，提出整改的措施，并撰写调研报告。

【实训结果与评价】

针对调研报告中涉及的问题，按食品 GMP 规定要求，建立健全一整套行之有效的卫生组织管理制度，强化制度落实措施，加强企业自主管理，提高自我督促指导能力。

【注意事项】

1. 调研工作力求系统全面。调研做到有条理，要按照原料从入厂到产品出厂的流程逐步进行考察，避免遗漏。调研过程中应认真做好记录。

2. 遵守纪律，注意安全。听从带队老师和食品企业接待人员的指挥，未经许可，不得直接接触被调研企业的仪器设备、原辅料、产品等。注意安全，避免意外事故发生。

附录

附录 1　食品流通许可申请书

NO：________

食品流通许可申请书

名　　称：________

申请日期：________

敬　告

1. 申请人应当了解相关的法律、法规，并确知其享有的权利和应承担的义务。
2. 申请人应当如实向许可机关提交有关材料和反映真实情况，并对申请材料的真实性、有效性、合法性负责。
3. 提交的申请材料、证件应当是原件，如需提交复印件的，应当在复印件上注明与原件一致，并由申请人或者指定代表（委托代理人）签字（盖章）。
4. 提交的申请材料、证件应当使用 A4 纸。
5. 填写申请书应当字迹工整，使用钢笔或签字笔（蓝色或者黑色）。
6. 在申请许可过程中，申请人应当认真阅读申请书的内容。如有疑问，请登录××市食品药品监督管理局网站，查询相关内容。

××市××区食品药品监督管理局印制

填报说明

1.主体类型按照申请注册登记的类型填写，包括：①内资企业：国有企业，集体企业，股份合作企业，联营企业，有限责任公司，股份有限公司，个人独资企业，合伙企业，其他企业；②港、澳、台商投资企业：合资经营企业（港或澳、台资），合作经营企业（港或澳、台资），港、澳、台商独资经营企业，港、澳、台商投资股份有限公司；③外商投资企业：中外合资经营企业，中外合作经营企业，外资企业，外商投资股份有限公司；④个体工商户；⑤农民专业合作社。

2.本申请书内所称负责人包括：①企业法人的法定代表人；②个人独资企业的投资人；③分支机构的负责人；④合伙企业的执行事务合伙人（委派代表）；⑤个体工商户业主；⑥农民专业合作社的法定代表人。

3.本申请书内所称食品安全专业技术人员是从事食品质量检验或食品安全检查等工作的负责人员，由企业根据经营需要自行确定；食品安全管理人员是指企业内部专职或兼职的食品质量安全负责人；个体工商户的食品安全专业技术工作和食品安全管理工作由业主承担。

4.名称应当与《名称预先核准通知书》核准的名称或者营业执照上标注的名称一致。

5.填写经营场所时要具体表述所在位置，明确到门牌号、房间号。如无门牌号或房间号的，要明确参照物。

6.外籍人员无须填写民族、户籍登记住址，但需在户籍登记住址一栏填写国籍。

7.申请人自愿选择食品经营方式和经营项目，并在□中打√，经营方式只能选择其中的一种。经营项目允许兼项选择。

经营场所的使用证明包括：自有房产提交房屋产权证复印件；租赁房屋提交租赁协议复印件以及出租方的房屋产权证复印件；有关房屋未取得房屋产权证的，属城镇房屋的，提交房地产管理部门的证明或者竣工验收证明、购房合同及房屋销售许可证复印件；属非城镇房屋的，提交当地政府规定的相关证明；出租方为宾馆、饭店的，提交宾馆、饭店的营业执照复印件；使用军队房产作为住所的，提交《军队房地产租赁许可证》复印件。

8.本申请书一式两份，一份报局存档，一份留所监管档案。

指定(委托)书

兹指定(委托)__________(代表或代理人姓名)向食品药品管理机关办理__________
__________(名称)的食品流通许可申请相关手续。

委托事项及权限:

1. □同意 □不同意 核对申请材料中的复印件并签署核对意见;
2. □同意 □不同意 修改自备材料中的填写错误;
3. □同意 □不同意 修改有关表格的填写错误;
4. □同意 □不同意 领取《食品流通许可证》和有关文书;
5. 其他委托事项及权限(请详细注明):__________________

指定或者委托的期限:自______年__月______日至______年__月__日

指定代表或委托代理人签字:__________________

指定代表或委托代理人联系方式:固定电话____________

移动电话____________

指定代表或委托代理人身份证明复印件粘贴处(正反面)

指定(委托)人签字或加盖公章:

年 月 日

注:1. 指定(委托)人是指申请人。申请人是法人和经济组织的由其盖章;申请人是自然人的由其本人签字或盖章。

2. 委托事项及权限,由指定(委托)人选择“同意”或“不同意”,并在□中打√;第 5 项按授权内容自行填写。

食品流通许可申请表

<table>
<tr><td>名　　称</td><td colspan="4"></td><td rowspan="5">照片</td></tr>
<tr><td>经营场所</td><td colspan="4">______省______市______区(县)____________</td></tr>
<tr><td>住　　所</td><td colspan="4">______省______市______区(县)____________</td></tr>
<tr><td>负 责 人</td><td></td><td rowspan="2">联系电话</td><td>固定电话</td><td></td></tr>
<tr><td>邮政编码</td><td></td><td>移动电话</td><td></td></tr>
<tr><td>主体类型</td><td colspan="2"></td><td>申请副本数量</td><td colspan="2">份</td></tr>
<tr><td>经营面积</td><td colspan="2">平方米</td><td>产 权 人</td><td colspan="2"></td></tr>
<tr><td>房屋使用期限</td><td colspan="2"></td><td rowspan="2">房屋使用方式</td><td rowspan="2" colspan="2">自有☐　租赁☐　无偿使用☐</td></tr>
<tr><td>E-mail</td><td colspan="2"></td></tr>
<tr><td>食品包装、贮存等场所</td><td colspan="5"></td></tr>
<tr><td>许可范围</td><td colspan="5">经营方式：
1.批发　☐
2.零售　☐
3.批发兼零售　☐
经营项目：
1.预包装食品　☐
2.散装食品　☐
3.预包装食品兼散装食品　☐
4.乳制品(含婴幼儿配方乳粉)　☐
5.乳制品(不含婴幼儿配方乳粉)　☐</td></tr>
<tr><td colspan="6">本单位(本人)承诺申请食品流通许可证所提交材料真实有效。谨此对真实性承担责任。

申请人签字(盖章)：　　　　指定代表或共同委托代理人签字(盖章)：

年　月　日　　　　　　　　年　月　日</td></tr>
</table>

负责人情况登记表

姓　　名		性　　别		
民　　族		户籍登记住址		
身份证件 名称及号码		职　　务		
任免单位		联系电话	固定电话	
			移动电话	

身份证件复印件粘贴处(正反面)

负责人签字：　　　　　　　　　　年　　月　　日

备注：食品经营单位负责人应当履行以下承诺(声明)，并签字或加盖单位公章。

负责人承诺(声明)：

本人向许可机关郑重声明：过去5年内，本人担任主管人员所在的食品生产经营单位，不存在被吊销食品生产、流通或者餐饮服务许可证的情形。同时，本单位将严格遵守《食品安全法》第九十二条第二款的规定。

谨此承诺，本表所填内容不含虚假成分，现亲笔签字(盖章)确认。

签字(盖章)：

年　月　日

注：负责人范围请参照第2页填报说明第2项。

食品安全专业技术人员食品安全管理人员情况登记表

人员分类	姓名	性别	民族	户籍登记住址	身份证件名称及号码	职务	联系电话
食品安全专业技术人员							
人员分类	姓名	性别	民族	户籍登记住址	身份证件名称及号码	职务	联系电话
食品安全管理人员							
备注	食品经营单位食品安全管理人员应当履行以下承诺(声明),并签字或加盖单位公章。 食品安全管理人员承诺(声明): 本人向许可机关郑重声明:过去5年内,本人担任主管人员所在的食品生产经营单位,不存在被吊销食品生产、流通或者餐饮服务许可证的情形。 谨此承诺,本表所填内容不含虚假成分,现亲笔签字(盖章)确认。 签字(盖章): 年 月 日						

食品安全专业技术人员、食品安全管理人员身份证明复印件粘贴处

<table>
<tr><td>姓名________________ 职务________________
身份证号码____________________________</td><td>姓名________________ 职务________________
身份证号码____________________________</td></tr>
<tr><td>身份证件复印件粘贴处</td><td>身份证件复印件粘贴处</td></tr>
<tr><td>姓名________________ 职务________________
身份证号码____________________________</td><td>姓名________________ 职务________________
身份证号码____________________________</td></tr>
<tr><td>身份证件复印件粘贴处</td><td>身份证件复印件粘贴处</td></tr>
</table>

注：填写不下的，可另备页面载明，并由指定代表或共同委托代理人签字确认。

食品流通许可审核意见表

<table>
<tr><td>名　称</td><td></td><td>负 责 人</td><td></td></tr>
<tr><td>经营场所</td><td></td><td>许可范围</td><td></td></tr>
<tr><td>审
查
意
见</td><td colspan="3">经审查，申请人提交材料齐全、符合法定形式，且申请条件符合《食品安全法》第二十七条第一项至第四项以及《食品流通许可证管理办法》的要求。
建议准予许可。
受理审查人员签字：
年　月　日</td></tr>
<tr><td>核
准
意
见</td><td colspan="3">经审核，申请人提交材料齐全、符合法定形式，且申请条件符合《食品安全法》第二十七条第一项至第四项以及《食品流通许可证管理办法》的要求。
同意准予许可。
审核人员签字：
年　月　日</td></tr>
<tr><td>备　注</td><td colspan="3"></td></tr>
</table>

核发《食品流通许可证》及归档情况

<table>
<tr><td>许可证编号</td><td></td><td>许可证副本数</td><td></td></tr>
<tr><td>发证人员签字</td><td></td><td>发证日期</td><td></td></tr>
<tr><td rowspan="2">领取许可证
情　　况</td><td colspan="3">本人领取了许可证正本 1 份,副本　　　份。
领取人签字(盖章):
年　　月　　日</td></tr>
<tr><td>领取人联系电话</td><td colspan="2"></td></tr>
<tr><td>归档日期</td><td></td><td>归档人</td><td></td></tr>
<tr><td colspan="4">领取人身份证复印件粘贴处(正反面)</td></tr>
<tr><td>归档情况</td><td colspan="3"></td></tr>
<tr><td>备　　注</td><td colspan="3"></td></tr>
</table>

注:指定代表或委托代理人领取许可证时,可不再提交领取人身份证复印件。

《食品流通许可证》经营场所现场核查登记表

名　　　　称：____________________

经　营　场　所：____________________

经营单位负责人：____________________

核　查　日　期：________年________月________日

××市××区食品药品监督管理局印制

使用说明

1.本核查表适用于对申请、变更或延续《食品流通许可证》的经营单位进行经营场所现场核查评价。

2.每一个核查项目的评价意见为“符合”或“不符合”。

3.核查评价意见的确定标准:不符合项目数为0项,为合格;不符合的项目数≥1项,为不合格。

4.核查人员应针对不合格的项目提出相应的整改要求。

5.核查人员应如实填写本核查表中的内容。

6.本表一式两份,一份报局存档,一份留所监管档案。

序号	核查项目	核查内容	核查标准	评价意见	核查记录
1	人员管理	有食品安全专业技术人员和管理人员。	**符合**：有专职或兼职的食品安全专业技术人员和管理人员。 **不符合**：无专职或兼职的食品安全专业技术人员或管理人员。	□符合 □不符合	
2	场地要求	1.具有与经营的食品品种、数量相适应的食品原料处理和食品加工、包装、贮存等场所。①食品与非食品应分区陈列，不得与洗涤用品、日杂用品等混放；②不得经营有毒、有害的化学物品；③食品经营分类摆放，整齐美观，离地 30 cm，离墙 10 cm；④食品贮存隔墙隔地存放，离地 10 cm，离墙 10 cm，有异味或易吸潮的食品密封保存或分库存放；⑤经营非常温保存的食品配备有冷藏(冻)设备；⑥预包装食品应上货架摆放，散装裸装食品应有信息公示牌，有"防蝇、防尘、防鼠"三防设施。 2.保持经营场所环境整洁，并与有毒、有害场所以及其他污染源保持规定的距离。(经营场所必须与人员食宿分离，并与有毒、有害场所以及其他污染源保持 25 m 以上距离。)	**符合**：经营场所完全符合两项要求的条件。 **不符合**：有一项或一项以上条件不符合。	□符合 □不符合	
3	制度建立	有保证食品安全的规章制度。	**符合**：已建立制度，并形成书面材料。 **不符合**：未建立制度或未形成书面材料。	□符合 □不符合	
4	进货台账的建立	食品进货严格按要求对供货商进行索证索票，查验供货者的营业执照、许可证和食品和合格的证明文件，建立食品进货查验记录台账，索取票据能如实记录食品的名称、规格、数量、生产批号、保质期、供(进)货者名称、经营地址、营业执照和许可证编号、联系方式、进货日期等相关信息内容。	**符合**：已建立进货台账，并按要求进行索证索票，规范记录、粘贴。 **不符合**：未建立台账，未规范索证索票。	□符合 □不符合	

续表

<table>
<tr><th>序号</th><th>核查项目</th><th colspan="2">核查内容</th><th>核查标准</th><th>评价意见</th><th>核查记录</th></tr>
<tr><td>5</td><td>设施要求</td><td colspan="2">1. 具有与经营的食品品种、数量相适应的经营设备或者设施，有相应的消毒、更衣、盥洗、采光、照明、通风、防腐、防尘、防蝇、防鼠、防虫、洗涤以及处理废水、存放垃圾和废弃物的设备或者设施。
2. 具有合理的设备布局和工艺流程，防止待加工食品与直接入口食品、原料与成品交叉污染，避免食品接触有毒物、不洁物。</td><td>符合：经营设施完全符合两项要求的条件。
不符合：有一项或一项以上条件不符合。</td><td>□符合
□不符合</td><td></td></tr>
<tr><td>6</td><td>人员健康要求</td><td colspan="2">负责人及从业人员应全部具备健康证明。</td><td>符合：全部人员具有健康证明。
不符合：没有或部分人员具有健康证明。</td><td>□符合
□不符合</td><td></td></tr>
<tr><td>核查评价</td><td colspan="4">________食品药品监督管理局(所)执法人员________、________根据《中华人民共和国食品安全法》、《中华人民共和国食品安全法实施条例》、《食品流通许可证管理办法》有关规定，对该单位的人员管理、场地要求、制度建立、设施要求进行了现场核查。
核查意见如下：
合格□　　不合格□</td><td colspan="2">所长签字：
(加盖公章)
年　月　日
经营单位负责人签字：
年　月　日</td></tr>
<tr><td rowspan="4">核查人员</td><td colspan="2">姓　名</td><td colspan="2">单　　位</td><td colspan="2">执法证号</td></tr>
<tr><td colspan="2"></td><td colspan="2"></td><td colspan="2"></td></tr>
<tr><td colspan="2"></td><td colspan="2"></td><td colspan="2"></td></tr>
<tr><td colspan="2"></td><td colspan="2"></td><td colspan="2"></td></tr>
</table>

设备清单

1. □柜台　　　　　　　组
2. □货架　　　　　　　组
3. □台秤　　　　　　　台
4. □电子秤　　　　　　台
5. □冰箱　　　　　　　个
6. □冰柜　　　　　　　个
7. □保鲜柜　　　　　　组
8. □冷藏柜　　　　　　组
9. □电脑　　　　　　　台
10. □写字台　　　　　　个
11. □灭蝇灯　　　　　　个
12. □POS 机　　　　　　台
13. 防鼠防虫设备、工具(请注明)：____________________
14. 防尘设备、工具(请注明)：____________________
15. 其他设备、工具(请注明)：____________________

附录 2　食品生产许可证的申请书

食品生产许可证申请书

申请食品品种类别及申证单元＿＿＿＿＿＿＿＿

申请人名称＿＿＿＿＿＿＿＿＿＿＿＿＿＿＿＿

生产场所地址＿＿＿＿＿＿＿＿＿＿＿＿＿＿＿

联　系　人＿＿＿＿＿＿＿＿＿＿＿＿＿＿＿＿

联系电话＿＿＿＿＿＿＿＿传真＿＿＿＿＿＿＿＿

电子邮件＿＿＿＿＿＿＿＿＿＿＿＿＿＿＿＿＿

申请日期＿＿＿＿＿年＿＿＿＿＿月＿＿＿＿＿日

首次申请□　　延续换证□　　变更□

注意事项

1.填写要实事求是,不得弄虚作假。

2.用钢笔填写或打印,要求字迹清晰、工整,不得涂改。

3.申请人署名、印章的名称应与工商行政管理部门预先核准或登记注册的一致(印章复印无效)。

4.申请生产食品品种类别及申证单元按照相应审查细则的规定填写。

5.一个申证单元一套申请材料,一套申请材料不得包含多个申证单元。

6.计量单位应使用行业通用的法定计量单位。

7.申请人提交本申请书一式3份。

8.申请生产许可证变更时,只填写变更部分内容。

食品生产许可证申请书目录

1.申请人陈述

2.申请人基本条件和申请生产食品情况表

3.申请人治理结构

4.申请人生产加工场所有关情况

5.申请人有权使用的主要生产设备、设施一览表

6.申请人有权使用的主要检测仪器、设备一览表

7.申请人具有的主要管理人员、技术人员一览表

8.申请人各项质量安全管理制度清单及其文本

申请人陈述

1.本申请人企业名称已经□预先核准、□登记注册。附有效期内名称预先核准通知书(或营业执照)复印件3份。

2.本申请人已组成治理结构。附结构图及法定代表人、负责人或投资人的资格证明或身份证明复印件3份。

3.本申请人已获得必要的生产加工场所。附生产加工场所有关情况、平面图(标尺寸、面积等主要参数)及其有权使用证明材料各3份。

4.本申请人生产加工场所周围环境符合相关规定。附周围环境平面图3份。

5.本申请人生产加工场所各功能间布局符合相关规定。附各功能间布局图复印件3份(标尺寸、面积等主要参数)。

6.本申请人生产加工场所已拥有必要的生产设备设施。附设备设施清单,关键设备标有参数(其中委托检验的,附委托检验合同)3份。

7.本申请人生产工艺流程符合相关规定。附示意图复印件3份。

8.本申请人已拥有必要的专业技术人员、管理人员。附一览表3份。

9.本申请人已制定必要的质量安全管理制度。附制度文件清单及文本各3份(其中拟执行企业标准的,需提供备案的企业标准)。

10.本申请人按审查细则要求,提供附件相关材料3份(如有时)。

11.本申请人拥有的以上资源,符合规定条件,能够适应申请生产的食品品种,单班生产八小时:日产量可以达到____________、月产量可以达到____________、年产量可以达到____________。

本申请人承诺:愿意对申请材料内容真实性负责,并承担相应的法律责任。

申请人签名/盖章:

年　　月　　日

申请人基本条件和申请生产食品情况表

<table>
<tr><td rowspan="7">申请人基本条件汇总</td><td>申请人名称或
预核准名称</td><td colspan="3"></td></tr>
<tr><td>食品生产许可证
编号</td><td colspan="3">（换证申请和扩项申请时填写）</td></tr>
<tr><td>生产场所地址</td><td colspan="3"></td></tr>
<tr><td>法定代表人或负责人</td><td></td><td>经济性质</td><td></td></tr>
<tr><td>营业执照编号（如有时）</td><td></td><td>企业代码（如已设立时）</td><td></td></tr>
<tr><td>主要管理和技术人员数</td><td></td><td>生产厂房建成时间</td><td></td></tr>
<tr><td>占地面积</td><td>m²</td><td>建筑面积</td><td>m²</td></tr>
<tr><td rowspan="6">申请生产食品情况</td><td>申证单元及
食品品种明细</td><td colspan="3">申证单元：</td></tr>
<tr><td></td><td colspan="3">（食品品种明细 ）（可附页）</td></tr>
<tr><td rowspan="2">执行食品安全标准
或企业标准</td><td colspan="3">标准号：</td></tr>
<tr><td colspan="3">（列出全部项目）</td></tr>
<tr><td>年设计能力</td><td>t</td><td>年实际产量
（企业已设立时）</td><td>t</td></tr>
</table>

申请人治理结构

职责＿＿＿＿＿＿＿ 身份证(明)文件号码＿＿＿＿＿＿＿＿＿＿＿＿＿＿＿＿＿＿＿＿＿

法定代表人 ＿＿＿＿＿＿＿＿＿＿＿＿＿＿＿ ＿＿＿＿＿＿＿＿＿＿＿＿＿＿＿

负责人 ＿＿＿＿＿＿＿＿＿＿＿＿＿＿＿ ＿＿＿＿＿＿＿＿＿＿＿＿＿＿＿

＿＿＿＿＿＿＿＿＿＿＿＿＿＿＿ ＿＿＿＿＿＿＿＿＿＿＿＿＿＿＿

投资人 ＿＿＿＿＿＿＿＿＿＿＿＿＿＿＿ ＿＿＿＿＿＿＿＿＿＿＿＿＿＿＿

申请人生产加工场所有关情况

序号	申请人各生产场点、工艺、工序名称	该生产场点、工艺、工序所在地	该所在地有权使用证明材料

申请人有权使用的主要生产设备、设施一览表

序号	设备设施名称	规格型号	数量	安装使用场所	生产厂及国别	生产日期	完好状态	购置或租用日期,购置资产证明或租用证明

申请人有权使用的主要检测仪器、设备一览表

类别	序号	名称	型号规格	精度等级	数量	检定有效截止期	使用场所	生产厂及国别	生产日期
自行购置的仪器、设备									
以上申请人自行检验时填写									
以下申请人委托检验时填写									
委托检验的(同时附委托合同)仪器、设备									

申请人具有的主要管理人员、技术人员一览表

序号	姓名	身份证号	性别	年龄	职务	职称	文化程度、专业	负责领域工序

申请人各项质量安全管理制度清单及其文本

序号	质量安全管理制度	相应文本编号

参考文献

[1]王晓英,邵威平.食品法律法规与标准.郑州:郑州大学出版社,2012.

[2]艾志录，鲁茂林. 食品标准与法规. 南京：东南大学出版社,2006.

[3]钱志伟.食品标准与法规.北京:中国农业出版社，2008.

[4]胡秋辉,王承明.食品标准与法规.北京:中国计量出版社,2006.

[5]张建新.食品标准与技术法规.北京:中国农业出版社,2007.

[6]国家质量监督检验总局，国家标准化管理委员会. GB/T 1.1—2009 标准化工作导则第1部分:标准的结构和编写. 北京:中国标准出版社，2009.

[7]北京市质量技术监督局.DB11/T 1001—2009 企业标准制定原则和程序.

[8]蔡健,徐秀银.食品标准与法规.北京:中国农业大学出版社,2009.

[9]彭珊珊,朱定和.食品标准与法规.北京:中国轻工业出版社,2011.

[10]张建新,陈宗道.食品标准与法规.北京:中国轻工业出版社,2008.

[11]张晓燕.食品安全与质量管理.北京:化学工业出版社,2010.

[12]莫慧平.食品卫生与安全管理.北京:中国轻工业出版社,2009.

[13]成晓霞、张国顺.食品安全控制技术.北京:中国轻工业出版社,2012.

[14]臧大存.食品质量与安全.北京:中国农业出版社,2006.

[15]王世平.食品标准与法规.北京:科学出版社,2010.

[16]李援.《中华人民共和国食品安全法》解读与适用.北京:人民出版社,2009.

[17]吴澎,赵丽芹,张淼.食品法律法规与标准.北京:化学工业出版社,2011.

[18]刘少伟,鲁茂林.食品标准与法律法规.北京:中国纺织出版社,2013.

[19]聂国财.食品安全法律政策解答与典型案例.河北:中国法制出版社,2009.

[20]邵晓红,刘树海,郭捍华.法律基础教程.北京:清华大学出版社、北京交通大学出版社,2005.

[21]孟凡乔.食品安全性.北京:中国农业大学出版社,2005.

[22]陈宗道,刘金福,陈绍军.食品质量管理.北京:中国农业大学出版社,2003.

[23]史贤明.食品安全与卫生学.北京:中国农业出版社,2003.

[24]吴永宁.现代食品安全科学.北京:化学工业出版社,2003.

[25]田惠光.食品安全控制关键技术.北京:科学出版社,2004.

[26]陈志成. 食品法规与管理. 北京:化学工业出版社,2005.
[27]张建新. 食品质量安全技术标准法规应用指南. 北京:科学技术文献出版社,2005.
[28]陈石榴. 食品法规委员会及其联合食品标准计划. 标准化报道,1994(5):57-58.
[29]谢玉梅,陈晓红. 食品贸易法规政策解析. 北京:化学工业出版社,2007.
[30]中华人民共和国国家标准 GB/T 1. 1—2000 标准化工作导则. 北京:中国标准出版社,2001.
[31]中华人民共和国国家标准 GB/T 20000. 1—2002 标准化工作指南. 北京:中国标准出版社,2002.
[32]国家标准化管理委员会编. 农业标准化. 北京:中国计量出版社,2004.
[33]国家质量监督检验检疫总局法规司. 法规汇编(质量技术监督部分). 北京:中国标准出版社,2003.
[34]中华人民共和国国家标准. 质量管理体系标准 GBI/T 19000—2000、GB/T 19001—2000,GB/T 19004—2000. 北京:中国标准出版社,2001.
[35]蔡健,李延辉. 食品质量与安全. 北京:中国计量出版社,2010.
[36]蔡花真,张德广. 食品安全与质量控制. 北京:化学工业出版社,2008.
[37]杨国伟,夏红. 主编食品质量管理. 北京:化学工业出版社,2008.
[38]冯叙乔,赵静主编食品质量管理学. 北京:中国轻工业出版社,2002.
[39]朱明. 食品安全与质量控制. 北京:化学工业出版社,2008.
[40]李正明. 无公害安全食品生产技术. 北京:中国轻工业出版社,1999.
[41]吴晓彤. 食品法律法规与标准. 北京:科学技术出版社,2005.
[42]汪涛,杨风光,等. 无公害水产品加工综合技术. 北京:中国农业出版社,2003.
[43]张利国. 安全认证食品产业发展研究. 北京:中国农业出版社,2006.
[44]舒惠国,上官新晨. 食品质量与安全. 北京:中国人事出版社,2005.
[45]杨玉红. 食品标准与法规. 北京:中国轻工业出版社,2014.
[46]中国农产品质量安全网 http://www. aqsc. gov. cn.
[47]中国绿色食品网 http://www. greenfood. org. cn.
[48]中绿华夏有机食品认证中心 http://www. ofcc. org. cn.
[49]南京国环有机产品认证中心 http://www. ofdc. org. cn.
[50]国家质量监督检验检疫总局 http://www. oqsiq. gov. cn.